성공대학 장사학과

성공대학 장사학과

초판 인쇄	2024년 12월 10일
초판 발행	2024년 12월 17일
지은이	우상권
발행인	조현수
펴낸곳	도서출판 더로드
기획	조영재
마케팅	최문섭
편집	문영윤
본사	경기도 파주시 광인사길 68, 201-4호(문발동)
물류센터	경기도 파주시 산남동 693-1
전화	031-942-5366
팩스	031-942-5368
이메일	provence70@naver.com
등록번호	제2015-000135호
등록	2015년 6월 18일

정가 19,500원
ISBN 979-11-6338-473-1 (03320)

파본은 구입처나 본사에서 교환해드립니다.

성공대학
장사학과

우상권 지음

R 도서출판 더로드
The Road Books

저자 우상권은 《나를 바꾸는 첼린지 100》을 지어낸 작가로서 두 번째 책으로 《성공대학 장사학과》를 출판하게 된다. 이 책은 저자의 삶을 수필형식으로 지어낸 책으로 작가 우상권이 어릴 적 삶과 성장 과정 그리고 장사로 부자를 꿈꾸며 살아가는 삶의 여정을 묘사하였다. 특히 19살 나이에 처음으로 사회에 나가서 장사라는 것을 접하고 그때부터 장사로 부자가 되겠다는 꿈을 키우게 된 계기와 부자로 성장하는 삶의 과정을 글로 표현하게 된다. 저자 우상권은 어릴 적 가난이라는 것이 얼마나 삶을 불편하고 수치심을 느끼게 하는지를 몸소 느끼며 자라왔다. 오로지 성공을 꿈꾸며 세상 속 대학교 진학은 포기 하고 '성공대학교 장사학과'에 입학을 하게 된다. 성공대학교는 '험난한 사회'를 말하며 장사학과는 '성공을 하기 위한 전문 분야가 장사'라는 뜻으로 저자가 임의로 정해놓은 말이다. 저자 우상권은 어릴 적 6살이라는 나이에 아버지가 돌아가시고 편모슬하에 4남매 중 막내로 자라나게 된다. 초등학교 6학년

시절을 되돌아보면 아직도 가슴이 저려오듯 깊은 상처가 남아있다. 미술 시간마다 준비물 살 돈을 홀로 4남매를 키우는 힘들게 가정을 지켜나가는 어머니께 차마 달라고 하지 못하고 준비물을 준비하지 못한 채 학교로 향했고 미술시간에 준비물을 챙겨 오지 않은 명목으로 차디찬 복도에 무릎을 꿇고 고개 숙여 2시간 남짓 되는 미술시간을 매번 그렇게 보내게 된다. 지금도 그때 기억의 한 장면을 생각하면 가슴이 아프고 저려온다. 고등학교 시절에는 주말마다 대구 시내 학원에 다녔는데 주말이라 함께 다니던 친구들은 학원을 마치면 주변 동성로 시내에 가서 쇼핑도 하고 밥을 사 먹고 집에 돌아왔는데 저자의 주머니에는 항상 비어있었기에 학원수업을 마치면 이런저런 핑계를 대며 먼저 집으로 향했다. 이런 사소한 기억들이 어릴 적 저자의 마음속에는 아픈 상처로 자리 잡게 되었고 돈이라는 것은 사람의 자존감을 바닥까지 떨어뜨릴 수 있는 무서운 것이라는 것을 깨닫게 된다. 그리고 성인이 되기 직전 대학교진학을 앞두고 아르바이트로 시작한 일이 지금까지 25년 동안 평생 직업이 되었다. 그것은 바로 장사라는 직업이다.

대한민국도 이제는 장사의 시대가 열렸다. 자영업자가 2024년 현재 기준, 500만 명에 이른다. 이렇게 자영업자가 많아진 현상은 빠른 정년퇴직과 길어진 노후라고 전문가들은 예측한다. 즉, 대한민국 국민이라면 죽기 전 누구나 한 번쯤은 자영업을 하게 된다. 저자 우상권의 장사이야기를 읽으며 지금 장사를 하고 있는 자영업자나 앞으로 자영업자를 꿈꾸는 독자 여러분들에게 조금이나마 힘이 되고 유익한 글이 되기를 간절히 소망한다.

2024년 성공대학 장사학과 저자

우상권

차 례

제1부
어릴 적 나의 삶

제2부
장사의 시작

제3부
사장의 마인드

제4부
직원의 마인드

제5부
장사를 하면서 상황에 따른 현명한 대처법

제1부

어릴 적 나의 삶

나의 기억은 6살부터 이어진다.
그전에는 정말이지 아무런 기억이 없다.
아마도 6살에 나의 가정에 큰 사건이 있어서인지
그 기억이 너무 강렬해서인지
그전의 기억은 모두 사라져 버렸다.
나의 기억의 시작인 6살 큰 사건은
바로 아버지의 죽음이다.

1

경북 성주 시골의 6살 어린아이

　나는 경북 성주군 선남 면 그중 가장 끝에 있는 시골 중에 시골에서 태어났다. 4남매의 막내로 태어나 사랑을 많이 받았을 거라고 추측하겠지만 굳이 태어나지 않아도 될 아이 하나가 태어났다. 아들이 귀한 시절에 종갓집으로 시집간 운 나쁜 어머니께서는 첫째를 집안의 어른 모두가 원하는 아들을 낳는데 실패했다. 재빠르게 둘째를 가졌지만 또 딸을 낳으셨다. 종갓집이라 집안의 가업과 제사 문화를 이어갈 장자가 절실했지만 어머니는 둘째까지 실패를 맛보며 어른들의 따가운 시선을 홀로 견뎌야만 했다. 계속되는 도전으로 셋째를 가지셨고 드디어 첫 고추가 탄생이 되었다. 종갓집의 장자가 드디어 태어났고 그 이후로는 자식을 더 이상 욕심내지 않으셨다. 하지만 금실이 좋은 탓에 넷째인 나를 가지게 되었고 어머니께서는 아이 셋을 돌보는 일에 종갓집 살림에 농사일까지 거들며 삶이 버겁기만 한 탓에 몇 번이나 산부인과를 찾고는 막내인 나를 낙태하려고 하셨다. 그 당시 아버지의 동의가 있어야만 낙태가 가능했었고 아버지는 그래도 자식도 소중한 인연이라며 낙태를 극구 반대 하셨고 이래저래 시간이 흘러 실랑이를 하다가 어머니의 배가 너무 불러와 낙태의 시기를 놓치게 되어 마지못해 나를 낳게 되었다. 그렇게 태어나 6살 12월까지 성주 시골집에서 살았다. 나의 기억은 6살부터 이어진다. 그전에는 정말이지 아무런 기억이 없다. 아마도 6살에 나의 가정에 큰 사건이 있어서인지, 그 사건의 기억이 너무 강렬해서인지 그전의 기억은 모두 사라져 버렸다. 나의 기억의 시작인 6살 그 사건은 바로 아버지의 죽음이다. 너무나 평화로운 집안에 하루아침에 한가정이 풍비박산이 날 수가 있다는 말이 지금 되돌아보면 실감이 된다. 그 당시 우리 집은 성주 선남 면에 제일가는 부자 집이었다. 할아버지께서 지게를 메며 주변 동네 일 삯을 받아 모아서 밭을 하나둘씩 악착같이 모아 부를 이루셨다. 시간이 지나 장자인 우리 아버지께서 집안일의 모든 것을 도맡아서 하셨고 집안의 권한 또한 쥐고 있었다. 하지만 어느 날 친구 집에 다녀오신다며 오토바이를 타고 나간 후 아버지를 영영 볼 수가 없게 되었다. 그날도 어머니께서 꿈자리가 좋지 않다며 아버지의 외출을 서둘러 말리셨는데 기어코 나가겠다며 외출을 말리는 어머니의 손을 뿌리치시고 오토바이를 타고 나가셨는데 갑자기 폭우가 내렸고 빗물에 미끄러져 나무에 부딪쳐 그 자리에서 돌아가셨다. 아버지의 죽음 이후 할아버지까지 충격으로 쓰러지셨고 당뇨에 풍에 온갖 질병이 한꺼번에 할아버지를 괴롭혔다. 아버지는 내가 6살 7월에 돌아가셨는데 거의 반년을 어머니의 울음으로 아침을 깨고 어머니의 울음소리를 들으며 잠들었다. 주변 이웃들은 자식 넷을 두고 간 무책임한 아버지를 원망했고 혼자가 되어버린 불쌍한 어머니를 위로했다. 시간이 흘러도 어머니의 정신적인 회복이 쉽게 되지 않았다. 주변이웃 어른들이 우리 4남매를 거의 돌보듯 했고 무려 반년동안이나 삼베옷을 입은 채 정신이 나간 듯 어머니는 울다 지쳐 잠들곤 했다. 어릴 적 6살의 기억 중 교회의 기억이 참 많이 난다. 6살 12월의 크리스마스에 시골에 봉고차 한 대가 먼지를 뿜으며 들어왔고 그 차에는 시골 아이들이 줄을 서서 타고 읍내에 있는 교회에 갔다. 크리스마스는 아기예수의 탄생을 기념하는 날이라 모두가 축제의 분위기였지만 나는 슬펐다. 교회 안의 모든 아이들이 부모님의 품에 안겨 화목을 그리고 있었지만 나는 어디에도 안길 곳 없이 교회 통로 주변을 이리저리 헤매다 결국 울음이 터졌고 엄마를 찾으며 소란을 피웠다.

2

어머니와의 단둘이 떠나는 소풍

아버지의 기억은 단 하나가 있다. 다행히도 내가 기억하는 아버지의 따뜻한 품에 안긴 기억이다. 시골에서 연중행사로 대구에 있는 여러 가수가 출연하는 대구공연장에 가서 행사를 구경하는 것이 있었다. 그곳에 가기 위해서 대형버스가 시골마을에 몇 차가 들어왔고 우리는 버스에 줄줄이 타서 행사장까지 이동을 했다. 내가 가장 어린 6살 꼬마아이라 아버지께서 자신의 품에 나를 안고 타셨다. 엔진열이 뿜어 나오는 버스 맨 앞자리 그곳에 아버지와 내가 함께 앉았다. 그때 아버지의 풋풋한 냄새가 아직 어렴풋이 기억에 남아 있다. 그 후 아버지가 오토바이 사고로 돌아가시고 어머니와 함께 둘이서 여기저기 참 많이 돌아다닌 기억이 난다. 아버지께서 생전에 지인들에게 돈을 여기저기 많이 빌려주신 터라 어머니께서 그 돈을 받으러 어린 나를 데리고 참 많이 다니셨다. 어머니의 증언으로는 돈을 빌린 친구들이 아버지께서 돌아가시고 난 뒤에는 모두가 하나같이 어머니를 모른 척하더라는 것이다. 그 당시로는 차용증이나 계약서를 작성하고 돈을 빌려준 것이 아니라 술 한잔 먹으며 입으로 주고받으며 빌려 준 돈이라 설득해서 그 돈을 돌려받는 수밖에 없었다. 가장 어린 막둥이 나를 데리고 간 것은 아마도 그들의 동정심을 자극해서 빌린 돈을 받기 위한 어머니만의 전략이었던 것 같다. 어느 날은 돈을 받으러 아버지의 친구 집으로 찾아갔는데 돈을 달라고 하는 것이 도저히 입 밖으로 내뱉기 힘든 광경을 보았다. 돈을 빌린 아버지의 친구는 보이지 않고 병든 아내와 아이들이 굶주리고 있는 것이었다. 어머니께서는 가장 먼저 하신 것이 부엌으로 가서 설거지부터 하셨다. 그리고 한참을 걸어가 동네 슈퍼에서 먹거리를 사 와서 그들을 위해 따뜻한 밥상을 차려주었다. 그것도 남의 집에서 빌린 돈을 받으러 왔는데 무슨 일인지 어린 나는 도저히 이해가 되지 않았다. 그리고는 해가 지기 전에 버스를 타기 위해서 딸기밭을 어머니와 한참을 걸어 나온 것이 기억이 난다. 틈틈이 어머니 시선을 피해서 몰래 딸기를 따서 먹은 것이 기억난다. 그렇게 몇 달을 아버지께서 빌려준 돈을 어머니와 함께 받으러 다녔다. 지금 생각하면 너무나 무모한 일이지만 결국 받은 돈은 한 푼도 없고 찾아간 집이 형편이 어려우면 되레 도움을 주고 오셨다. 그래도 지금 생각해 보면 어머니께서는 비록 아버지께서 흘리신 돈을 주어 담지는 못했지만 그럼에도 불구하고 천사 같은 어머니의 성품은 지금의 4남매가 아무런 탈 없이 잘살고 있는 것에 운을 더해 주신 것 같다.

3

졸업사진 그리고 이사 가는 날

　내가 7살이 된 해에 어머니께서는 큰 결심을 하셨다. 성주, 시골에서는 미래도 비전도 없다는 생각을 하셨는지 대구로 이사를 결심하셨다. 죽이 되든 밥이 되든 대구에 가서 아이들 학교도 보내고 자신도 직장을 얻겠다는 취지였다. 대구로 이사를 가는 날 나는 시골학교 병설유치원의 졸업사진을 찍는 날이었다. 다른 가족들은 모두가 대구로 이사갈 집으로 짐을 가득 싣고 떠난 상태였고 나는 유치원 졸업사진을 찍으러 읍내의 사진관에 있었다. 졸업사진을 다 찍고 다시 시골집으로 돌아오는 길에 바짝 마르고 새카만 여자아이가 두 손을 흔들며 차를 세우려 애썼다. 그 아이는 바로 나의 둘째 누나였다. 어머니께서는 혼자 두고 가는 나를 챙겨 오라고 둘째 누나를 남겨두었던 것이다. 우리 누나라며 선생님께 소리쳐서 차를 세우고 누나와 함께 손을 잡고 다시 시골집으로 돌아왔다. 모든 짐이 다 빠지고 난 뒤라 시골집은 텅텅 비어있었고 장롱을 걷어내서인지 보이지 않던 방에 거미줄과 먼지가 꽤나 많이 보였다. 문지방에 걸터앉아 누나랑 이런저런 놀이를 하며 있는데 해가질 무렵 작은 삼촌이 우리를 데리러 오셨다. 차를 타고 한참을 달려서 해가 지고 어둠이 가득한 시간에 대구의 새로운 집에 도착을 했다. 모든 것이 낯설었다. 어머니께서는 이삿짐을 풀고 정리하며 부지런히 이리저리 다니셨다. 아버지의 죽음 이후 처음으로 어머니의 웃음을 보았다. 무언가 새로운 시작에 어머니께서도 기운을 내신 것 같았다.

어머니께서 기운을 내시니 우리 4남매도 덩달아 웃으며 활기를 찾았다.

어둠이 한참 머물고 있을 때 다 같이 한 이불을 덮고 어둠 컴컴한 천장을 보며 이런저런 이야기를 나누다 잠이 들었다. 이사를 오고 난 후 아침이면 어머니께서는 새로운 일터인 기사식당으로 출근하기 바쁘셨고 형들과 누나도 학교 가느라 분주했다. 모두가 집을 나서고 또다시 홀로 집을 지켰다. 대구로 온 후 유치원은 다니지 않았다. 텅 빈 집에 혼자서 배에서 꼬르륵 하고 밥 먹을 시간을 알려주면 어머니께서 차려놓은 밥상에 밥을 퍼서 숟가락을 챙겨 밥을 먹었다. 한번은 부엌의 싱크대가 내 키보다 한참 높아서 물인 줄 알고 먹었는데 간장을 마셨던 것이다. 입을 한참이나 헹궈도 그 짠내가 가시지 않았다. 그리고 동네 놀이터에서 한참을 뛰어놀다가 배가 고프면 집에 가서 어머니께서 장독대에 담가놓은 무말랭이 속에

숨겨진 오징어만 속속히 꺼내어 먹으며 잔잔한 허기를 채웠다. 혼자
서 집을 보는 강아지처럼 그렇게 하루하루를 보냈던 것 같다.

4

집을 지키는 7살 꼬마아이

모든 것이 낯설고 쓸쓸하며 두려웠던 하루하루 삶이었던 것 같다. 7살의 나이는 자신의 환경과 상관없이 세상 모든 것이 낯설고 부모의 절대적인 보호아래 양육해야 할 시기이지만, 누나들과 형이 학교를 마치고 집에 오는 시간까지 혼자 집을 지키며 혼자만의 놀이와 세상을 살아낸 것 같다. 집고양이 마냥 동네를 혼자서 떠돌다 놀이터에 앉아 흙장난을 하면 나와 같은 환경에 사는 아이들이 하나둘씩 모여서 무리를 짓고 다니다 누나들과 형이 학교를 마치고 집으로 돌아오는 시간이 되면 황급히 집으로 향했다. 그 당시 나의 기억에는 없지만 어머니께서도 그때 그 시절을 생각하며 눈물을 흘리시곤 한다. 한 번은 어머니께서 기사식당으로 출근하는 길에 동네 슈퍼 주인아주머니와 마주쳤는데 막내아들이 다른 아이가 사 먹고 버린 초코파이 껍질을 주어서 포장지에 붙은 초콜릿을 할 타서 먹더라는 것이다. 어머니께서는 그 말에 걸음을 돌려 집으로 돌아와서 나에게 동전 150원을 손에 쥐여주며 배고프면 주어 먹지 말고 사 먹으라고 당부 또 당부하고 가셨다. 그날 이후로 어머니께 서는 평소 퇴근보다 1시간가량 늦게 퇴근하셨다. 내가 사춘기가 지 나고 고등학교가 되어서야 말씀해 주셔서 알게 된 사실이지만 그날 이후로 어머니께서는 집으로 돌아오는 버스비 150원을 아끼시려고 1시간가량 걸리는 거리를 걸어서 집으로 오셨다. 하루 14시간 종일 서서 일하시다가 막내아들이 초코파이 껍질을 주워 먹는 것이 마 음에 아프셔서 그렇게 매일같이 퉁퉁 부은 발을 이끌고 버스비를 아끼며 걸어서 집으로 오셨다.

아직도 나의 마음속에 150원은 영원히 지워지지 않을 어머니 의 희생과 사랑으로 기억에 남는다. 식당에 일하러 나가시는 어머 니의 모습은 언제나 씩씩했다. 어린 4남매를 홀로 책임지셔야 했기 에 어머니는 씩씩할 수밖에 없는 삶을 사셨다. 한 번은 주말에 4남 매가 모두 집에서 있는 날이었다. 어머니의 역할을 담당하던 큰누 나는 늘 집안의 권한을 가지고 있었고 숙제 검사며 집안일을 도맡 아서 했다. 어느 날은 큰누나가 시장에 가서 순대를 사 오라고 했 고 늘 큰누나의 말이라면 복종했던 작은 누나와 내가 시장으로 나 섰다. 골목 끝 주택집이 우리 집이었는데 골목에 공사를 하느라 포 클레인이 시끄럽게 작업을 하고 있었고 그 길을 단숨에 뛰어서 지 나가다 그만 차에 부딪쳐 쓰러졌다. 차주인은 급히 내려서 나의 상태를 보고는 함께 있던 작은 누나와 나를 차에 황급히 태우고 인근 병원으로 갔다. 그 당시 전화기가 흔치 않던 때라 순대를 사러 시장에 간 아이들이 돌아오지 않자 큰누나가 어머니께 사실을 알렸고 어머니께서는 일을 하시다가 황급히 뛰어와서는 골목에 공사 중이던 포클레인 앞에 드러누우셨다. 세상 떠나라 우시며 내 자식 찾아오라며 공사장 인부들을 어쩔 줄 모르게 울음으로 혼을 내셨다. 그리고 한참 실랑이를 하는데 나의 사고를 목격한 동네 어르신이 사실과 정황을 어머니께 설명해 드렸고 어머니께서는 내가 치료받고 있던 병원으로 한걸음에 달려오셨다. 병원에서 나를 보고는 속상해서 때리시고 곁에서 돌보지 못하는 어머니의 신세에 짜증이 나서 또 한 번 우셨다. 7살 나의 기억은 낮에는 텅 빈 집을 지키거나 이유 없이 돌아다니는 들 고양이가 되었다가 해질 무렵 누나와 형들이 집에 돌아오는 시간이 되면 그제야 꼬질꼬질한 모습으로 집으로 향하는 늘 불쌍한 7살의 막내아들이었다. 그 당시 나의 기억은 씩씩한 나의 어머니, 무서운 큰누나, 철없고 끼 많은 작은 누나, 그리고 공부를 잘하는 형이었다. 그리고 흙이 많은 놀이터, 해질 무렵 동네 엄마들이 밥 먹으러 오라고 손짓하면 갑자기 각자의 어머니 품으로 뛰어가던 친구들, 그리고 홀로 놀이에서 고개 떨구며 흔들거리는 그네에 앉아있던 나의 모습. 이것이 전부이다.

5

포장마차를 끄는 4남매

어머니께서 우리 4남매를 불러 모으셨다. 기사식당을 그만두시고 포장마차를 하겠다는 포부를 밝히시고 또 한 번 각자의 역할을 심어주셨다.

점심시간쯤이 되면 어머니께서는 무거운 포장마차의 수레를 끄시고 집 근처에 있는 도로가에 자리를 잡으시고 장사 준비를 하셨다. 나의 키보다 훨씬 큰 수레였지만 어머니께 조금이라도 물리적 힘을 보태고 싶어서 뒤에서 힘껏 밀어드리곤 했다. 마감할 시간이 되면 늘 술에 취한 손님과 실랑이를 하셨고 어머니께서는 그 정도의 어려움은 아무것도 아닌 것처럼 꿋꿋하게 웃으며 운영하셨다. 어머니께서 포장마차를 시작하시고 우리만의 웃음이 되찾게 된 지 6개월 정도 지난 어느 날 구청 단속이 강화되어 어머니의 포장마차는 압수가 되었고 더 이상 우리 집의 행복수레를 끌지 못하게 되셨다. 우리 모두는 망연자실한 표정으로 또다시 가족회의에 돌입했다. 어떻게 하면 또다시 포장마차를 할 수 있을까? 만일 포장마차를 더 이상 할 수가 없다면 무엇으로 우리 식구가 먹고살 수 있을까? 그 당시 수중에 어머니께서는 하루 벌어 하루 먹고사는 형편이었기에 수중에 단돈 10만 원도 없었다. 단속이 심해져 더 이상 포장마차는 할 수가 없고 식당이라도 하려고 하니 돈이 없어서 그 또한 불가능한 일이었다. 늘 씩씩하시던 어머니께서는 동네 어르신들을 따라 공사장으로 출근하셨다. 남자들도 고된 일이 공사판 일인데 어머니께서는 여자임에도 불구하고 씩씩하게 일당을 벌어 오셨다. 지금 생각해 보면 그 당시 어머니께서는 나이 37살이셨다. 그 당시 어머니의 마음을 온전히 느낄 수는 없겠지만 얼마나 고되었을까?

얼마나 포기하고 싶었을까? 우리를 남겨 두고 간 아버지가 얼마나 원망스러웠을까? 44살이 된 내가 본 37살의 우리 어머니를 생각하면 가슴이 먹먹해진다. 포장마차가 좋아서 하신 것도 아니고, 공사판이 성격에 맞아서 한 것도 아니다. 단지 어린 4남매를 먹여 살리기 위해서 본인이 할 수 있는 일은 한계 없이 해 오신 것 같다. 지금도 부산 해운대에 펼쳐진 포장마차를 보면 그때 그 시절의 아픔과 웃음과 울음의 소리와 여러 기억이 나의 마음을 잔잔히 흔든다.

6

할아버지의 삶

우리 집안 대대로 첫 번째 자수성가를 이루신 분이 있다. 할아
버지이다. 할아버지께서는 당시 흔치 않게 외둥이으로 자라나 어
릴 적부터 나무를 캐어 장터에 팔아서 생계를 책임지셨다. 일은 짐
승처럼 하시고 돈은 지독하게 아끼고 아껴서 밭 하나를 사셨다. 그
리고 그 밭에 판잣집을 지어서 결혼을 하시고 아버지를 포함한 8남
매를 키우셨다. 밭이 일터이고 집이고 놀이터였던 것이다. 다부진
체격에 일을 쉬지 않고 하신 덕에 몇 해 지나지 않아 마을에서 가
장 많은 땅을 소유한 어른이 되었다. 땅이 많다는 것은 그만큼 해
야 할 일도 많다는 것이다. 아버지와 삼촌 고모들은 학교 다녀오기
무섭게 논으로 밭으로 향했고 집안 식구 모두가 하늘을 한번 쳐다
볼 여유가 없는 삶을 사셨다고 한다. 그렇게 계속해서 부를 축적해

나가는 중 할머니와 삼촌들은 대구도시로 나가서 삶의 터전을 잡았고, 그중 작은아버지가 수년이 지나 택시 하나를 몰고 고향으로 돌아오셨다. 차에서 내린 사람들은 작은아버지의 아내와 갓난아이 둘을 안고 내리셨다. 집안에 난리가 났고 집안의 장자였던 아버지와 어머니사이에는 아들이 없이 딸만 둘이었지만 작은아버지가 아들 둘을 안고 나타난 것이다. 할아버지께서는 도시에서 바쁘다는 말들로 평소 농사일을 돕지 않는 작은아버지를 늘 원망 섞인 목소리로 주변인들에게 하소연을 하셨지만 아들 손자 둘을 보시고는 단번에 차가운 마음의 벽이 무너진 듯 불알이 달린 손자들을 안고 즐거워하셨다고 한다. 그 후 고모들도 하나둘씩 울산으로 대구로 인근 마을로 시집을 가셨고 장자인 아버지만 홀로 시골 일을 맡으셨다. 늘 일이 많은 턱에 어머니께서는 불만이 항상 많으셨지만, 묵묵히 아버지께서는 할아버지께 싫은 내색을 못하고 장자의 역할에 충실하셨다. 자수성가하신 할아버지의 고집과 수도꼭지의 물 한 방울도 그냥 버리지 못하는 지나친 절약에 주변 가족들은 하나같이 지쳐갔고 결국 할아버지는 시골에 혼자 남게 되셨다. 몇 해가 흐르고 홀로 감당하지 못하는 일들에 아버지께 설득설득 하셔서 아버지와 어머니를 다시 시골로 돌아오게 하셨다. 그리고 그 후 오토바이 사고로 아버지의 죽음이 있었고 할아버지는 장자를 떠나보내는 충격에 쓰러지셔서 그 이후로는 기저귀를 차는 삶으로 연명하셨다. 한때 시골에서 가장 큰 부자로 삶을 호령하시던 할아버지. 아마도 돈만 버실 줄 아시고 돈을 아름답게 쓰지 못해 삶의 연장전은 불행하기만 했던 것은 아닐까. 손자가 바라보는 할아버지의 삶은 대단한 것이 아니라 안쓰럽기만 하다. 나 또한 장사로 자수성가를 이루고 작지 않은 규모의 회사를 운영하고 있는 리더로 살고 있지만 늘 할아버지의 삶을 회상하며 경각심을 가지게 된다.

7

병든 할아버지의 식사 당번이 된 10살 아이

10살이 된 해에 우리 집에 또 다른 식구가 늘어났다. 할아버지 께서 우리 집에 함께 살게 되었다는 소식이었다. 어머니께서는 여느 때와 같이 가족회의를 소집하셨고 한 이불에 모두 모여 손을 붙잡고 이야기하셨다. 현재 작은아버지 집에 계시는 할아버지를 우리 집에 모시고 온다는 것이었다.

우리 집에는 우리 4남매에 외삼촌까지 함께 지냈던 터라 할아버지가 오신다는 이야기를 듣고는 우리 모두가 놀란 표정을 지었다. 4남매가 지내기에도 너무나 작은 집이었지만 노총각 외삼촌에 몸이 불편하신 할아버지까지 우린 어느 날 갑자기 일곱 식구가 되었고 어머니께서는 7명의 의식주를 책임지셔야 했다. 외삼촌은 직장인이라 집에서 잠만 자는 수준이었지만 우리 4남매와 할아버지의 의식주는 온전히 어머니의 몫이었다. 식당일을 다니시던 어머니께서는 늘 남들보다 좀 더 늦은 시간 동안 일을 돕다 퇴근하셨다. 혹시나 직장을 잃을까 봐 조마조마한 마음으로 그렇게라도 식당 주인의 눈도장을 얻고 싶었던 것이었다. 할아버지께서 집으로 오신다는 소식에 형과 함께 잠자던 방을 비우고 할아버지를 맞이할 준비를 마쳤다. 드디어 할아버지께서 작은아버지의 부축을 받으며 집으로 들어오셨다. 그리고 다음날 아주 오랜만에 어머니께서 서럽게 우시는 장면을 목격했다. 할아버지께서 옷에다 대변을 누신 것이다. 할아버지는 중풍이 심해져서 대소변을 스스로 보지 못했다. 지금에도 생각 해보면 할아버지와 어머니는 시아버지와 며느리의 관계인데 너무나 불편한 관계가 아닌가? 대변을 옷에 누셨고 그것을 치울 수 있는 사람은 오직 어머니뿐이셨다.

아침마다 전쟁이었다. 어머니께서는 어린 우리 4남매에게 차마 그 일을 시키지 못했고 외삼촌은 할아버지와는 그냥 남처럼 먼 관계라 기저귀를 갈아내는 일에 참여할 수도 없었고 오직 어머니만 그 일을 해야만 했다.

아침마다 기저귀를 갈고 대소변이 묻은 기저귀를 밖의 베란다 구석에 두었다. 아직도 베란다에 배긴 시큰한 냄새가 기억이 난다. 할아버지께서 오시고 우리 4남매는 저마다 분명한 역할이 생겨났다. 누나 둘은 집안 빨래와 청소 그리고 설거지 담당이었다. 형은 할아버지의 몸을 닦아내고 면도와 그리고 주말이면 목욕을 시키는 담당이었다. 마지막으로 나는 할아버지의 점심을 책임져야 했다. 그 당시 나의 나이는 10살이었다. 학교를 마치고 돌아와 어머니께서 밥솥에 넣어둔 반찬을 꺼내고 밥을 퍼서 할아버지 방에 갖다 드리고 앉을 수 있게 일으켜드리는 것이 나의 담당이었다. 그리고 식사를 다 하시면 밥상을 치우고 할아버지께서 다시 눕는 것을 도와드렸다. 학교를 마치면 나는 항상 곧장 집으로 향해야 했다. 한 번은 친구들이 조금만 놀다가 가자고 해서 그 유혹에 참지 못하고 잠시 놀다가 집에 들어갔는데 할아버지께서 점심을 못 드시고 굶주리고 계셨다. 그 당시 나만 알고 넘어갔지만 지금도 그때를 생각하면 할아버지께 참 죄송한 일이었다. 누구의 부축을 받지 못하면 일어나지도 눕지도 못하시는 분인데 내가 잠시 놀고 싶은 마음에 할아버지를 굶게 만든 것이었다. 이렇게 나는 하루 종일 뛰어놀고 싶고 부모님의 사랑을 한참 받을 10살의 어린 나이었지만 나는 나보다 훨씬 나이가 많은 아버지의 아버지 식사를 책임져야 했다. 그렇게 1년이 지나니 친구가 없다는 것을 알게 되었다. 학교를 마치면 늘 집으로 향해야 했던 나에게는 함께 놀아줄 친구가 없게 되었다. 한번은 여느 때처럼 할아버지께서 영호(집에서 부르는 나의 이름)야~ 영호야~ 라고 부르는 할아버지 소리에 나도 그날만큼은 할아버지가 미웠는지 방에서 꿈적도 하지 않았다. 집안에는 할아버지와 나 둘만 있었고 그날은 할아버지의 그 어떤 부탁도 들어주고 싶지가 않았다. 많이 급하셨는지 계속해서 할아버지는 영호야~ 영호야~ 목이 쉬어가며 나를 애타게 부르셨고 나는 끝내 고집을 내려놓고 할아버지께 가니 기저귀에 대변을 보신 것이다. 화장실에 가시고 싶어 나를 애타게 불렀지만 그날은. 그날만큼은 할아버지를 도와드리고 싶지 않았나 보다. 그렇게 그날 처음으로 할아버지 지저귀를 갈아 보았다. 그리고 손을 씻는데 냄새가 사라지지 않았다. 큰방에 들어가 큰 베개에 얼굴을 파묻고 흐느껴 울었다. 할아버지께 들릴 정도로 소리 내어 울었다. 그리고 10살의 어린 나이에 문득 이런 생각이 들었다. 내가 전생에 얼마나 많은 죄를 지었으면 또다시 인간으로 태어나서 이렇게 힘든 삶을 사는 것일까? 라는 생각이 들었다. 10살 나이에 할 수가 없는 생각이지만 그 당시 그런 생각이 들었다. 한참을 울어서인 눈이 퉁퉁 부어 있었다. 형이 학교에서 맨 처음 돌아왔고 나의 눈을 보고는 나의 이야기를 차근히 들어주었다. 형은 나에게 앞으로는 할아버지 식사 외에는 아무것도 하지 말라고 하며 그날 이후로는 할아버지의 화장실과 기저귀까지도 형이 섬세하게 점검을 했다.

8

방황의 시작

나는 12살이 되었다. 할아버지 식사를 챙겨드리고는 곧장 밖으로 나와서 새로운 친구들을 사귀며 방황하기 시작했다. 그냥 집이 싫었다. 할아버지께서 나를 부르는 소리도 싫었고 가난한 집도 싫었고 모든 것이 싫었다. 어쩌면 사춘기의 시작이 그때부터였는지 모르겠다. 학교를 가는 내내 다른 길로 새고 싶었고 조금 마음에 안 드는 친구나 형들이 있으면 주먹부터 휘두르며 세상모든 것과 맞서 싸운 것 같다. 그냥 이유 없이 삐뚤어지고 싶었다. 담배를 배우기 시작하고 친구들과 동네 오락실에서 이유 없이 시간을 때우며 지냈다. 해가 지고 한참이 지나서야 집에 들어오면 늘 내가 잘못한 것이 한두 가지가 있었기에 우리 집 주택옥상으로 올라가 형에게 회초리를 맞았다. 그 당시 정말 겁이 없던 때라 두세 살 위의 나이는 정말이지 1초의 고민도 없이 달려들었던 때라 형이 회초리를 들면 형에게 달려들 만도 했겠지만 차마 그러지는 않았다. 형에게 까지 달려들면 나는 정말 쓰레기 같은 인간인 것만 같았고 형은 나에게는 아버지와 같아서 차마 작은 원망이나 달려드는 일은 단 한 번도 없었다. 매일같이 형이 명령하는 대로 옥상바닥에 엎드려 맞을 자세를 잡았고 내가 잘못한 것을 복명복창하고 회초리를 맞았다. 그리고 형은 먼저 집으로 내려갔고 나는 한참이나 옥상에 있던 안테나를 고정하기 위한 시멘트 돌덩이에 걸터앉아서 하늘을 쳐다보다 내려왔다. 어느 날 하루는 그날도 여지없이 형이 나를 옥상으로 불렀고 나에게 눈물을 보이며 물어봤다. 형이 나의 숙제 노트를 점검하다 내가 적은 것을 본 것이었다. 부모님의 직업을 적는 난이 있었는데 나는 그 당시 아버지 없는 것이 창피스럽고 해서 공장에 다닌다고 적었다. 형은 눈물을 보이며 형 자신도 그런 적이 있다고 했다. 그 시절 부모님의 직업이 뭐가 그리 중요했는지 새 학기가 되면 호구조사를 하는데 부모님의 직업을 꼭 물었고 아버지 없는 사람, 엄마가 없는 사람은 손을 들게 했다. 매번 아버지가 없는 사람에 손을 들고는 친구들이 놀려댔고 창피한 마음에 나도 모르게 거짓말을 했다. 형은 자신도 그런 적이 있는데 아버지가 없다는 것을 부끄럽게 생각하지 말라는 조언을 해주었고 그날만큼은 회초리를 들지 않았다. 형은 그 당시 중학교 3학년 전체 학생 중 공부를 제일 잘하는 모범생이었다. 형과 함께 자는 작은 방에는 형이 받아온 성적 우수상으로 도배가 되었고 나의 상장은 단 하나 달리기 상장이었다.

나의 방황은 계속되었고 6학년이 되자 더욱 겁이 없이 놀기 시작했다.

친구들과 동네에 옷을 훔치러 다니기도 해 보았고 동네 깡패 형들과 어울려 이 동네 저 동네 다니며 나쁜 짓을 하기도 했다. 한 번은 수업을 하는 중에 학교선생님께서 나를 앞으로 나오라고 소리치시고는 수업 중에 떠드는 사람은 나밖에 없다며 혼을 내시고 회초리로 손바닥을 수없이 내리치셨다. 그날은 지금도 억울한 마음이 사라지지 않는다. 나는 떠든 적이 없었고 옆자리 앉은 친구가 웃으며 떠들었는데 선생님께서는 나로 오해를 하신 것이다. 분명 내가 하지 않았다고 했지만 선생님의 마음은 더욱 완강히 나를 혼내셨다. 학교수업을 마치고 집으로 돌아와 할아버지 밥을 차려드리고 다시 나와서 방에 잠시 눈을 감고 누워 있는데 분이 사라지지 않았다. 나는 곧장 일어나 학교 교무실로 향했다. 교무실 문은 단단히 잠겨있었고 들어갈 수 있는 다른 방법을 찾다가 창문을 부수고 들어가 담임선생님책상을 넘어뜨리고 부숴버렸다. 그리고 다음날 나는 두근거리는 마음을 애써 진정시키며 학교로 향했고 담임선생님은 모든 것을 다 알고 있다는 확신에 찬 눈으로 나를 교무실로 데려가 부서진 책상을 보여주면 추궁하기 시작하셨다. 나는 사실대로 말했고 다음날 어머니께서는 또다시 선생님께 불려 와 고개를 숙이며 용서를 비셨다.

9

어머니의 두 손

그리고 얼마 지나지 않아 나의 인생에 가장 큰 사건이 터졌다. 6
학년 친구 중 조직에서 생활하는 형을 가지고 있는 아이가 있었는
데 나에게 시비를 거는 것이었다. 결국 싸움이 터졌고 쉬는 시간에
시작된 싸움은 종이치고 나서도 끝나지 않았다. 전교생 모두가 우
르르 나와서 구경을 했고 수업종이 쳐도 들어가지 않고 우리의 싸
움을 구경했다. 결국 남자 선생님들이 나와서 싸움을 말렸고 싸움
은 잠시 중단이 되었다. 다시 수업이 시작되고 나의 분노는 쉽게 사
그라들지 않았고 수업 중에 나와서 복도에 있던 밀대 막대기를 부
수어 그것을 들고 그 친구가 있는 반으로 찾아가 손에 들고 있던
막대기를 수없이 내리쳤다. 그 사건 이후로 어머니께서는 매일같이
학교에 찾아오셨고 나는 학교에서 가장 큰 문제아로 인식되었다. 여

느 때처럼 어머니께서 교무실에 오셨는데 퇴학을 알리는 교장선생님과 담임선생님 앞에서 무릎을 꿇고 두 손을 비는 어머니를 보게 되었다. 그날 나는 4남매를 씩씩하게 키우시던 세상에서 가장 강하신 어머니께서 누군가에게 무릎을 꿇고 두 손을 비는 모습을 처음 보게 되었다. 나는 분명 쓰레기 같은 인간이었다.

어머니께서는 평소 하루에 두 번을 두 손을 모아 비셨다. 아침에 한번 저녁 잠들기 전 두 손을 모으고 아버지 영정사진을 보시고는 우리 아이들 다치지 않고 착하게 자라게 해달라고 어린아이처럼 대답도 없는 아버지께 소원을 비셨다. 아버지 앞에서만 두 손을 비비던 손이 막내아들의 퇴학을 막기 위해서 교장선생님과 담임선생님 앞에서 무릎을 꿇고 비셨던 것이다. 그날 저녁 어머니도 형도 나를 혼내지 않았다. 그날만큼은 나도 밖에 나가지 않고 집에서 숨죽여 있었다. 그리고 그날부터 나의 방황은 끝이 났다.

10

나를 믿어준 첫 번째 선생님

긴 방황을 끝내고 중학교에 입학을 했다. 공부에 익숙하지 않은 터라 노트에 필기하는 것이나 숙제를 하는 것이나 모든 것이 새롭고 낯설었다. 처음 입어보는 교복도 낯설었고 조용히 책상에 앉아서 인내심으로 수업에 참여하는 것도 낯설고 어려웠다. 우리 반 담임선생님은 젊고 예쁜 영어 선생님이셨다. 영어 시간이 되면 본인의 반 학생이라 그런지 성의와 열정이 느껴질 정도로 농도 있게 수업을 진행하셨다. 그날이 11일이었던 것으로 기억이 난다. 내가 11번이었기에 가장 먼저 이름이 호명이 되었고 발표를 하게 되었다. 운이 좋았던 탓인지 그날따라 발표하는 것이 어느 때보다 두렵지 않고 자연스러웠다. 선생님께서는 기다렸다는 듯이 친구들에게 칭찬의 박수를 유도하셨고 나는 그렇게 평생 처음으로 반 친구들에게 박수를 받았다. 그리고 선생님께서 그날 집에 가기 전 나를 부르시고는 발표를 너무나 잘했다며 칭찬을 한 번 더 해주시고는 교실 맨 뒤에 벽보지에 영어칸을 채워달라고 하셨다. 모든 것이 처음 겪는 칭찬과 우리 반 대표로 역할을 맡게 된 것이다. 아직도 나의 마음 속에는 그날 이지현 담임선생님께서 나의 두 눈을 깊숙이 바라보며 "잘했다"라는 그 말 한마디를 잊을 수가 없다. 그 말 한마디가 어쩌면 나의 인생에 처음으로 심어진 희망의 씨앗이 되었다.

그리고 며칠 뒤 교실 벽보를 정성껏 채우고는 또 한 번 선생님의 칭찬을 받았다. 그리고 입학 후 처음 치르는 중간고사 시험결과가 나왔고 난생처음으로 50명의 반 학생 중 3등을 했다. 누군가가 나를 믿어준다는 것. 그 믿음에 부응하고자 난생처음으로 최선을 다했다. 그것도 잠시 어느 날 이지현 선생님께서 나를 교무실로 부르셨다. 얼굴이 창백해 보였고 누가 보아도 많이 놀란 표정을 감추지 못한 채 나에게 질문 몇 가지를 하셨다. "방금 네가 다녔던 학교의 6학년 때 담임이셨던 ○○○선생님을 만나고 왔어. 그 선생님 말씀으로는 너 가 이런저런 사건을 많이 일으킨 문제아였다고 하더라. 그게 사실이니?"라고 물으셨다. 나는 더 이상 나의 과거를 숨기고 싶지 않았다. "맞아요. 조금 억울한 면은 있지만, 문제를 일으킨 것은 사실이에요." 늘 그랬듯이 나의 주변에는 나를 진심으로 믿어주는 사람은 없었고 늘 문제아로만 바라보는 시선에 익숙해져만 있었고 잠사나마 나를 믿어주신 지금 내 앞의 이지현 선생님 또한 내가 겪어왔던 수많은 선생님과 다를 바가 없을 것이라고 생각했다. 그리고 고개 숙여 있는 나를 선생님께서는 "상권아 나는 너를 믿어. 과거는 중요하지 않아. 지금부터 잘하면 돼. 하지만 지금부터는 친구들과 절대 싸우지도 말고 나쁜 아이들과 함께 어울려서도 안 돼. 너는 이 세상 그 누구보다 소중하고 귀하다는 것을 잊지 마라."라고 말씀하시며 나를 안아주셨다. 그날 선생님의 따뜻한 품과 좋은 사람에게만 날 것 같은 향과 모든 것에 나는 위로를 받았다. 그 이후로 나는 이지현 선생님의 약속을 지켜냈다. 중학교에 입학 후에도 함께 어울리던 형들은 끊임없이 나에게 호출을 하였고 나쁜 심부름을 시키려 했다. 그때마다 몸으로 때우며 나쁜 심부름을 거절을 했고 거의 두 달 정도를 매일같이 온몸에 멍으로 가득 칠해져 있었다. 그리고 이런 내가 재미가 없어서인지 그들도 더 이상 나에게 관심을 두지 않았다. 그리고 그 이후로 더 이상 친구들과 주먹질하며 싸운 적이 단 한번 도 없었다. 그 시절 나에게 해준 단 한마디.. "상권아 나는 너를 믿어." 이 한 마디가 완전히 나를 새롭게 태어나게 한 것이다. 대한민국에 모든 선생님께 이야기하고 싶다. 당신이 가르치는 학생들에게 당신이 할 수 있는 가장 값진 가르침은 그들을 믿어주고 귀한 존재임을 인정해 주는 것이라고 말해주고 싶다. 그 선생님의 한마디가 그 누군가의 생명을 새롭게 하고 희망의 씨앗을 심어주는 놀라운 기적이 된다는 것을 말해주고 싶다. 그리고 한 사람의 삶을 바꿔줄 수 있는 너무나 귀한 일을 하고 계신다고 전하고 싶다. 나를 믿어준 첫 번째 선생님 이지현 선생님께 진심으로 감사드립니다. 당신의 말 한마디로 엉망진창이 되어버릴 저의 인생을 더욱 올바르게 살아갈 수가 있었습니다. 선생님의 그날의 그 눈빛과 그 따뜻한 말을 단 한 번도 잊어 본 적이 없었습니다. 선생님 진심으로 감사합니다.

11

생애 첫 장사

중학교 3학년이면 치르는 시험이 있었다. 고등학교 진학을 결정하는 연합고사라는 것이 있었는데 시험 성적에 따라 인문계와 실업계로 나뉘게 되었고 지금의 대학입학 과정처럼 진학 원서를 내고합격여부에 따라 진학 학교가 결정되었다. 연합고사를 치르고는 고등학교진학까지 겨울방학이 꽤나 길었다. 그 당시 학생들에게는 찹쌀떡을 파는 아르바이트가 유행처럼 번지고 있을 때였다. 친구 소개로 동네 골목 안에 있는 전자 수리점으로 들어갔다. 그곳 사장님께서 부업으로 찹쌀떡 납품을 하셨다. 찹쌀떡을 파는 아르바이트를 희망하는 친구들에게 원하는 개수를 주고 그것을 판매하면 한통당 판매금액 3,000원 중 1,400원은 판매하는 사람에게 주고 나머지 1,600원은 본인이 가지셨다. 친구와 나는 첫날 10통을 요청해서 받아 왔고 그것을 들고 동네방네를 돌아다니며 팔기 시작했다. 처음 방문한 곳은 평소 내가 즐겨갔던 동네 문구점이었다. 내가 초등학교 때부터 이용했던 단골가게라 자신 있게 들어갔다. 사장님께서는 흔쾌히 한통을 사주셨고 수고하라고 등을 두들겨 주셨다. 그다음 찾아간 곳은 미용실이었다. 바로 어저께 그곳에서 머리를 잘랐기에 또 한 번 자신감을 가지고 미용실 매장 문을 열고 들어갔다. 여차여차 설명을 드리고 또 한 번 쉽게 판매에 성공을 했다. 그렇게 동네 단골집을 돌며 첫날은 너무나 수월하게 10통을 모두 팔았다. 신이 나서 찹쌀떡 사장님께 찾아가 자랑을 하며 16,000원 드리고 나의 손에는 14,000원을 쥐고 나왔다. 너무나 신이 나서 그날은 과자를 잔뜩 사들고 집으로 갔다. 그리고 내막을 모르는 누나들과 형과 할아버지와 함께 나누어 먹었다. 그리고 둘째 날 자신감이 붙은 나로서는 20통은 거뜬히 팔 수 있을 것 같아서 사장님께 조르고 졸라서 20통을 받아왔다. 또다시 동네 단골집의 문을 두드렸다. 하지만 둘째 날이 되니 모두가 하나같이 나의 방문을 불편해했다. 배신감이 들었다. 나는 매일같이 필요한 물건이 있으면 그곳만 이용을 했는데 나에게 이런 대접을 하다니.... 하며 푸념에 빠져있었다. 하지만 그대로 돌아갈 수는 없기에 다른 동네로 찾아갔다. 마치 그곳의 단골인 것처럼 생전 처음으로 가는 문구점에 문을 열고 들어가 "제가 여기 단골인데요. 찹쌀떡 하나만 사주세요."라고 했다. 아저씨는 처음 보는 나를 갸우뚱거리며 한 통을 마지못해 사주셨다. 그렇게 주변 온 동네를 다 돌아 겨우 전날과 같은 열통을 팔 수 있었다. 남은 열통을 가지고 찹쌀떡 사장님께 죄송하다며 반납을 하고 집으로 돌아왔다. 전날보다는 자신감이 조금 떨어지긴 했지만 그래도 기분은 좋았다. 그리고 다음날 또다시 20통에 도전을 했다. 그날은 문구점에는 더 이상 나의 장사수완에 효력이 떨어졌다고 느껴졌기에 조금 다른 곳을 방문하려고 둘러보았다. 우연히 길을 걷다가 모텔이 보였고 입구 카운터에 가서 찹쌀떡 하나를 사달라고 부탁을 했다. 생각보다 쉽게 그것도 흔쾌히 사주셨다. 그때 나의 뇌리에 스친 생각이 들었다. 모텔은 하루 종일 카운터에 앉아서 손님을 기다리다 보니 입이 심심하겠다는 생각이 들었다. 그래서 그때부터는 모텔만 돌아다녔다. 순식간에 20통을 다 팔았다. 1시간도 안되어 20통을 다 팔고 사장님께 달려가시니 나 같은 아이는 처음이라면서 칭찬과 놀라움을 감추지 못하셨다. 그리고 다음날 비장의 마음으로 친구 두 명을 데리고 갔다. 친구에게 나랑 함께 따라다니면 1만 원을 주겠다고 했다. 그 당시 1만 원이면 돈가스를 10번이나 사 먹을 수 있는 꽤나 큰돈이었다. 순진한 친구들은 진짜냐며 몇 번이나 의심에 찬 말투로 물었고 진짜라고 몇 번이나 확신에 찬 말투로 친구에게 믿음을 주었다. 그리고 두 친구를 데리고 사장님께 찾아가서 50통을 달라고 했다. 우리 셋은 준비해온 가방에 50통을 골고루 나누어 담았고 버스 정류장으로 향했다. 지도를 보니 모텔이 가장 많은 곳이 동대구 버스 터미널쪽이었는데 그곳으로 향하는 버스를 올라탔다. 비장한 눈빛으로 서로를 보며 고개를 끄덕이며 세상에서 가장 용감한 용사의 표정을 지으며 승리를

46 성공대학 장사학과

다짐했다. 드디어 동대구 터미널에 내려서 수많은 모텔촌에 입성했다. 딱 보아도 지나가는 사람 중 중학생은 우리밖에는 없었다. 애써 담담한 척을 하며 맨 앞장을 서서 걸었다. 그리고 첫 모텔에 들어가 가볍게 성공을 했다. 느낌이 좋았다. 그리고 두 번째 세 번째도 무난하게 판매를 했다. 판매 멘트도 업그레이드가 된 것을 사용했다. "중학교 졸업식 때 선생님께 선물을 해드리려고 친구들과 아르바이트를 하고 있는 중입니다. 찹쌀떡 하나를 공짜로 시식해 보시고 맛있으면 한통 구매 부탁드립니다."라고 말하고 구매를 권유했다. 20통까지는 쉽게 판매가 되었고 거절하는 곳도 간간히 있었지만 그날은 대성공이었다. 3시간 만에 50통을 완판 시켰고 두 친구들에게 2만 원을 주고도 나는 5만 원을 벌게 되었다. 그리고 두 번째 날 70통을 가지고 갔고 전날 돌지 않는 처음 방문하는 곳을 찾아 돌며 판매를 하기 시작했다. 한참을 팔고 있는데 누군가가 갑자기 나의 뒷목덜미를 힘차게 잡아당겼다. 본능적으로도 아주 힘이 센 남자어른이 나를 잡고 있는 듯한 느낌을 받았고 뒤를 돌아보니 체격이 나의 두 배나 되는 깡패 형들이 나를 골목 구석진 곳으로 끌고 갔다. 이유 없이 수차례를 얻어맞고는 내가 가진 돈과 찹쌀떡 모두를 빼앗아 갔다. 친구들과 온몸이 쑤시는 고통을 참으며 집까지 걸어서 돌아왔다. 집에 돌아오니 시간이 새벽가까이 되었고 그날은 사장님께 가지 못했다. 그리고 다음날 찾아가 여차여차 사정을 이야기하고 찹쌀 떡 값 모두를 지불하고 그렇게 나의 찹쌀떡 장사는 막을 내리게 되었다.

12

나의 소중한 친구 농구공 하나

　10살 때부터 할아버지 식사를 담당하다 보니 친구들이랑 학교를 마치고 함께 어울리며 노는 시간이 엇갈려 어느 순간 친구들과 멀어지게 되었고 정말이지 한 순간 세상에 외톨이가 된 기분이었다. 해질 무렵이면 형들이랑 누나가 학교를 마치고 돌아왔고 나는 그때서야 자유로운 몸으로 밖을 나갈 수가 있었다. 그때는 이미 친구들은 한참을 놀다가 집으로 돌아가는 시간이었고 나는 그때서야 자유로운 시간이었다. 늘 집에 있던 낡은 농구공 하나를 들고 텅 빈 운동장에 찾아가 한두 시간씩 농구를 하고 집으로 돌아왔다. 어둠이 가득한 운동장이었지만 나만 느낄 수 있는 자유로운 공간이었다. 이리저리 드리블도 연습하고 아무도 봐주지 않는 공간에 혼자서 프로농구 중계를 하는 아나운서의 박진감 넘치는 멘트를 따라 하며 마치 결승골을 던지는 연극을 하며 혼자놀이에 점점 익숙해져만 갔다. 그렇게 매일같이 나와 농구공이 하나가 되어 세상에서 가장 친한 친구로 지내게 된 것이다. "캐스트 어웨이" 영화를 보면 주인공 톰 행크스는 비행기가 조난이 되어 무인도 섬에서 혼자서 지내게 된다. 그곳에 유일하게 함께한 배구공이 있다. 어느 순간 두려움이 밀려오거나 심심할 때는 배구공(윌슨)에게 말을 걸며 외로움을 달래며 구조를 위한 발버둥을 치게 된다. 세상에 아무도 나의 편이 없고 나의 마음을 알아주는 사람도 없고 마치 우주에 혼자 동떨어져있는 기분은 그때 그 시절 나와 같을 것이다. 농구공이 유일하게 나의 마음을 달래주고 때로는 나에게 용기를 넣어주고 어제든지 나와 함께해 준 유일한 친구였다. 어쩌면 내가 농구를 잘하기 위해 어둠이 가득한 텅 빈 농구장을 찾은 것이 아니라, 누구도 나를 찾지 않는 아무도 없는 나만의 공간을 애타게 찾았던 것은 아닐까라는 생각이 든다. 손자의 도움 없이는 아무것도 하지 못하는 할아버지께서 나를 애타게 소리 내어 부르는 할아버지의 음성이 아직까지도 내 귓가에 지워지지 않고 고스란히 머물러 있다.

농구공을 보면 여러 줄로 경계선이 나뉘어있다. 그리고 여러 면적으로 나뉜 곳에는 빨간색 가죽천으로 붙여져 있고 그 면에는 오돌오돌한 면이 있다. 경계선에 손가락을 걸어두고 손목의 스냅으로 골대를 향해서 공을 던지면 아주 가끔씩 들려오는 그물망을 힘차게 스치는 소리가 너무나 좋았다.

링을 맞지 않고 골대를 그대로 통과할 때만 들을 수 있는 소리였다. 어둠이 가득한 곳에서 농구를 해서 그런지 아직도 농구에 대한 기억은 눈으로 보고 느낀 기억보다 소리를 듣고 느끼는 기억이 만이 남아있다.

사춘기 시절 그렇게 외로움을 달래는 나만의 방식으로 농구를 많이 해서 그런지 그 당시 또래친구들의 키를 한 명씩 한 명씩 넘어설 수 있었다. 우리 집 식구 중에 가장 큰 키를 가지게 된 것도 아마도 그 시절 농구를 많이 해서인 것 같다. 그래서 나에게 농구란 그리고 농구공에는 특별한 감정이 사무쳐있는 것이 되었다. 지금도 농구경기를 가끔씩 볼 때면 그때 그 시절이 생각이 난다. 누가 이기고 있고 누가 지고 있고 누가 잘하고 있는지는 눈에 들어오지 않고 그때 어둠 속의 나의 유일한 소중한 나의 친구 농구공이 생각난다.

13

할아버지의 죽음과 믿음

　내가 고등학교에 올라갈 때쯤 막내삼촌이 할아버지를 모시고 가셨다. 어느 날 아버지 제사를 지내는데 여느 때처럼 어머니께서는 삼촌들이 모두 모여 있는 제사상에 얹어져 있는 아버지의 영정사진을 보고 통곡하며 원망 섞인 말을 늘어놓으셨다. 고사리 손 같은 어린아이들을 두고 가면 어떡하냐며 통곡을 하며 그렇게 분을 푸셨다. 그럴 때면 우리 4남매는 함께 울었다. 엄마가 우는 날이면 그렇게 이유 없이 슬펐고 함께 울었다. 그날도 통곡을 하시며 한참을 아버지께 원망 섞인 하소연을 하시고는 삼촌들에게 할 말이 있다며 들어달라고 하셨고 막내인 내가 곧 고등학생이 되면 밤늦게 돌아오니깐 할아버지를 돌봐줄 사람이 없다며 삼촌들 중에 할아버지를 모셔달라는 부탁을 했다. 그 당시 삼촌들의 눈빛을 아직도 기억한다. 삼촌 모두가 당황스러운 눈빛을 하셨고 하나둘씩 어머니와의 눈을 마주치지 않으려고 애쓰셨다. 그때 막내 삼촌이 "내가 모실게요." 하면서 말씀하셨다. 막내 숙모는 조금 당황스러워했지만 삼촌의 의견에 지지하는 눈빛이었다. 그렇게 할아버지는 막내 삼촌 집으로 가시게 되었고 그 이후 우리 집에는 작은 평화가 찾아왔다. 큰누나와 작은 누나는 취업을 하게 되었고 형은 대학생이 되있고 어머니께서는 다니시던 식당일을 그만두시고 동네에 작은 식당을 직접 차리게 되었다. 할아버지께서 지내던 방은 고등학생인 내가 사용하게 되었고 방에는 작은 책상 하나와 친척 누나에게 얻어온 침대 하나가 전부였다. 할아버지 방의 특유한 냄새가 한동안 완전히 사라지지 않은 상태라 내 마음 한구석에는 자유로움과 할아버지에 대한 죄송함과 걱정도 함께 들어있었다. 이래저래 바쁘게 고등학교 생활에 적응하게 될 때쯤 어느 날 일하다 말고 급하게 집으로 달려오셔서 할아버지께서 돌아가셨다는 소식을 전했다. 이상하게도 눈물은 나지 않았다. 할아버지의 죽음을 바랐던 것은 아니겠지만 할아버지의 하루하루의 삶이 스스로에게도 괴로웠을 거라는 것을 잘 알고 있었기에 할아버지의 죽음이 슬프지는 않았다. 되려 하늘나라에서는 할아버지께서 건강한 몸으로 행복하게 사셨으면 하는 마음이 더 컸던 것 같다. 그렇게 할아버지의 장례를 모두 치르고 어머니께서도 삼촌들도 서로가 왕래할 수 있는 할아버지라는 연결고리가 사라진 채 각자의 삶에 충실하기 시작했다.

나는 어느새 고등학교2학년이 되었고 학교에서 저녁식사 이후에는 자율학습이라는 명분으로 저녁 10시까지 학교에서 공부를 하는 것이 의무였던 터라 우리 반 모두가 교실에서 숨죽여 공부를 하고 있었다. 우리 반의 반장이 있었는데 그 아이는 덩치가 크고 성격이 순해서 별명이 임꺽정이었다. 성이 임 씨라 누가 들어도 이름보다 임꺽정이라는 별명이 더욱 친숙하기만 했다. 임꺽정이라는 반장이 내 옆자리에 앉았었는데 어느 날 조심스럽게 나에게 말을 걸어왔다. 학교 초기라 그렇게 친한 사이는 아니었지만 나름 용기 내어 나에게 말을 걸어온 것 같다. 내용인즉 자신이 다니는 교회에 농구대회가 있는데 상권이 너 가 함께 해준다면 우승도 문제없을 것 같다며 나를 추켜세웠다. 친구로서 누군가가 처음으로 나에게 먼저 다가와 말을 걸어 주었기에 나는 흔쾌히 허락했다. 그리고 아주 오랜만에 가게 된 교회였고 농구를 한다는 생각에 설렘이 가득 찼다. 하지만 그날 농구는 하지 않고 예배만 드리는 것이었다. 친구는 사실대로 털어놓았다. 내가 많이 외로워하고 친구들을 잘 사귀지 못하는 것 같아서 교회 친구들을 소개해 주고 싶었다고 했다. 그리고 그다음 주일에도 교회를 가게 되었고 예배를 드리는 내내 목사님 설교 말씀이 졸리기만 했고 꾸벅꾸벅 졸기만 하다가 집으로 돌아왔다. 어느 날 여느 때처럼 예배를 드리고 집으로 돌아오는데 생전 처음으로 너무나 따뜻한 무언가가 나의 온몸을 감싸는 느낌을 받게 되었다. 여태껏 느끼지 못한 너무나 신기하고 새로운 느낌이었다. 어릴 적부터 나에겐 아버지가 없었고 그 누구도 나를 지켜준다는 든든한 기분을 단 한 번도 느껴보지 못한 채 살아왔었다.

할아버지께서도 기저귀를 차고 손주의 도움을 받는 시한부 같은 나약한 할아버지였고, 6살이라는 어린 나에게 아버지사랑을 단한 번도 제대로 주지 못한 채 떠나버린 아버지까지 나의 배경에는 장자의 든든함을 단한번도 느끼지 못했다. 하지만 그날은 나에게도 어쩌면 눈에 보이지는 않지만 나를 늘 지켜봐 주시고 돌봐주시는 누군가가 있다는 믿음을 갖게 된 계기가 되었다. 그날부터 하나님을 알게 되고 나의 삶은 그전과는 완전히 다른 삶을 살게 되었다. 과거 어둠이 가득했고 미래에도 똑같은 어둠뿐일 것이라는 생각에서 벗어나 어쩌면 나의 삶도 빛이라는 것이 있겠다는 작은 희망이 생겨났다. 그 당시 나의 용돈은 하루 2000원이었는데 차비를 제외하고는 1000원을 하루하루 모아서 교회 가는 날이면 하나님께 헌금을 드렸다. 지금은 훨씬 더 큰 금액을 헌금하고 여러 곳에 기부를 하지만 하나님께 무엇을 드려도 아깝지 않은 그때의 어린 나의 예물을 더욱 값지게 받아주신 것 같다는 생각을 종종 하게 된다. 그렇게 나는 믿음으로 삶을 살기 시작하게 되었다.

14

가짜 우상권 진짜 우상권

사실 고등학교 시절 나의 부끄러운 고백을 하려고 한다. 고등학교 1학년에 입학해 우리 반 학생 55명 중 나는 54등으로 입학을 했고 그중 55등은 축구부였다. 운동특기생이라 연합고사를 치르지 않아서 성적이 없는 상태라 실질적으로는 내가 꼴찌였다. 고등학교 입학 후 가장 먼저 한 것은 3년 뒤 원하는 대학교를 적어 조사하는 것이었는데 나는 당당히 원하는 대학교를 적어서 제출하였고 며칠 후 어머님께서 교무실로 불려 오셨다. 상권이가 지금 성적으로는 도무지 갈 수가 없는 대학을 적어서 제출했다는 이유였다. 나의 능력 밖의 대학을 적어서 낸 것이 잘못된 것은 아니었지만 선생님께서는 나의 목표를 어머께 공유를 하고 싶었던 것이었다. 어머니께서는 내가 초등학교 시절 좋지 않은 일들로 교무실로 불려간 경험이 많은지라 학교에서 걸려오는 전화나 교무실로 방문을 요청한다는 말들은 어머니께는 공포 그 자체였다. 그날도 어머니께서는 긴장 가득 안고 학교에 오셨지만 따뜻한 격려를 하며 친절함을 다하는 담임선생님의 태도에 어머니께서는 안심하고 상담을 받을 수가 있었다. 그렇게 무난하게 어머님이 다녀가시고는 그날부터 무언가 마음속 부담이 생기기 시작했다. 그 당시 나의 짝꿍은 수성구 엘리트친구였고 입학 때부터 고등과정의 모든 교과서를 독파하고 온 무서운 친구였다. 늘 표정에 여유가 있었고 드러내지는 않았지만 드러나는 그런 아이였다. 첫 중간고사를 치르는데 그 친구는 부탁도 하지 않는 나에게 문제의 답을 감독선생님 몰래 알려주었고 나도 모르게 그 친구가 알려 준 대로 시험을 치르게 되었다. 그리고 첫 중간고사는 55등 중 8등을 했다. 담임선생님께서는 시험 결과지를 들고 한 손에는 회초리를 겨드랑이에 꽂고는 교실문을 힘차게 열고 준엄한 눈빛으로 들어오셨다. 그리고는 성적을 발표를 하는데 우선 우리 반 1등을 불러 세우고 모든 학생들에 박수를 받게 하시고는 그다음 나의 이름을 호명하시고는 또 한 번 박수를 받게 하셨다. 나는 어리둥절해서 일어섰는데 결과는 반 전체 8등 전교 등수 56등 입학성적에 비교했을 때 전교에서 가장 많은 등수가 오른 것이었다. 한편 마음이 불편하기도 했고 한편 성적으로 인정받기는 처음이라 기분이 좋았다. 그렇게 그 성적을 유지하기 위해서라도 나는 그 수성구 엘리트 짝꿍친구의 머리를 빌려야만 했다. 그리고 시간이 지나 고등학교 2학년이 되어 첫 시험을 치르는데 순수

나의 실력으로만 쳐야 하는 시험이었기에 성적은 반에서 45등 전교 등수 357등이었다. 갑자기 확 떨어진 성적에 또다시 어머니께서는 교무실로 불편한 방문을 하셔야 했고 그날 나는 아주 오랜만에 형과 함께 옥상으로 향했다. 그리고 아주 오랜만에 형의 회초리를 맞았다. 그날 이후 나는 또 한 번 큰 깨달음을 얻게 되었다. 진짜는 결국 드러난다는 사실을 말이다.

고1 때 1년 동안 수성구 엘리트 친구의 도움으로 얻게 된 나의 성적이 가짜였고 그 1년 동안의 우상권은 가짜 우상권이었고 나를 도와준 수성구 엘리트 친구 또한 가짜 친구였다. 그렇게 가짜의 우상권의 삶을 마치고 또다시 드러난 진짜의 우상권으로 돌아오게 되었다.

15

내가 가진 유일한 재능 하나

고등학교 시절 나는 새로운 많은 것들을 경험했다. 시골 성주에서 도시로 이사 온 곳은 대구 서구 평리동이었다. 그곳은 대구광역시 전체 중 가장 평균 소득이 낮은 동네였다. 쉽게 말해 대구에서 가장 삶의 수준이 낮은 곳이라는 뜻이다. 내가 살던 동네를 폄하하는 것은 절대 아니지만 다른 동네에 비하면 맞벌이 부부가 대부분이었고 지하철이 없고 학군이 가장 낮은 수준이었고 대부분이 언덕을 걸치고 있는 달동네 같은 주택 촌이었다. 중학교까지는 평리동에서 학교를 다녔고 고등학교 진학은 운이 좋게도 그 당시 학부모님들이 대구 수성구에만 몰려있던 좋은 학교들엔 그 동네 거주자들에게만 주어지는 진학 기회의 시스템에 거센 불만운동이 일어난 덕분에 그해의 진학 시스템만큼은 무작위로 추첨하여 여러 동네에서 골고루 대구 최고의 학군인 수성구 학교에 진학하게 하였다. 그 흐름에 덩달아 나도 청구 고등학교라는 명문 고등학교에 진학을 할 수가 있었다. 등교 시간이 되면 교문 앞으로 수입차가 즐비하게 줄 서 있었고 능력 있는 부모의 손에서 곱게 자란 아이들이 하나둘씩 차에서 내려 학교로 들어섰다. 점심시간이 되면 고급 식당에서 고급 포장지에 정성껏 포장된 도시락이 교실로 배달이 되었고 늘 같은 반찬에 밥만 가득 싸 오던 나의 도시락과는 차원이 다른 진수성찬을 매일같이 수성구 엘리트 아이들은 식사를 했다. 수업시간이 되면 특설반이 있어서 수성구 아이들과 평리동 아이들의 수준차이가 너무나 컸기에 반을 따로 나뉘어서 수업을 했다. 수업이 끝나고 저녁 자율학습이 되어서야 떠돌이 수업을 마치고 나의 교실로 돌아올 수 있었다. 자존감이 낮고 소심한 나의 성격에 나는 늘 대화가 없었고 친구가 먼저 말을 걸기 전까지는 늘 침묵을 유지했다. 어느 날 담임선생님께서 들어와 조금 있으면 체육대회가 있으니 참가할 사람을 모집한다는 말씀을 하셨다. 평소 운동을 좋아해서 체육시간만큼은 존재감이 있었던 나를 장거리 1,500m 선수로 추천을 했다. 그렇게 시간이 흘러 체육대회 날이 되었고 나는 초반부터 달리기 시작했다. 비교적 작은 운동장 7바퀴 반을 도는 경기였는데 3바퀴째까지 1등으로 거세게 달리기 시작했고 조금씩 힘이 빠졌지만 7바퀴째 까지만 해도 1등으로 달리고 있었고 2등과는 꾀나 차이가 있어서 1등에 확신을 가지고 뛰고 있는 순간 결승전 5m를 앞두고 누군가 빠르게 내 앞을 지나갔다. 그리고 결국 역전을 당해서 2등으로 결승전을 통과했다. 너무나 분했다. 그리고 반 친구들에게 미안했다. 반 대표로 무언가를 한 것도 많은 사람으로부터 응원을 받은 것도 나에게는 흔치 않은 일이라 보란 듯이 1등 하는 모습을 보여주고 싶었지만 그러지 못해 그날 내내 반 친구들에게 미안하고 아쉽고 분한 마음이 컸다. 그리고 시간이 흘러 고3이 되었고 또다시 체육대회가 시작되었다. 나는 또다시 반 대표로 1,500m 장거리 대회에 나갔고 나에게 역전승을 안겨준 친구가 함께 출발선에 등장하였다. 이 장면을 미리 예측한 나는 사실 대회 한 달 전부터 나만의 연습을 했다. 자율학습 시간에 하루 30분씩 나를 교회로 이끈 임꺽정이를 데리고 운동장으로 나가서 7바퀴 반을 뛰는 연습을 하는데 처음에는 보통 속도로 달리다가 5바퀴부터 남은 2바퀴 반을 전력 질주하는 연습을 했다. 그렇게 한 달을 쉬지 않고 매일 같은 반복 연습을 했다.

그리고 체육대회 당일 출발선에 선 나의 마음속에는 자신감이 넉넉히 차올라 있었다. 스타트를 알리는 총이 울리고 나는 연습한 대로 5바퀴까지는 보통 속도로 뛰며 3등을 유지하다가 준비된 시점인 6바퀴부터는 전력 질주를 했다. 순식간에 1등으로 앞서나갔고 결승전에 도착할 때쯤엔 2등과 1바퀴 차이로 1등으로 결승 테이프를 끊었다. 내 인생에 가장 짜릿한 승리였다. 나만의 전략을 짜고 연습하고 노력해서 얻어낸 승리였기에 지금 생각해도 나의 인생에 있어서 내 마음속 가장 큰 훈장을 받은 날이다. 이때 나는 처음으로 마음속에 큰 깨달음을 새기게 된다. "나도 마음먹고 노력하면 누군가를 이길 수가 있구나..."라고 내 마음속 깊이깊이 새기게 되었다. 그 이후로 늘 꼴찌만 했던 공부도 하루 3시간씩 자며 그 누구보다 열심히 공부를 했다. 아침이면 달을 보고 가장 이른 시간 첫 버스에 올라타 학교에 등교를 했고, 학교를 지키는 관리아저씨의 출근 시간보다 더 이른 시간이라 내가 학교 복도 조명을 하나씩 켜며 교실에 들어갔다. 남들보다 늘 1시간 일찍 등교를 하였고 남들보다 확보된 1시간 동안에 영어단어를 외웠다. 그리고 쉬는 시간에는 소음 이어폰을 귀에 꽂아두고 수학 문제 3문제씩을 풀었다. 공부에 대한 열정이 비록 남들보다는 많이 늦었지만 나는 후회로 남기고 싶지는 않았다. 당시 나의 마음은 내가 할 수 있는 것은 가리지 않고 모든 것을 다 하고 싶었던 것 같다. 버스를 타도 지나가는 차들의 번호판숫자를 다 더하는 셈을 하고 두 자리씩 더해서 곱하는 셈도 하고 두 자리씩 더해서 빼는 셈도 하고 아무튼 오랜 시간 동안 사용하지 않던 나의 머리를 가만히 놔두지 않았다. 그렇게 고등학교 3학년을 다니며 내가 평생 한 공부의 양보다 더 많은 양과 노력을 쏟아부었다. 고3 수능시험 치르기 마지막 모의고사 때 400점 만점 중 370점을 받았다. 이성적이면 내가 가고 싶은 학교에 가고도 남을 만큼 충분한 점수였다. 그리고 수능을 치르고 성적표가 나왔다. 결과는 311점이었다. 내가 모의고사 때 받은 점수보다 훨씬 못 미치는 점수였다. 나는 또 한 번 깨달았다. 이게 정말 나의 진짜 실력이구나. 반 친구들이 나의 열정과 노력을 알기에 재수를 해보라고 한 목소리로 권유했다. 하지만 나는 그렇게 까지 하고 싶지가 않았다. 정말이지 공부에 질려버렸기 때문이다. 기초도 제대로 되어있지 않던 내가 늘 꼴찌를 하던 내가 수능 311점을 받고 상위 30%를 얻은 것도 어쩌면 기적일지도 모른다.

그렇게 나는 빠르게 주제파악을 하고 대학 입학을 준비하게 되었다.

하지만 나는 고등학교 시절 1500m의 달리기 사건과 고3생활 중 공부에 대한 열정과 노력이 경험으로 내가 가진 가장 훌륭한 재능은 끈질김이라는 것을 알게 되었다.

제2부

장사의 시작

1

장사의 시작

수능을 치르고 난 전력질주를 하고 난 뒤 온몸에 맥이 빠진 사람처럼 한동안 제정신을 차리지 못했다. 기력도 없어 밥맛도 없었고 학교 가는 것도 더 이상 흥미도 없고 모든 것이 나에게는 의미가 없었다. 그리고 나의 못난 점수에 맞춰서 계명대학교 토목공학과에 특차로 입학이 결정이 되었고 나처럼 대학교가 정해진 친구들은 하나둘씩 아르바이트를 시작했다. 나도 무엇이라도 해야만 할 것 같았다. 하루하루가 지루하고 기력이 없었기 때문이다. 친구의 소개로 들어간 곳은 대구 동성로에 있는 보세 신발 가게였다. 출입문도 없이 셔터를 올리면 입구에 물건을 가득 진열해 두고 길가는 사람들을 손길이나 말로 유혹해서 매장으로 입점을 시켜서 신발을 판매하는 방식이었다. 예전에 찹쌀떡 장사를 했던 기억에 나름 자신이 있었다. 하지만 첫날 둘째 날 그리고 셋째 날까지 고객님들께 단 한마디도 하지 못하고 집으로 돌아왔다. 지금 생각해 보면 그 당시 사장님께 진심으로 감사드린다. 고객님께 말도 한마디 붙이지 못하는 나를 해고시키지 않고 나를 믿고 기다려 주셨으니 말이다. 그때 해고를 당했다면 나는 지금 나의 모습은 되지 못했을 것이다. 그렇게 한 달이 지나고 첫 월급을 받는데 그 당시에는 계좌로 급여를 받는 것이 아니라 하얀색 편지봉투에 현금을 넣어서 받았다. 사장님께서는 월급 받는 사람들을 매장에 줄을 서게 하시고 뒷 창고에 있는 커다란 금고를 조심스럽게 열어서 한 명씩 뒷 창고로 부르시고는 수고했다는 인사와 함께 두세 번 꼼꼼하게 헤아린 돈뭉치를 하얀 편지봉투에 넣어서 주셨다. 월급이 들어간 하얀 봉투에는 사장님께서 정성스레 적으신 "수고하셨습니다." 가 적혀있었다.

25년이라는 긴 시간이 흘렀지만 나는 그 월급봉투들을 하나도 버리지 않고 나만의 초심박스에 담아두었다. 한 번씩 나에게 초심이 필요할 때면 월급봉투가 담긴 초심박스를 꺼내고 냄새를 깊숙이 맡는다. 참 이상하게도 눈을 감고 낡은 월급봉투에 코를 대고 호흡을 길게 마시면 그 시절의 심장이 뛰기 시작한다. 그때에 비하면 참 많은 것을 이룬 어른이 되었지만 그래도 그 시절의 초심은 언제나 가치가 있다. 일을 시작한 지 석 달이 될 때쯤 조금씩 보이기 시작했다. 고객님이 매장에 방문하시면 그 당시 경력자 순서대로 고객을 응대하였는데 판매 보조를 하던 나는 무엇을 해야 하는지를 조금씩 배우게 되고 고객님이 안 계실 때는 내가 무엇을 해야 하는지가 조금씩 보이기 시작했다. 가끔씩 여러 고객님께서 한꺼번에 입점이 되면 내가 손님을 보게 될 기회가 생길 때도 있었는데 어떻게 하다가 판매까지 이루어지면 나의 심장소리가 내 귀에까지 들릴 정도로 흥분이 되었다. 나는 대학교를 정상적으로 진학을 하고 평일에는 저녁에 나와서 일을 했고 주말에는 종일 근무를 했다. 학교와 전혀 다른 환경이기에 나는 20살 때부터는 이중생활을 했다. 학교에서는 그냥 잠만 잤다. 공대수업이라 이상한 기호만 칠판 가득 적혀있었고 재미도 없고 어렵기도 하고 때때로 교실에 앉아있는 내가 여기 왜 앉아서 잠만 자고 있는지도 몰랐다. 대학교 등록금도 내가 힘들게 돈을 버는 것보다 훨씬 비싼 돈을 내면서 까지 말이다. 어느 날부터 내 나름대로 효율적 삶을 살겠다고 스스로 선언을 하고 아침에 어머니께 학교에 다녀온다고 하고는 시내 일터로 버스를 탔다. 그렇게 학교는 가지 않고 매일 일터에서 나의 일상을 보냈다. 조금씩 나의 일솜씨가 능숙해지기 시작했고 매장 선배들이 장사 잘한다며 엄지 척을 할 때마다 나는 세상에서 가장 행복한 표정을 지었다. 어릴 적 새 학기가 시작되면 통과 의례인 것처럼 담임선생님께서는 아빠 없는 사람 엄마 없는 사람 손을 들라고 했고 집이 자가인지 전세인지 월세인지까지도 철저하게 조사를 했다. 지금생각해보면 아무 중요한 것도 아닌데 아주 중요한 업무인 마냥 심각하게 그리고 철저하게 조사를 하고 그 과정에서 나와 같이 편모편부가정에서 자라거나 집이 없어 월세를 내는 친구들은 늘 어깨가 축 처져 있기도 하고 주변 친구들에게 놀림을 당하기도 했다. 그리고 대학교를 가서도 성적에 따라 분류가 되어 입학을 하고 아마도 취업을 할 때에도 토익점수와 졸업한 대학교를 따지고 물으며 또다시 여러 등급으로 나뉘어 삶을 살아갈 것이 뻔했다. 하지만 내가 장사를 하는 현장에서는 나의 과거 스펙을 따지고 묻는 고객은 단 한 명도 없었다. 고객을 응대하는 순간 최선을 다하면 고객님은 나의 친절함과 우리 매장의 물건을 보고 흔쾌히 돈을 쓰시고 물건을 사 가셨다. 점점 내 마음속에는 세상에서 가장 공평한 공간이 장사라는 생각이 짙게 물들고 있었다. 그래서인지 학교가 아닌 일터에서 더욱 살아 숨 쉬는 것을 느끼게 되었고 하루 종일 서서 하는 일이다 보니 몸은 조금 고됨이 있었지만 마음만큼은 너무나 즐거웠다. 얼마 후 사장님께서는 귀금속 가게를 추가로 차리셨다. 오픈한 곳은 자리도 시내 한 중심지에 유동 인구가 가장 많고 월세가 아주 비싼 황금자리였다. 그 당시 오픈 멤버로 시내에서 가장 장사를 잘한다는 우리 매장의 에이스인 선배와 내가 가게 되었다. 그 에이스 선배와 함께 일하는 것만으로도 너무나 설레는 일이었고 나에게는 너무나 좋은 기회였다. 그리고 두 명을 더 뽑아서 총 4명에서 귀금속 매장을 오픈하고 장사를 시작하였다. 신발만 판매를 하다 생전 처음 접하는 귀금속 장사였지만 결국 장사는 매한가지였다. 품목만 다를 뿐이지 판매하는 방식은 조금씩 같음을 느끼게 되었다. 어느 주말 한 커플이 가게로 들어왔고 그때는 커플링존에 가장 장사를 잘하는 에이스가 고객응대를 하는 것이 우리만의 룰이었지만 에이스인 선배가 식사를 하는 중이라 내가 대신 응대를 하게 되었다. 이것저것 보여주며 한참을 애써 설명하였고 중간중간 시간을 좀 더 끌기 위해서 음료수를 드리며 고객의 환심을 사려고 애썼다. 그리고 입에 단내가 날 정도로 긴 시간을 응대를 하고 결국 고객님은 구매를 하지 않고 좀 더 고민해 보겠다며 매장 밖을 나가셨다. 못 팔아서 속상했고 살 것처럼 하고 안 사 가신 고객님에 대한 원망에 또 한 번 속상했다. 시계를 보니 얼추 5시간 가까이 응대를 했던 것이었다. 에이스 선배가 나의 두 눈을 깊숙이 보며 잘했다고 어깨를 쓰다듬어 주었다. 형이 응대를 했어도 아마도 못 팔았을 거야라고 말하며 위로를 해주었다. 그리고 밥을 먹는데 괜스레 눈물이 났다. 에이스 형에게 한번 제대로 보여주고 싶었는데 멋지게 판매하는 모습을 보여주지 못해서 슬펐고 에이스 형에게 진심으로 인정과 격려를 받게 되어 눈물이 났다. 그리고 며칠 뒤 주말이 되어 또다시 활기차게 장사를 하고 있는데 그때 5시간 동안 응대를 했던 커플이 양쪽 부모님을 모시고 방문한 것이었다. 너무나 반가운 마음에 한걸음에 달려가 인사를 했고 그 커플은 그때 너무 미안했다며, 결혼예물이라 부모님과 함께 상의를 해야 해서 그날 구매를 하지 못했다며 고개 숙여 인사를 했다. 그리고 그날 그 커플의 고객님은 650만 원 치를 구매를 해가셨고 나의 개인기록 판매를 올려주셨다. 그때의 깨달음은 이랬다. 진심은 통하고 끈질김은 그 언젠가 보상을 받는다. 괜히 그때 고객님을 원망한 마음이 되려 죄송하기만 했다. 그렇게 나는 하루하루 장사에 푹 빠져 살고 있었다.

2

부자의 꿈

일을 한 지 6개월 지날 때쯤 사장님께서는 나를 가게 옆에 있는 2층 커피숍으로 부르셨다. 그 당시에는 카페가 아닌 커피숍이라는 호칭으로 불렀는데 지금 생각해 보면 참 촌스러운 것 같다. 늘 그렇 듯이 사장님께서 일하다 부르면 괜히 긴장이 된다. 무슨 말씀을 하 시려고 부르는 것인지도 궁금하기도 하고 내가 무슨 잘못을 했는지 되돌아보게 되기도 하고 어릴 적 선생님의 호출로 교무실에 가는 마음과 비슷했다. 맨 끝 구석 테이블 창가에 앉아계시는 사장님을 향해 걸어가 인사를 하고 소파에 앉았다. 사장님께서는 요즘 네가 참 일을 잘한다는 칭찬을 선배들 통해서 자주 듣게 된다며 기분 좋 은 칭찬을 하셨다. 그리고 너의 꿈이 무엇이냐고 물으셨고 한 번도 딱히 정해두거나 생각해보지 않았지만 나도 모르게 "가난에서 벗

어나고 싶어요. 저의 꿈은 가난에서 벗어나는 겁니다."라고 말씀드
렸다. 사장님께서는 자신이 고아출신으로 태어나 지금 까지 혼자의
힘으로 살아왔다며 그래도 몇 백억 자산을 일구어낸 부자가 되었다
고 덧붙이시며 자기 자랑이 아닌 나에게 위로와 자신감을 불어넣어
주셨다. 그리고는 나에게 조용히 그리고 진지하게 말씀하셨다. "지
금부터 너의 꿈은 가난에서 벗어나는 것이 아니라 부자가 되는 것
이 되어보자."라고 말씀하셨다. 그리고 그때부터 사장님께서는 은행
을 가실 때마다 나를 동행시키셨고 은행 업무를 보며 직원과 대화
를 나누는 모습과 돈에 대한 철학을 틈틈이 알려주셨다. 지금도 기
억이 난다. "상권아. 네가 부자가 되려면 우선 돈에 대해 아는 것이
중요하다. 돈의 성질 말이야. 돈은 요물과 같아서 네가 조금만 방심
하거나 잘못된 가치관을 가지면 돈은 금세 너를 떠나버릴 거라. 반
대로 돈의 성질을 잘 알고 돈을 소중히 여긴다면 돈은 너에게 꼭
붙어서 쉽게 떠나지 않고 너를 위해 일을 하게 될 거야."라고 말씀
하셨지만 그 당시 나는 무슨 말인지 완전히 이해가 가지 않았다.
돈은 그냥 돈이지 마치 사람처럼 대하라는 둥 소중히 여기라는 둥
필요한 돈은 기분 좋게 쓰되 필요 없는 곳에는 아무리 적은 돈이라
도 쓰지 마라는 둥 이런 이야기를 틈틈이 해주셨다. 지금에야 그때
사장님께 배운 돈의 철학 때문에 나도 부자의 삶을 살고 있지만 그
당시에는 완전히 이해가 되지는 않았다.

그렇게 어느덧 나에게는 두 아버지가 생기게 된 것이다. 하나는
세상 속 아버지인 사장님이고 또 하나는 나의 영혼의 아버지인 하

나님이었다.

이렇게 세상 속 아버지를 만나게 되어 부자를 꿈꾸게 되었다.

3

나에게 너무나 특별한 고객님 한 분

　장사를 처음 배우던 19살의 겨울이었다. 보세 신발을 판매하는 곳이라 매장의 셔터를 올리면 추가적인 입구 문이 없었고 바람이 그대로 통하는 구조의 매장에서 근무를 하였다. 그날도 여느 때처럼 지나가는 행인의 시선을 끌려고 애를 썼고 지나가던 고객님이 하나둘씩 호기심 가득한 눈빛을 하며 매장에 들어오기 시작했다. 순간 여러 고객이 들어와서 나에게도 응대할 기회가 주어졌고 고객님께 최선을 다했다. 여러 제품을 설명하며 보여주고 신겨주고 환심을 사려 칭찬도 아낌없이 했다. 고객님은 매장에 들어온 지 30분이 지나서야 한 제품을 고르셨고 구매 결정을 하셨다. 단 운동화 끈을 묶어 달라며 요청을 했고 나는 흔쾌히 알겠다며 끈을 씩씩하게 묶기 시작했다. 겨울이라 그런지 나의 손은 그 어느 때보다 거칠었고 여기저기 건조한 채 갈라져있었다. 끈을 묶다가 유독 갈라진 틈에 운동화가 걸려서 그만 나의 손에는 피가 조금씩 배어 나오기 시작했고 운동화 끈에도 적은 양의 피가 묻게 되었다. 고객님은 그 장면을 고스란히 지켜보셨고 나에게 "피 묻은 운동화를 사면 재수가 없다."며 구매결정을 번복하셨다.

새것으로 드린다고 하고 새로 운동화 끈을 묶어 드린다고 했지만 고객님은 끝내 단호하게 거절하며 밖으로 나가버리셨다. 마치 구매 결정을 해두고 운동화를 묶는 사이에 고민을 하셨나 보다. 그리고는 거절할 만한 명분을 찾아서인지 이때다 싶어서 거절을 하고 나가신듯했다. 참 많이 속상했다. 못 팔아서 속상했고 주변 선배들에게 판매하는 모습을 보여주지 못해서 속상했고 하필 그때 흘러내린 나의 손에 난 상처와 피가 원망스럽고 속상했다. 손을 보니 살면서 가장 험한 손이 돼버렸다는 사실을 그때서야 알게 되었다. 추위에 손이 터서 갈라지고 피가 나는 것이 나의 잘못은 아니지 않은가? 어디에도 하소연할 곳이 없었다. 그렇다. 못 판 것은 못 판 것이다. 장사는 파는 사람과 못 파는 사람 두 분류로 나뉜다.

결과를 이기는 과정은 없다고 했던가? 아무리 과정에 최선을 다해도 팔지 못하면 그 과정의 최선은 인정받지 못하게 된다. 이것은 어쩔 수 없는 장사세계의 룰이다. 장사는 도덕책을 기준 삼아 평가되지 않는다. 철저하게 숫자 게임이고 숫자로 증명해야만 한다. 억울해도 속상해도 어쩔 수가 없다. 자신의 과정을 인정받기 위해서는 반듯이 그에 맞는 결과물이 있어야 한다. 이와 같은 냉정한 장사계의 룰을 인정할 때만 자신의 노력이 조금 더 뾰족 해지고 날을 새우게 된다. 나는 피 묻은 고객님을 25년이 지난 아직도 잊을 수가 없다. 빨간색 코트를 입고 계셨고 광이 나는 검은색 힐을 신고 계셨고 말투도 꾀나 고상한 말투였다. 내가 지금도 그 고객님을 섬세하게 기억을 하는 것은 그 고객님이 미워서가 아니다. 그 기억은 나에게 또 한 번의 오기와 독기를 만들어준 에너지이기 때문이다. 가끔씩 나의 열정에 온도가 식었나고 느낄 때면 그때의 그분을 상상 속으로 초대를 한다. 그리고 거친 손으로 콧물을 닦아가며 열심히 장사를 하는 나의 19살을 기억한다. 그리고 또다시 나의 뛰는 심장을 느끼고 현실로 돌아온다.

4

군대 그리고 결단

    22살이 되던 5월 21일 나는 군입대를 했다. 한일 월드컵 때라 나는 훈련소에서 대한민국을 외쳤고 행군을 할 때면 강원도 시골 길 곳곳에 차들이 도로를 달리며 클랙슨으로 빵빵 빵 빵 빵을 리듬에 맞춰서 눌러댔다. 대한민국이 4강으로 진출하자 그야말로 나라전체가 월드컵 열풍으로 축제분위기일 때 나는 강원도 산골에서 땀을 흘리며 훈련을 했다. 조금 억울한 면도 있지만 대한민국의 축구 경기가 있는 날이면 대강당에 훈련병전체가 모여서 오와 열을 정확히 맞춘 채 경기를 시청했다. 골이 터질 때마다 흥에 이기지 못해 오버액션을 하는 훈련병들 몇몇은 맨 뒤에서 엎드려 벋쳐한 자세로 경기를 보았다. 지금 생각하면 웃음이 터질 듯한 재미난 추억으로 남게 된 것 같다. 그렇게 훈련소를 무사히 잘 마치고 자대 배치를 받고 첫 잠자리를 드는데 나도 모르게 군대입대하기 전의 추억이 스멀스멀 떠오르기 시작했다. 훈련소에 있을 때는 모든 것이 빡빡한 일정에 힘이 들어서인지 과거를 들여다볼 여유가 없었지만 훈련소 기간을 마치고 자대배치를 받고는 앞으로 2년 넘게 지낼 곳이 정해지고 하루하루 규칙적이고 안착된 생활에 과거를 되돌아보게 되는 시간이 조금씩 많아졌던 것 같다. 하루일과를 마치고 잠을 자기 위해 머리맡에 누우면 온갖 생각들이 나를 찾아왔고 그중 내가 장사를 하던 기억도 너무나 선명하게 머릿속에 그려지기 시작했다. 그때 피 묻은 사건의 빨간 코트 입은 고객님도 생각이 났고 에이스 선배가 멋지게 장사를 하는 모습도 생각이 났다. 그리고 사귀던 연인도 생각이 났다. 지금 어디서 무엇을 할까? 집에는 들어왔을까? 혹시 다른 남자가 생기는 것은 아닐까? 등등의 괜한 걱정을 하며 머릿속 생각이 조금씩 복잡해졌다. 그리고 꿈을 꾸면 내가 자동차를 운전하는 꿈을 아주 자주 꾸게 되었는데 두 갈래 길에서 왼쪽으로 꺾었다가 다시 오른쪽으로 핸들을 돌렸다가 하는 꿈을 자주 꾸게 되었다. 지금생각해 보면 아마도 그 꿈은 진로선택에 대한 갈등을 꿈으로 꾸게 된 것 같다. 그렇다. 앞으로 2년이라는 시간이 흐르면 나는 둘 중 하나를 선택해야 했다. 대학교를 다시 다닐지 아니면 내가 좋아하고 추억이 너무나 많은 장사를 다시 배우며 일할지에 대한 선택을 해야 했다. 고된 하루일과를 마치고 눈을 감으면 사람들로 북적되는 나의 매장이 선명하게 배경화면으로 열리고 그곳에 분주하게 일하는 나를 볼 수가 있었다. 다시 눈을 뜨면 깜깜

한 군대 내무실이었고 또다시 눈을 감으면 북적되는 매장이 보였다. 한 동안 그렇게 수개월을 반복하며 힘들게 잠이 들었다. 아주 가끔씩 우리의 삶의 예언이 될 만한 것은 한 번씩 꿈으로 나타나 적중할 때가 많지 않은가? 나도 지금 생각해 보면 하나님께서 꿈을 나의 진로를 보여주신 것 같다. 일병이 지나 상병이 될 때쯤엔 나의 마음속에는 확실한 미래가 있었다. 더 이상 진로에 대한 걱정과 고민을 하지 않았고 군 전역을 하면 내가 가야 할 곳은 동성로 시내의 무대라고 생각을 굳혔다. 그리고 병장이 될 때쯤이면 잠들기 전 장사 시뮬레이션을 하게 되었고 눈을 감고 여러 상황을 설정해 두고 그에 맞는 고객응대를 상상으로 연습을 했다. 2년 6개월이라는 군 시절의 사회공백기간 동안 나는 최선을 다해서 장사의 감을 되찾아야 했다. 그리고 전역하기 전 마지막 휴가를 나가서 맨 처음 찾아간 곳은 나의 세상아버지인 시내 사장님께 찾아갔다. 인사를 정중히 드리고 전역 후 다시 장사를 배우며 일을 하고 싶다고 했다. 사장님께서는 아들 바라보듯이 믿음의 표정을 지으시며 고개를 끄덕이셨다. 언제부터 일을 시작하고 싶냐는 질문에 기다렸다는 듯이 전역하는 날부터 일하고 싶다고 했다. 사장님은 호탕하게 웃으시며 하루는 목욕탕도 가고 부모님과 식사도 하라고 하셨다. 군 전역 날부터 일한 것으로 빠짐없이 월급에 셈 할 테니 그렇게 하라고 엄중하게 말씀하셨다. 드디어 군 전역하는 날 군부대 사람들과 인사를 나누고 위병소 문을 나오는데 또다시 모든 것이 새로웠다. 비록 나의 주머니에는 집으로 돌아갈 차비만큼은 전역비와 전역증이 전부였다. 비록 나의 재산은 0원에서부터 다시 시작되었지만, 세상 모든 것이 새롭고 희망 가득해 보였다.

5

나의 적토마 오토바이

군대 전역 후 하루의 값진 휴식을 하고 출근하는 다음 날 설레는 마음과 두려운 마음이 번갈아 가며 나를 들뜨게 했다가 걱정이 되기도 하며 반복되었다. 매장에 첫 출근하는 날 사장님께서는 처음부터 너무 열심히 하지 말고 천천히 적응하라며 격려를 해주셨다. 그런데 천천히 적응하라는 말이 더 부담이 된듯했다. 내가 존경하는 사람이 천천히 부담 갖지 말고 하라는 말이 더욱 열심히 하라는 말로 들릴 때가 있지 않은가? 그때 나의 기분이 그랬던 것 같다. 군대 가기 전 나와 함께 근무했던 여자 동생들이 내가 없는 동안 꾸준히 경력을 쌓았고 내가 전역해서 돌아오니 모두가 부점장이 되어있었다. 나는 그들에게 존댓말로 시작했다. 말을 놓으라고 손사래를 치며 존댓말을 거절했지만 나는 그렇게 하고 싶었다. 그리고 내가 그들보다 판매를 더 잘하는 그날이 되었을 때 다시 말을 놓으며 리더 할 것이라고 다짐을 했다. 그렇게 다시 말을 놓고 리더를 하게 된 시간은 딱 한 달이 걸렸다. 나의 마인드 셋은 딱 하나였다. 매장 직원들 중 가장 일찍 출근해서 가장 늦게 퇴근하는 사람이 되자는 딱 하나의 마인드 셋으로 하루하루를 지나치게 열심히 보냈다. 그리고 고객 응대 시 군 시절 눈을 감고 상상으로 연습을 했던 것들이 실제로 나오게 되었고 판매까지 수월하게 이루어졌다. 일을 마치면 항상 작은 일들이 남아있었고 가장 늦게 퇴근하는 것에 익숙한 나는 일 처리를 마무리하고 매장 문을 나서 집으로 향했는데 버스가 끊겨서 걸어서 집으로 가는 것이 빈번해졌다. 첫 월급을 타고 오토바이를 사려고 마음을 먹었다. 세상 속 아버지인 사장님께서는 나의 마음을 아시고 오토바이 사는 곳까지 자신의 오토바이에 나를 태우고 가셨다. 그리고 내가 가진 돈으로는 그 당시 가장 작고 힘이 약한 오토바이밖에 살 수 없었지만 사장님의 보탬으로 좀 더 튼튼한 오토바이를 사게 되었다. 그리고 매장으로 돌아올 때는 각자의 오토바이를 타고 돌아오는데 주유소 앞에서 멈춰 서서는 기름을 가득 넣어주셨다.

그리고 나의 손을 잡으시며 "상권아, 너는 앞으로 크게 성공할 사람이니 다치면 안 된데이. 천천히 그리고 조심히 타고 다니라..." 라고 아버지처럼 말씀해 주셨다. 그리고 그 후 나는 오토바이로 참 많은 곳을 다녔다. 휴무 날이면 다른 상권을 다니며 상권분석을 하고 매장 밖에서 몰래 사진을 찍어서 디스플레이 북을 만들어 혼자서 장사 전문가인 마냥 상권분석을 하고 브랜드 사진 속 브랜드 매장의 디스플레이를 평가했다.

아무리 늦은 시간에 일을 마치더라도 나에게는 오토바이가 있으니 걱정 없었다. 일을 마치고 오토바이를 타고 집으로 향할 때면 수없이 소리쳤던 것 같다. 나는 성공한다! 우상권 나는 반드시 성공한다! 하나님 감사합니다! 저 너무너무 성공하고 싶습니다! 도와주세요! 나는 ~~ 할 수 있다!!

두꺼운 헬멧 속으로 아무리 큰 소리를 외쳐도 오직 나만 들을 수가 있었기에 원 없이 소리치며 집으로 왔던 것 같다. 비록 낡은 중고 오토바이였고 겨울이면 시동을 거느라 어머니와 함께 오토바이를 붙잡고 실랑이를 하다 겨우 시동이 걸리고 엔진음이 들리는 소리에 반가운 웃음을 띠며 출근한 적이 한두 번이 아니었지만 지금 내가 타고 있는 포르셰나 벤츠 차 보다 훨씬 고마운 나의 적토마 오토바이였다. 그렇게 중고 오토바이를 타며 수많은 곳을 다니고 늦은 시간 동안 일해도 불안함 없이 마음껏 나의 일을 사랑하며 몰입할 수가 있었다.

6

생애 첫 디스플레이 북

군대 전역 후 매장 복귀를 하고 한 달이 지날 즈음에 판매는 예전의 감각을 찾은 듯했다. 제법 자신감이 넘쳤고 어느새 매장 멤버 5명 중 맨 먼저 고객을 응대하는 자리에까지 오르게 되었다. 그 당시 판매를 가장 잘하는 멤버가 고객 응대를 맨 처음 대하는 것이 암묵적 룰이었는데 전역 후 복귀한 지 한 달 만에 매장의 매출을 책임지는 자리에 오르게 된 것이다. 하지만 여전히 매장에서는 존재감이 그리 크지는 않았다. 그 당시 새로운 신상 물건이 들어오면 매장 내 레이아웃을 변경하고 윈도우 마네킹과 진열을 변경하는 것이 너무나 매력적으로 보였다. 그리고 그것을 도맡아서 하는 점장 누나가 매장 내 실세였고 말 한마디가 영향력이 있었다. 마치 고급 레스토랑 수석 요리사 같았다. 매장의 중요한 틀을 잡아 주는 듯한 멋진 일처럼 보였다. 판매는 어느 정도 감각을 찾았다 싶어서 매장 디스플레이에 관심을 두고 공부를 하고 싶었다. 쉬는 날이면 대구 시내에 있는 꽤나 큰 교보문고에 가서 내가 보고 싶은 책 여러 개를 골라서 서점 바닥에 걸터앉아 보는 것이 나만의 휴식이었고 삶의 낙이었다. 여느 때처럼 휴무 날 교보문고에 가서 관련 서적을 부지런히 찾아보았지만 디스플레이에 대한 책은 도무지 눈에 보이지가 않았다. 자기 계발 서적이나 경제경영책은 수없이 많이 진열되어 있었고 마케팅 또한 적극적으로 눈에 보이게 펼쳐져 있었지만 디스플레이에 관련된 책은 찾기가 너무나 힘들었다. 그래서 생각한 것이 다른 상권을 돌아다니면서 브랜드 매장 디스플레이를 보고 인상 깊은 것이 있으면 사진으로 찍어서 앨범을 만들어보자는 아이디어가 떠올랐다. 동성로 외에 대구에 브랜드 매장으로 채워진 상권을 알아보았고 그곳을 가보기로 했다. 대구에는 동성로 외에 브랜드 매장으로 채워진 상권은 대구 성서 보다 아웃렛 주변과 칠곡 세븐벨리 주변과 칠곡 3지구 주변이 있었다. 나에게는 적토마 오토바이가 있었기에 차례로 상권을 들러서 주변 상권을 훑어보기 시작했다. 그리고 벤치마킹이 가능하다 싶은 매장의 디피를 발견하면 사진을 찍어두었다. 그리고 하루에 한 곳을 들러서 사진을 찍어두면 그날 사진관으로 가서 사진 인화를 하고 집으로 돌아와 앨범에 붙여 두었다. 그 당시 디지털카메라가 유행인 시절이었지만 돈이 없을 때라 일회용 사진을 사서 찍고는 인화해서 앨범에 붙여 두었다, 그리고 사진 아래에는 빈 종이에 마치 내가 상권 분석가인 마냥 나름대로의 상권에 대한 해석을 적고 브랜드 매장의 디피 호감도나 진열 상태나 인상 깊은 판매 응대한 곳을 베스트 매장으로 선정하고 표시해 두었다. 그리고 휴무 다음날 내가 근무하는 매장에 출근하면 레이아웃과 디피에 대해 점장누나에게 의견을 나누었다. 처음에는 불편한 시선으로 나를 보았지만 조금씩 나의 의견에 공감이 되는 부분이 있을 때면 나의 의견대로 디피를 바꾸어 보기도 했다. 그리고 매출이 조금씩 오르기 시작했고 나의 의견에 힘이 실어지기 시작했다. 그리고 얼마 지나지 않아 점장 누나는 다른 매장으로 인사이동이 되었고 어느 날 갑자기 내가 매장 디피를 도맡게 되었다. 복귀한 지 1년 만에 매장의 디피와 판매모두를 책임지게 되었다. 하루하루가 정신없이 지나갔지만 지금생각해 보면 그때의 그 시간이 고되고 힘들었지만 나의 인생에 가장 큰 성장을 할 수 있었던 귀한 시간이었다고 확신한다. 그렇게 휴무 날이 되면 대구뿐 아니라 경주, 부산 등지를 다니며 나만의 디스플레이 북을 만들었다.

7

사장을 꿈꾸다

군 전역을 한 지 2년이 지났을 쯤에 나도 어엿한 브랜드 매장의 점장이 되어있었다. 그 당시 내가 근무했던 브랜드매장은 디○○라는 브랜드였다. 1020세대들에게 신드롬을 이끌어가던 브랜드였다. 그 당시 내가 운영하던 동성로점이 전국에 1등을 단 한 번도 놓치지 않았다. 전국 2등 매장과도 거의 두 배 가까운 매출차이가 날 정도로 압도적으로 1등을 했다. 나는 날마다 매장 진열과 판매 그리고 매장 직원들의 판매교육을 철저히 시켰다. 이런 나의 노력과 성과가 본사대표님에게까지 소문이 났었는지 어느 날 본사에서 나를 초청하였다. 얼떨결에 본사에 초청되어 본사 대표님과 인사를 나누는데 나에게 부탁이 있다고 말씀하셨다. 다름 아닌 신상품 개발하는데 나의 의견을 듣고 싶다는 것이었다. 나에게는 너무나 갑작스럽고 특별한 기회였던 것이다. 그날 2시간 정도 샘플실에서 원단부터 로고위치까지 함께 본사 디자이너들과 함께 의논하였다. 나는 익숙함보다 새로움에 의견을 많이 제시하였고 로고위치도 평소했던 것이 아닌 색다른 곳에 두는 것과 티셔츠에 같은 원단이 아닌 면 소재와 우븐 소재를 복합적으로 해서 디자인하는 것과 후드 티셔츠에 모자모양이 처지지 않게 캡모양을 좀 더 하드 하게 만드는 것도 건의하였다. 예상외로 나의 의견에 디사이너 분들께서 귀 기울여 주시고 최대한으로 반영해 주셨다. 본사 디자이너 분들은 거의 대부분이 서울대나 홍대를 졸업한 대한민국 최고의 스펙을 가진 분들이었지만 현장의 의견을 많이 수용해 주셨다. 그리고 몇 달 후 신상품이 생산이 되어 매장으로 입고가 되었는데 나는 나의 두 눈을 의심할 수밖에 없었다. 내가 의견을 제시한 것들이 실제로 너무나 많은 제품에 반영이 되어 제품으로 생산되어 나온 것이었다. 정말이지 너무나 신기하고 기쁜 마음이 들었다. 하지만 그것도 잠시 나의 의견이 반영되어 나온 제품들이라 판매가 안 되면 어떡하지 라는 걱정이 차오르기 시작했다. 그리고 돌아온 첫 주말이 되자 여느 때처럼 동성로 거리에는 1020세대들로 가득 차기 시작했고 하나둘씩 매장으로 들어왔다. 맨 앞에 걸린 내가 직접 디자인한 제품들을 맨 먼저 보여주기 시작했고 고객들의 반응은 폭발적이었다. 너무나 다행이었고 하나님께 감사의 기도를 드렸다. 내가 디자인에 참여한 제품 중 거의 90프로가 단 일주일 만에 완판 되었고 한 시즌에만 3차 생산과 완판의 기적을 이루어냈다. 그 당시 디○○의 브랜드 호감도가 최고였기에 가능한 일이기도 했겠지만 나에게는 잊을 수 없는 보람된 기억으로 남게 되었다. 주말 바쁜 저녁 어느 날 바쁜 타임이 끝나고 소강상태의 잔잔한 분위기에 남자 어른과 여자 아이가 손을 잡고 매장에 들어오셨다. 딱 보아도 엄마가 없어서 아빠랑 함께 쇼핑을 나온 것 같았다. 여자아이는 초등학교 6학년 정도 되어 보였고 아버지는 옷에 대해 무지한 것처럼 보였다. 우선 인사를 반갑게 하고 아이 옷을 보러 왔다는 아빠의 말을 듣고 아이의 눈높이에 맞춰서 아이가 좋아할 만한 옷을 다정다감하게 골라 주고 옷을 갈아입을 때는 여자 직원에게 에스코트하게 하였다. 그리고 아이에게 어울릴만한 옷을 차근차근 여러 벌 보여주었고 내가 골라준 모든 옷을 구매하셨다. 조금 먼발치에서 내가 아이와 대화를 나누며 장사를 하는 모습을 바라보는 아이 아빠의 눈빛이 조금 깊숙하다는 느낌을 받았다. 그리고 계산을 하면서 아버지께서 낮고 정중한 목소리로 나에게 물으셨다. "혹시... 여기 사장님이신가요?"라고 물으셨다. 나는 "아닙니다. 저는 여기에 점장으로 일을 하고 있는 직원입니다."라고 말하며 애써 수줍은 웃음을 지었다. 아버지께서는 사실 아이 엄마가 일찍이 헤어져서 늘 아이 옷을 살 때면 내가 함께 따라왔었는데 여자아이라 참 쇼핑하기가 힘들었다며 점장님같이 장사하시는 분 처음 봤다면서 진심 가득한 칭찬을 해 주셨다. 그러고는 자신의 매장을 운영하는 사장님이 아니면 이렇게 친절하고 열정 있게 할 수 없겠다는 마음에 사장님인지 물었다고 말씀하셨다. 아마도 내가 장사를 25년 동안 하면서 그때의 그 아버지의 칭찬이 가장 값지고 큰 칭찬 이었다. 그 칭찬 때문에 그때부터 "나도 어쩌면 이런 브랜드의 사장이 될 수도 있지 않을까? "라는 나만의 환상을 꿈꾸게 되었고 내 삶의 새로운 목표와 동기 부여가 생겨났던 것이다. 그리고 문득 장사를 처음 했던 19살 때 사장님과 카페에서 면담을 나누던 중 나의 꿈이 부자가 되겠다고 결심하게 된 그때의 다짐이 다시 나의 가슴에 진하게 새겨졌다. 그리고 그 순간 이후로는 나는 사장이었고 모든 것이 내 책임이라는 마음으로 열정을 다했다.

매출도 직원들도 고객님들도 내 뜻대로 되지 않을 때는 스트레스가 넘쳐날 때도 있었지만 그래도 사장은 이 모든 것을 감수하는 자리가 아닌가 라는 생각에 참고 또 참고 했다. 사장이 되겠다는 다짐을 하고 난 이후는 관리라는 것을 하기 시작했다. 어느 책 구절의 한 글귀처럼 "자신이 가진 물건도 관계도 나의 삶도 이 모든 것이 관리하면 그 가치가 올라가고, 관리하지 않으면 그 가치가 떨어진다." 는 것을 명심하며 행동으로 옮기기 시작했다.

직원을 관리하기 시작했고, 고객관리를 하기 시작했고, 재고 관리를 하기 시작했다. 직원관리는 각자의 역할을 직책별로 분명하게 정해주고 그 역할을 더욱 전문성 있게 하기 위해서 교육을 시켰다. 고객 관리는 자주 방문하시는 단골고객님과 한 번씩 오시는 고객님 중 큰 금액을 쓰고 가시는 VIP 고객님과 머리부터 발끝까지 우리 브랜드만 구매하시는 충성 고객까지 세 분류로 나누고 수첩에 고객 명단과 최근 구매하신 제품명과 사이즈 그리고 구매금액과 그날 입고 오신 인상착의까지 적어두었다. 그리고 리스트에 있는 고객님들을 신상이 들어올 때마다 신상제품이 어울릴만한 분들에게 개인적으로 사진을 보내드리고 입점을 유도했다. 반응은 너무나 좋았고 사진 문자드린 고객님들의 대부분이 흔쾌히 방문해 주셨고 구매까지 이어졌다. 그리고 재고관리는 그 당시 디〇〇라는 브랜드는 100% 사입에 반품이 1도 되지 않는 유통구조였다. 재고관리를 잘하지 못한다면 판매 매출을 많이 올리더라도 재고 관리에서 손실을 보게 될 수도 있었기에 재고 관리에 더욱 힘쓰게 되었다. 재고가 많은 제품 상위 5가지를 선정하고 그것을 하이라이트로 디스플레이를 하고 가장 먼저 그 제품을 권하고 판매하였다. 그리고 사이즈가 깨진 제품들은 동일한 사이즈끼리 행거에 모아두고 고객의 사이즈를 체크해 보고 사이즈 행거에 가서 제품을 권하고 판매를 하였다. 그렇게 하다 보니 재고 관리는 대성공이었고 한 시즌이 지날 때쯤이면 창고 안은 늘 텅텅 비울 수가 있었다. 그렇게 나는 어느 날부터 사장처럼 일하는 직원이 되었다.

8

나의 평강공주

24살, 6월 어언 2년 6개월의 군 생활을 마치고 전역을 했다. 전역을 하는 날 함께 고생한 군대 동료들과 인사를 나누고 위병소 밖을 나오는데 강원도 산골의 아침 공기라 그런지 안개가 자욱했다. 말년백을 어깨에 한 번 더 걸쳐 매고 아무것도 없는 빈주머니에 손을 꽂아 넣었다. 정말 주머니에는 아무것도 없었다. 빈손으로 다시 제2의 삶을 시작하게 된 것이다. 하지만 나에게는 장사를 할 수 있는 일터가 있었고 부자가 되겠다는 나의 꿈은 그대로 간직되어 있었다. 전역 후 일터에서 특별한 인연이 시작되었다. 당시 사장님께서는 동성로 시내에 여러 매장을 운영하셨는데 그중 내가 군 입대 하기 전에 근무했던 주얼리 가게에서 일하던 여자 직원에 호감이 가기 시작했다. 주얼리 가게에서는 귀를 뚫어주는 일이 많았는데 그 중 귀의 윗부분이나 귀 안 쪽 뼈 부분에 뚫는 것은 경력자들에게도 난이도가 꽤나 높은 것이라 가끔씩 옷가게에서 일하는 나를 호출하여 도움을 요청하였다. 군대 가기 전 주얼리에 근무할 때 난이도 있는 부위에 귀를 뚫는 일은 나의 전담이었기 때문에 수월하게 일을 도와주고 나의 매장으로 복귀하곤 했다. 일을 도와주고 난 뒤에는 천사 같은 미소로 음료수를 건네며 고맙다는 인사를 잊지 않았다. 당시 연애를 하지 않고 일에 집중하려고 다짐을 했지만 나의 의지대로 되지 않는 유일한 부분이 남녀 간의 사랑인 것 같았다. 그 후 몇 번의 용기 있는 데이트 신청으로 우리는 만남을 자연스럽게 이어갔다. 나는 당시 오토바이로 출퇴근을 했는데 여자친구를 오토바이로 집에 데려다주는 일은 무척이나 위험한 것 같아 늘 아쉬움을 달래며 버스 정류장에서 헤어졌다. 그리고 나는 곧장 헬스장으로 가서 운동을 하는 것이 나의 일상의 루틴이었는데, 운동을 마치고 헬스장을 나오면 여자 친구는 항상 출입구 계단에 걸터앉아서 나를 기다리곤 했다. 그녀의 손에는 내가 좋아하는 파란색 음료두개를 들고 있었다. 운동이 끝날 때쯤이면 버스가 끊기는 시간이라 어쩔 수없이 오토바이 뒤에 태우고 어느 때보다 조심스럽게 여자 친구의 집으로 태워주었다. 나는 그때 월급의 70%를 적금을 하였고 고정 지출을 빼면 데이트를 할 수 있는 여윳돈이 없었다. 여자 친구도 어려운 집안이라 생활비를 보태야 했기에 넉넉지 않은 용돈으로 생활을 해야 했다. 우리의 데이트 장소는 늘 공원이었다. 공원은 돈이 들지 않고 언제든 개방이 되어있어 우리에게는 너무나 적합한 데이트 장소였다. 봄여름 가을 까지는 공원에서 데이트를 하는 것이 너무나 좋았지만 겨울에는 늘 두툼한 무릎 담요를 챙겨 아내와 함께 덮고 공원에 앉아서 데이트를 했다. 지금 생각해 보면 여자 친구에게 너무나 미안한 기억 중 하나이다. 남들 흔히 하는 카페나 맛있는 음식을 먹으며 편안하고 멋진 데이트를 할 수도 있으련만 늘 돈을 모으느라 제대로 된 좋은 데이트를 해주지 못했다. 공원의자에 앉아 여자 친구는 나의 손톱을 늘 점검해 주었고 여자 친구의 눈에 조금 거슬릴 때면 가방에 늘 가지고 다니던 손톱깎이를 꺼내서 나의 손톱하나하나를 정리해 주었다. 그리고 하루도 빠짐없이 나의 손을 마사지해주며 나의 지친 영혼을 충전해 주었다. 그리고 하루 중 고객응대 했던 이야기를 하면 여자 친구는 늘 정말 어떻게 그런 장사를 할 수가 있냐면서 엄지 척을 해주며 나를 신기하게 쳐다보며 대단하다는 찬사를 보내주었다. 아무것도 아닌 말에도 나는 여자 친구에게는 늘 영웅이었다. 그리고 집에 데려다주고 헤어지기 전에 꼭 가슴을 맞대고 오늘 하루도 고생했다고 인사를 하고 군인처럼 필승경례를 하고 데이트를 마쳤다. 집으로 돌아오는 길에 나는 습관처럼 "나는 반듯이 성공한다! 우상권 할 수 있다!"를 수 없이 외치며 오토바이로 한산한 새벽길을 달리며 집으로 왔다. 두툼한 헬멧을 쓰고 소리치면 나에게만 들린다. 누군가 성공을 꿈꾸며 열심을 다해서 살아가는 오토바이 타는 독자 분들이 있다면 헬멧을 쓴 채로 자기 다짐을 소리를 질러 보라고 해주고 싶다. 스스로에게만 들리는 자기 확언은 반듯이 자신의 꿈을 이루는데 커다란 힘이 되어줄 것이다. 휴무 날이면 나는 데이트 시간보다 항상 한두 시간 일찍 가서 근처 교보문고에 가서 내가 읽고 싶은 책을 들고 빈자리에 걸터앉아 읽었다. 그리고 데이트 시간이 되면 아내를 만나 데이트를 하곤 했다. 군대 전역 후 나의 다짐 중 첫 번째는 가장 일찍 출근해서 가장 늦게 퇴근하는 사람이 되자는 각오였기에 늘 잔업이 있다고 지원자를 받으면 언제나 가장 먼저 하겠다고 지원을 하였고 잔업이 있을 때마다 여자 친구는 늦은 시간 동안 pc방에서 나를 기다렸다. 잔업이 끝나고 여자 친구가 있는 pc 방으로 달려가면 아내는 하루 종일 일을 하고 나를 기다리는 것이라 pc방 책상에 엎드려 잠에 들어있었다. 미안한 마음에 어깨를 조심스레 흔들어 깨우고는 오토바이를 타고 집에 데려다주었다. 먼저 집에 가라고 해도 단 한 번도 먼저 간 적이 없었던 것 같다. 나라는 사람이 뭐 길래 이토록 나를 믿고 기다려주고 나를 사랑해 주는 것일까? 라는 생각이 들었다. 아마도 힘없고 백 없는 내게 하나님께서 보내주신 천사라고 확신했었다. 여자 친구를 위해서라도 나는 더욱 열심을 다해서 살아야겠다는 다짐을 했다. 군 시절 결혼할 사람이 생기면 선물로 주고 싶어서 시간 날 때마다 틈틈이 만들어 완성한 나무판이 있었다. 길이가 가로 50cm 세로 30cm 정도 되는 나무판을 곱게 갈고 갈아서 나무판 위에 글자를 새겼다. 지금생각하면 너무나 유치한 말이지만 나의 진심이 가득 담아둔 글이었다. "너를 위해 살겠노라!"라는 말이다. 결혼이라는 것은 상대를 위한 삶을 사는 것이 첫 번째라고 생각했고 그렇게 글씨하나하나를 조각칼로 새겼다. 사실 지금 보면 너무나 부끄러워서 볼 때마다 손이 오글거린다. 하지만 늘 그렇듯 지난 과거를 되돌아보면 늘 아쉬움이 남고 촌스럽고 부끄러운 것이 많은 것 같다. 글씨를 모두 정성스럽게 파고 그 위에 또다시 곱게 갈고 갈아서 부드러운 나무 위에 글씨가 완성이 되면 토치로 나무의 겉 표면을 태워서 나무의 결을 살려내는 작업을 했다. 그리고 마지막으로 니스를 칠해서 코팅처리를 했다. 그렇게 완성된 "너를 위해 살겠노라"의 나무판은 머지않아 프러포즈에 사용되었다. 여자 친구와 만난 지 300일이 되던 해에 나무판이 들어갈 커다란 선물상자를 구하고 그 안에 나무판과 안개꽃을 풍성하게 담아두고 맨 위에 결혼을 하자는 편지를 얹어 두었다. 그리고 프러포즈를 하기로 한 당일 시내사장님께서는 새로운 매장오픈을 준비하느라 잔업 할 멤버가 필요했고 나도 모르게 지원하여 잔업을 하게 되었다. 그날도 어김없이 나를 기다리는 장소가 되어버린 늘 가던 pc방에서 나를 기다렸고 작업을 마치고 너무나 미안한 마음에 뛰어가 잠든 여자 친구를 깨우고 예약한 장소로 갔다. 지금생각하면 모든 것이 최악의 프러포즈였다. 하지만 여자 친구는 너무나 좋아했고 그때 받은 나무판을 아직도 가장 소중하게 간직하고 있다. 그렇게 어설픈 프러포즈를 하고 그다음 날부터는 마치 부부인 것처럼 서로를 위해서 아낌없이 헌신하며 지냈던 것 같다.

너무나 맑은 하늘 아래 우리는 늘 그랬던 것처럼 공원에서 자리를 잡았다. 결혼에 대한 행복한 환상에 빠져 이런저런 이야기를 나누는데 여자 친구의 전화벨이 울렸다. 그리고 여자 친구의 언니가 다급한 목소리로 빨리 집으로 오라고 했다. 다급히 집으로 데려다 주었고 그날 저녁 늦게 여자 친구에게 전화가 왔다. 여자 친구의 아버지께서 위암 말기라고 하며 흐느끼며 말했다. 한참을 말없이 생각했다. 어떠한 말로도 위로가 안 될 것을 잘 알기에 그냥 침묵보다 더 나은 말을 생각해 봤지만 없었다. 너무 많이 울어서인지 목소리도 잘 나오지 않는 여자 친구의 음성이었다. 일단은 쉬라고 하고 전화를 끊고 나도 한참을 울었다. 어릴 적 어머니께서 울면 나도 함께 영문도 모른 채 슬펐고 따라서 눈물이 났던 것과 비슷한 감정이었다. 내가 사랑하는 사람에게 너무나 슬픈 일이 일어났고 눈물을 흘리는 것에 나도 함께 슬펐고 눈물이 났다. 그리고 평소 여자 친구를 데려다주면서 뵈었던 아버지께서 나를 부르셨고 여자 친구인 이름인 ○○를 사랑하는지, 진심으로 사랑하는지, 결혼은 할 건지 등등 나의 진심을 확인하셨다. 그리고 두 손 잡으시고 우리 딸에게 다정하게 잘해줬으면 좋겠다고 말씀하셨다. 어릴 적 버스 운전을 하시다 허리를 크게 다치셔서 일을 못 한 지 오래되어 장모님께서 생계를 책임지다 보니 막내딸인 ○○에게 제대로 된 메이커 운동화 한 컬레 못 사준 것이 너무나 후회스럽다고 하셨다. 그날은 장인어른께서 식구들을 모두 불러 놓고는 많은 말씀을 하셨다. 그리고 꼬치꼬치 딸 4명 옆에 앉아있는 남자들에게 물으시고 확인하셨다. 그리고 시간이 흘러 나에게도 역할이 생겨났다. 딸만 4명인 터라 장인어른을 모시고 목욕탕에 갈 사람이 없었던 것이다. 장인어른의 몸은 점점 야위어 갔고 나는 휴무일이면 야윈 장인어른을 오토바이 뒤에 조심스레 태우고 목욕탕에 가서 장인어른의 등을 밀어드렸다. 목욕탕에 가는 횟수가 늘어날수록 장인어른의 몸은 더욱 야위어 갔고 엘리베이터가 없는 아파트 5층이라 늘 업고 계단을 올랐는데 점점 가벼워지는 느낌에 내 마음도 쓸쓸하고 마음이 아팠다. 그리고 어느 날 4명의 딸 중 첫째 딸만 결혼했었는데 큰 동서께서 여름에 다 함께 가족여행을 갔으면 좋겠다고 제안을 했다. 모두가 알고 있었다. 장인어른과 함께 보내는 마지막 여름이라는 것을 서로가 말은 하지 않았지만 알고 있었다. 약속의 날이 되어 포항 바다 근처에 있는 맑은 물이 흐르는 계곡으로 갔다. 하늘도 맑고 물도 맑고 조카들과 4명의 딸과 예비 사위들이 함께 즐겁게 물놀이하며 재미난 시간을 보냈다. 그늘 한편에 파라솔을 치고 편안한 의자에 장인어른을 모셔두고 우리는 그렇게 시간이 가는 줄 모르고 놀았다. 모두가 장인어른을 위해서 여행을 온 건지 우리가 즐기러 온 것인지 착각이 들 도로 재미있는 게임을 하며 놀았다. 웃음이 넘쳐나고 서로 짓궂은 물장난을 치고 튜브에 들어간 조카들은 우리들이 보호 아래 물장구를 치며 신나게 놀았다. 그리고 아차 싶어서 장인어른을 보았는데 아주 많이 피곤해 보이셨다. 꾸벅꾸벅 조는 듯한 모습이었지만 잠이 와서가 아니라 정말 힘이 없어 보이셨다. 큰 동서께서 다 같이 숙소로 돌아가자고 제안하셨고 우리는 모두 짐을 챙기고 바다가 보이는 예약해 둔 숙소로 갔다. 그리고 간단하게 식사하고 모두가 아침 일찍 서둘러 온 탓과 물놀이를 열심히 한 탓에 너무나 피곤한 나머지 잠이 들었다. 그렇게 한참을 잠들어있는데 장모님께서 모두를 깨우셨다. 장모님께서 화장실에 들어가셨다가 쓰러져있는 장인어른을 발견한 것이다. 황급히 119를 부르고 의식이 없는 장인어른을 애써 깨우려고 모두가 애썼다. 119가 도착하고 병원으로 이송되어 의사는 기계음이 들리는 심장 충격기를 몇 번을 시도하고는 사망선고를 했다. 그렇게 장인어른은 세상을 떠나셨다. 여행을 함께 갔던 멤버 모두가 장례식장에 다시 모였고 우리는 그렇게 자연스레 한 식구가 되었다. 지금도 아내는 그때를 회상하며 나에게 고마움 표시를 한다. 딸밖에 없어서 아버지가 아프시고는 목욕탕에 가는 것이 가장 걱정이었는데 내가 선뜻나서서 하겠다고 하니 너무 고마웠다고 한다. 나에게도 지금은 그때의 장인어른과의 목욕탕 추억은 잊을 수가 없다. 장인어른과 함께 한 시간이 너무나 짧은 시간이라 특별히 효도한 것은 없지만 아내는 늘 나에게 그때의 시간을 회상하며 고마운 마음을 표한다. 그리고 조금의 시간이 흘러 나에게도 사장이 될 수 있는 기회가 생겨났다. 당시 내가 점장으로 있었던 디0브랜드가 지속직으로 인기를 끌었고 전국 여러 곳에서 오픈문의를 본사에 요청했고 오픈을 하게 되었다. 그중 대구 수성구 맨 끝에 있는 소도시에서 브랜드 매장을 운영하시는 사장님들이 디0즈 브랜드를 하려고 본사에 요청을 한 것이었다. 요청한 장소에서 가장 가까운 매장이 우리 동성로 매장이었고 본사 대표님께서는 우리가 그곳에 추가 오픈을 하는 것을 희망하셨다. 시내 사장님께서는 서둘러 나를 불러서 면담을 하셨다. "상권아 니가 대구

수성구에 있는 어느 상가에 들어가서 디ㅇ즈 브랜드를 오픈해 보는 것은 어떻겠노?"라고 말씀하셨다. 나는 "제가요? 저는 아직 준비가 ...?"라며 자신감 없는 말투로 대답을 했고, 사장님께서는 자금이 부족하면 내가 도와 줄 테니 걱정 말고 시작해 보라고 하셨다. 사장님 말씀에 용기를 얻게 되었고 함께 오픈 예정지인 그곳에 시장 조사를 해보러 가기로 했다. 시내에서 각자의 오토바이를 타고 사장님과 나는 서로 손짓을 주고받으며 조심스럽게 수성구 맨 끝 동네에 도착했다. 그리고 동네를 돌아보는데 정말 브랜드가 몇 개 없는 한산한 동네였다.

그렇게 동네를 돌고 있는데 광장이라는 곳에 들어섰는데 중고 등학교 학생들이 빽빽이 그곳을 채우고 어느 곳에서는 농구를 하고 어느 곳에서는 벤치에 앉아서 서로 이야기를 나누고 어느 곳에서는 서로 가방을 던지며 장난치며 놀고 있었다. 그 순간 나는 머리 끝부터 발끝까지 소름이 돋아나는 느낌을 받았다. 그냥 자신 있었다. 그 당시 디ㅇ즈라는 브랜드가 1020세대에게 가장 큰 인기를 끌고 있었는데 1020세대들이 밀집된 곳이라는 확신에 스스로에게 확신을 가지게 되었다. 이리저리 걱정보다 그냥 해볼 만하다는 생각이 들었다. 그리고 사장님께 해보겠다고 자신 있게 말씀드리고 그 날 바로 여자 친구집에 들러서 장모님께 큰절을 했다. 갑자기 절을 하는 나를 보고는 장모님께서는 왜 그러냐? 무슨 일 있느냐고 걱정스러운 표정으로 물으셨고 나는 여자 친구와 함께 우리의 정해둔 계획을 차근차근 말씀하셨다. 장모님께서는 조금 걱정스러운 마음도 있었지만 우리의 계획을 믿고 허락해 주셨다. 장사도 장사이지만 나도 여자 친구도 본집과 오픈할 매장이 거리가 멀어서 함께 동거를 하는 것이 어쩌면 가장 큰 이슈였고 장모님께 동거에 대한 허락을 받는 것이 가장 큰 숙제였다. 장모님께서는 내가 차근차근 말씀드린 것에 또 한 번 믿음을 주셨다. 나도 장모님께 약속드린 것이 있었다. 동거로 시작하지만 1년 안에 전세 아파트를 얻는 것과 결혼식을 올리는 약속이었다. 어쩌면 지키지도 못할 약속을 하고는 그렇게 허락을 받았다. 그리고 허락받은 지 1달 안에 동거할 곳을 정했고 매장계약도 동시에 하게 되었다. 모든 것이 도전이었다. 나와 여자 친구가 아끼고 아껴서 모은 전 재산을 모두 투자해서 시작하게 되는 우리의 인생에 첫 가게를 오픈하게 된 것이다. 그렇게 매장계약을 한 지 1개월이 지나 드디어 모든 오픈 준비를 마치고 첫 가게 문을 열었다.

9

새로운 도전

모든 것이 새로운 도전이었다. 주변 모두가 무모한 도전이라고 입을 모았고 나 또한 그 말에 부인할 수 없었다. 첫 오픈하는 날부터 나의 마음은 무거웠다. 예비 장모님께 동거조건이 1년 안에 전세금을 준비하는 것과 아내와 결혼을 하는 것이 현실적으로는 불가능했기에 나의 마음은 무거웠다. 하지만 이미 벌어진 일이고 내가 할 수 있는 것은 온전히 지금에 승부를 거는 것이었다. 오픈을 하면 아내는 매장 청소를 했고 그동안 나는 동네 아파트촌을 다니며 집집마다 우리 매장홍보 전단지를 붙였다. 매번 아파트 경비실 관리자 아저씨와 눈치작전을 펼쳐야 했고 때로는 알면서도 이런 나의 모습이 안쓰러운지 라인 출입구 문을 열어주기도 했다. 손에 들고 있던 전단지 뭉치를 모두 돌리고 나면 매장으로 돌아와 장사를 시작했다. 오픈을 하고 며칠이 지나지 않아 어디서 많이 본 듯한 낯익은 어머니께서 들어오셨다. 막내딸이 중학생인데 수학여행을 간다며 옷을 사러 오신 것이다. 대화를 몇 마디 나누다 서로가 어디서 본 것 같은 마음으로 기억을 되살리는 노력을 했고 알고 보니 동성로 시내에서 점장으로 있을 때 단골 고객님이었던 것이다. 단골고객님은 아지야? 아지야가 여기 왜 있노? 라며 서글서글한 사투리에 반갑게 인사를 해주셨다. 나는 창업을 했다고 말씀드렸고 갑자기 어머니께서는 전화기를 들고는 주변 동네 친구들을 불러 모으셨다. 그리고 얼마 지나지 않아 여러 어머님들이 우리 매장을 가득 채웠고 불러 모으신 단골 어머니께서는 각자 30만 원씩 책임지라~며 단호하게 말씀하셨다. 친구 분들은 이것저것 고르시며 물건을 구매해 주셨고 단숨에 200만 원 치의 매상을 올릴 수가 있었다. 알고 보니 그 어머니께서는 아파트 동 대표님이었던 것이었다. 참 세상 좁다는 생각도 들었고 장사도 인생도 어디에서나 좋은 인상을 남기는 것이 이처럼 중요하다는 생각이 들었다. 단골 어머니께서는 "아지야 시내에서도 그렇게 열심히 하더만 결국 사장이 됐네! 억쓰로 축하한데이~!!" 라고 말씀하시며 나의 어깨를 힘차게 치시며 기운을 북돋아 주시고 가셨다. 매장 오픈한 지 두세 달이 지나자 점차 단골이 늘어나기 시작했다. 어느 광고글처럼 처음 오신 고객님은 있어도 한 번만 오신 분은 없었다. 대부분이 중학교 고등학교 학생들이 어머니 손잡고 매장을 방문해 주셨는데 한참 예민한 사춘기 때라 예쁜 옷을 사주면서도 어머니께서는 부모 자식 간에 실랑이가 벌어질 때가 많았다. 그때마다 어머니 편을 들면서 아이를 설득해 팔았다. 남학생의 경우 키에 관한 관심이 참 많을 때라 성장에 관련된 책과 영상을 찾아보고 간단한 성장 스트레칭을 알려주며 부모님과 아이의 환심을 사기도 했다. 상인은 물건만 파는 것이 아니라 이미지도 팔고 고객님께 도움이 되는 것이라면 그 어떠한 유익함이라도 제공할 수가 있어야 한다. 부모님께는 우선 커피나 차 한 잔을 내어 드렸고 매장 내 소파에 앉혔다. 참고로 최종계산을 하시는 부모님을 최대한 편하게 해 드려야 재방문이 이루어진다. 아이에게는 예쁜 옷을 여러 벌 코디해서 보여주었다. 그리고 부모님께는 몇 가지 질문으로 말문이 트이게 하고 그 말에 공감을 하며 리액션을 아주 크게 해 드렸다. 점점 신이 나서서 본인의 가족 이야기를 술술 끄집어내어 말씀하셨고 나는 그 가족들의 정보를 듣고 따라오지도 않은 가족들의 옷을 추가로 보여드리고 구매하게 했다. 아이 또한 예쁜 옷 코디를 여러 벌 입어보면 하나만 사기가 고민스럽게 했고 결국 세트 구성으로 구매를 해서 고객님의 객단가를 높여 나갔다. 계산할 때는 부모님의 자존감을 높여드리는 것을 잊지 않았다. 학생에게 이렇게 예쁜 옷을 여러 벌 사주신 부모님은 학생 어머니뿐이라며 좀 전에도 학생이 하나 더 사달라고 울면서 보챘지만 결국 사주지 않았는데 학생은 정말 어머니께 감사해야 한다면서 어머니를 치켜세워 드렸다. 오늘 저녁 설거지는 학생이 해야 되는 거 알지요? 라면서 웃으면 학생의 어깨를 토닥이며 매장문밖까지 배웅해 드렸다. 이렇게 단골은 하나둘씩 늘어났고 오픈한 지 6

개월 만에 내가 근무했던 동성로 시내의 매출을 따라잡게 되었다. 작은 동네상권에서 기적이 일어난 것이다. 본사 담당자들도 매장에 방문할 때면 고개를 좌우로 갸웃거리며 의아해했다. 이렇게 작은 상권에서 전국 매출 1등을 한다는 것이 도무지 믿기지가 않았던 것이었다. 그 당시 나의 전략은 이랬다. 나는 시내에서 분주하고 세련된 장사를 배웠고 작은 동네의 상권일지라도 시내처럼 장사하는 것이 나의 가장 큰 전략이었다. 음악도 크게 틀고 윈도 디피도 시내보다 더욱 세련되게 연출했다. 그리고 장사도 그 어느 곳보다 고객의 마음을 공감하고 터치하는 장사를 했다. 때로는 피곤해 보이는 부모님을 보면 여느 때처럼 소파에 앉혀드리고는 간단한 간식과 함께 비타민을 챙겨드리기도 했다. 시원한 물을 한잔 드리더라도 세상에서 가장 깨끗하고 시원한 물이라며 의미를 붙여서 드렸다. 어머니께서는 어이가 없어하면서도 웃음을 지으면 나의 애교와 노력에 호응을 해주셨다. 하루 일과를 마치고 아내와 동거를 하는 대학가 원룸에 들어가면 나는 아내에게 문을 잠그라고 하고 다시 나와서 주변 원룸 촌에 매장 홍보 전단지를 돌렸다. 사실 그때 돌린 전단지가 큰 광고 효과는 없었지만 그래야 내 마음이 편할 수가 있었고 후회가 없을 것만 같았다. 새벽 한두 시쯤이 되어서야 원룸으로 돌아와 샤워를 하고 잠에 들었다. 오픈한 첫 달부터 운이 좋아서인지 하나님께서 도와주신 것인지 매출이 꽤나 좋았다. 하지만 소비는 늘 아끼고 아껴야만 했다. 예비 장모님과 약속이 단한순간도 내 머릿속을 떠나지 않았기 때문이었다. 전세 아파트에 들어가려면 아무리 못해도 1억은 필요했기에 나는 아끼고 아껴야만 했다. 아내를 오토바이 뒷자석에 태우고 집에 돌아올 때면 대학가라서 그런지 먹거리가 늘 즐비했고 그곳을 지날 때마다 맛있는 냄새를 이겨내기가 정말 힘들었다. 나는 그곳을 지날 때면 오토바이 속도를 높여 지나갔다. 지금 생각해 보면 너무나 냉정했던 순간이었다. 한 번씩 맛있는 안주에 맥주 한잔 하면서 여유를 가질 수도 있으련만 그 당시 나의 마음에는 그것마저 사치로만 느껴졌고 그것에 익숙해지면 예비 장모님과 약속을 지키지 못할 것만 같았다. 그렇게 지독하게 장사를 하고 지독하게 돈을 모았다. 매장을 오픈한 지 11개월 만에 우리는 새로운 곳으로 이사를 가게 되었다. 다름 아닌 아파트 전세를 얻어 이사를 가게 된 것이었다. 예비 장모님과의 약속을 보란 듯이 지켰고 가장 먼저 장모님을 모시고 집들이를 했다. 좋은 집도 아니고 집을 산 것도 아닌데 세상을 다 가진 기분이었다.

10

백만장자를 꿈꾸다

　　나의 장사루틴과 열정은 시간이 지나도 변치 않았고 그런 나의 모습에 시간이 지날수록 조금 유연해지기를 바랐던 아내가 속상할 때도 있었지만 나에게는 꿈 넘어 꿈이 있었기에 그 열정을 여유로 바꾸고 싶지는 않았다. 어느 날 아내는 나에게 기쁜 소식이 있다고 말했고 그것은 어릴 적부터 너무나 꿈꿨던 2세가 생겨난 것이었다. 너무나 기뻤다. 너무 어린 나이에 아버지께서 돌아가시고 집안의 남자들이란 모두가 실망스러운 모습만 보았기에 내가 커서 어른이 되어 결혼하고 한 아이의 아버지가 된다면 정말이지 존경받는 아빠가 되고 싶었다. 형은 늘 무서운 대상이라 소심한 나는 늘 혼자 목욕탕에 가서 때를 밀고 했는데 등에는 손이 자라지 않아서 끙끙 앓고 있으면 옆에 아들과 함께 온 삼촌 같은 아저씨가 나의 등을 밀어주셨다. 그때의 따뜻한 손길과 온기가 좋았던지 아들이 생겨 함께 목욕탕 가기를 수없이 기도드렸다. 성별이 나올 때쯤 병원에 가서 아내의 배를 초음파로 진찰하시면서 고추가 있다고 말씀하셨다. 그 말은 아들이라는 말이었다. 그 당시 아들을 선호하는 때라 아들일 경우 바로 고추라고 말해주고 딸은 좀 더 늦게 알려주는 경향이 있었다. 조금 빠르게 알게 된 성별에 나는 신이나 일에 더욱 열정이 생겨났다. 배가 조금씩 부어오르는 아내의 손을 붙잡고 우리 백만장자가 되자며 다짐을 하고 약속했다. 백만장자는 백만 달러를 가진 자가 아닌가? 부의 상징인 백만 달러를 가진 사람이 되고 싶었다. 우리나라 돈으로 10억이 넘는 돈이다. 한 달에 100만 원씩 적금을 넣어 단순히 계산 해봐도 83년을 모아야 하는 돈이다. 15평, 작은 매장을 운영하고 오토바이를 타고 겨우 전세 아파트에 살고 있지만 나는 백만장자를 꿈꾸었다. 얼마나 부자가 되고 싶었는지 비교적 조용한 날이면 매장 마감시간이 지나도록 불을 끄지 않고 카운터의 자에 앉아서 부자에 관련된 책을 읽었다. 내가 유일하게 아깝지 않게 지출하는 것이 책이었고 거의 부자에 관련된 책을 읽게 되었다. 여러 부자 책에 나오는 단골 같은 말 중 "돈에는 가속도가 붙는다." 는 말이었다. 돈에는 여러 성질이 있지만 그중 가속도가 붙는 성질이 있었던 것이다. 적금에는 복리라는 것이 있어서 한 달에 100만 원씩 적금을 넣어 10억이라는 돈을 모으기까지 단순계산법으로 계산을 하면 83년이 걸리지만 복리를 적용하면 그의 절반이면 모으게 된다는 논리였다. 실감할 수는 없었지만 나는 믿기로 했다. 한 달의 수익의 90%를 적금을 했고 창업을 한 지 4년 만에 꿈에 그리던 백만장자가 되었다.

11

보물 지도

아내와 나는 비가 하루 종일 내리는 날이면 비교적 고객입점이 적은 날이라 컴퓨터에 앉아서 꿈 사냥을 했다. 꿈 사냥이란 아내와 내가 지어낸 말이다. 미래에 가지고 싶은 것이나 간절히 원하는 것을 인터넷 검색으로 찾아보고 이미지를 프린트로 뽑아서 집에 있는 비전 보드에 붙여 두었다. 원룸에서 동거할 때는 출입문이 보이는 방 한 칸이 다였지만 우리의 꿈은 근사했다. 매출이 좋지 않은 날에는 한없이 쪼그라드는 자신감이었지만 원룸 출입문을 열고 들어가면 가장 먼저 보이는 우리의 보물지도를 보고는 다시 자신감을 충전시켰다. 그 당시 이지성 작가의 꿈꾸는 다락방이라는 책이 선풍적인 인기를 누리고 있었다. 우리도 당연히 그 책을 읽었고 꿈을 시각화하라는 말에 우리가 간절히 원하는 것이 있으면 프린트로 뽑아서 비전보드에 붙여두고 시각화를 실천했다. 꿈을 시각화하는 방법은 과학적으로도 충분한 근거가 있는 방법이다. 우리 뇌에는 망상 활성계라는 신경계가 있는데 이는 우리가 무언가를 강하게 인식을 하게 되면 그것이 우리 뇌에 저장이 되어 그것을 계속해서 기억될 수 있도록 신호를 보내게 된다. 예를 들어 우리가 흰색 포르셰 911 gt를 간절하게 바라게 되어 머릿속에 시각화를 시키면 우리 뇌의 망상 활성계에 저장이 되어 그날 이후로 흰색 포르셰 911 gt 차량이 눈에 더 자주 띄게 되고 각종 SNS나 유튜브에 더 자주 많이 우리의 눈에 띄게 된다. 이것은 일종의 알고리즘과 동일한 방식으로 스스로를 세뇌시키게 된다. 간절히 원하는 무언가가 있으면 구체적으로 시각화를 시켜 우리 뇌의 망상 활성계에 저장을 하면 그것이 반복적으로 우리 기억과 시각에 노출이 되어 결국 그것을 현실로 이루어지게 만든다는 이론이다. 아내와 나는 지금 생각해 보면 우리의 망상 활성계를 제대로 이용한 것만 같다. 그때 만든 비전보드가 아직도 지금 살고 있는 집에 가장 잘 보이는 곳에 진열이 되어있다. 우리의 비전보드를 볼 때면 지금도 가장 소름 돋는 것 중 하나는 비전보드에 가장 한가운데 있는 미래의 우리 집이라는 제목으로 붙여진 집이 있다. 그곳은 누구나 꿈꿀 만한 예쁜 집들이 모여있는 전원주택 촌이었고 얼마 전 이사를 오게 되어 지금까지 살고 있는 집과 너무나 흡사한 것이다. 결국 나의 망상 활성계는 끊임없이 일을 하고 있었고 마침내 자신의 작전 수행을 제대로 하고 있었던 것이었다. 비전보드에는 여러 보물들이 있었는데 그중 반은 실제로 이루어진 것 같아 아내와 나는 우리의 보물지도를 볼 때마다 하나님께 감사 또 감사를 드린다.

12

나를 키워준 나의 고객님

어느 날 아내와 함께 그날 입고된 물건을 한참 정리 하고 있는데 한 고객님께서 입구 문을 조심스럽게 열고 들어와 눈치를 보면서 "들어가도 되나요?"라고 물었다. 우리는 당연히 "네 당연하지요." 라고 말하며 고객님을 반겼다. 그 어머니께서는 뒤따라오는 여자아이의 손을 붙잡고 우리 매장에 들어오셨다. 그제 서야 왜 그리 조심스럽게 매장 문을 열고 들어오셨는지 이해가 되었다. 엄마의 손을 붙잡고 들어온 여자아이는 초등학교 4,5학년쯤 되어 보였었는데 소화마비가 있는 아이였다. 아내는 그 여자아이에게 인사를 하고는 따뜻하게 안아 주었다. 평소 고객님이 매장에 들어오시면 목례를 하고 밝은 목소리로 인사를 하는 것이 다인데 그 당시 아내는 그 아이를 안아 주었다. 그리고 옷을 차근차근 보여주고 어머니께 양해를 구하고 탈의실까지 들어가 옷을 갈아입는 것을 도와주었다. 티셔츠나 점퍼는 그냥 입혀도 손쉽게 입을 수가 있지만 바지의 경우 우리 매장의 모든 바지가 허리를 잠그는 것이 단추방식이었고 워낙 마른 몸이라 벨트를 차야만 허리에 흘러내리지 않겠다 싶었는데 벨트를 사용하기에는 몸이 불편한 그 아이가 감당하기에는 너무나 힘들겠다 싶었다. 어머니께 또 한 번 양해를 구하고는 수선실로 뛰어가 허리에 단추를 쉽게 걸어 잠글 수 있는 후크로 바꿔달라고 하고 허리 또한 고무 밴드를 넣어달라고 했다. 그리고 수선실 사장님은 능숙하게 그 아이만의 맞춤바지를 만들어 주셨고 또다시 나는 바지를 들고 매장으로 뛰어 왔다. 그리고 옷을 보여주며 입고 벗는 방법까지 놓치지 않고 설명해 드렸다. 그리고 그 당시 초등학생이었던 그 아이는 그 이후로 20살 때까지 옷이 필요할 때면 우리 매장에 들러서 우리 매장 옷만 구매하고 입었다. 말 그대로 충성고객이 되어준 것이다. 아내의 진심 어린 사랑이 그 아이의 마음속 깊이 전해져서인지 우리 매장에 방문할 때면 웃음꽃이 활짝 펴서 들어왔고 아내와 즐거운 교감을 하고 옷을 구매해 갔다. 늘 따라오던 어머니께서도 늘 아내의 사랑에 감사하셨다. 어느 날 본사에서 연락이 왔는데 브랜드 소식지에 우리 매장을 싣고 싶다고 했다. 이유는 다름 아닌 그 아이의 어머니께서 본사 대표님께 손 글씨로 편지글을 써서 보내신 것이다. 우리의 진심 어린 장사에 감동을 받으셔서 본사 대표님께 까지 전달하고 싶었던 것이었다. 늦둥이로 낳은 딸아이가 몸이 불편한 소아마비의 장애인이라 옷을 사러 가면 늘 문전박대를 당하거나 누구 하나 관심을 가져주는 사람이 없어서 진작 옷이 필요해서 매장에 가면 상처만 받고 돌아왔는데 우리 매장은 예쁜 옷뿐만이 아니라 아이의 행복까지 얻어서 오게 된다는 내용의 편지글이었다. 소식지에 실리고 그것을 보게 된 전국 여러 고객님들께서 옷을 전화로 구매를 해주셨다. 정말이지 이 고객님 때문에 우리가 얻게 된 것이 한두 가지가 아니었다. 아이의 불편함을 해소해 주려고 시도했던 허리라인에 고무 밴드를 넣어서 해주는 서비스는 벨트를 차는데 불편해하는 일반 학생들에게도 선택할 수 있게 하였고 반응은 폭발적이었다. 고객이 평소 불편해하는 것을 해결해 드리니 고객님은 디자인을 살펴보지도 않으시고 그것을 여러 벌 사가셨다. 허리라인에 밴드를 넣는 것이 하나당 5,000원씩이나 해서 사실 남는 것이 없지만 만족해하는 고객님의 웃음을 보면 항상 뿌듯하기만 했다. 어느 날 밴드를 내가 직접 넣어보기로 했고 밴드재료를 서문시장에 가서 물어 물어서 의료재료 상에 가서 구매를 하게 되었다. 동네 수선실 보다 더 좋은 밴드 재료로 구매해서 수선을 직접 해주었는데 고객님 반응도 좋았다. 바지 하나당 밴드 수선비가 5,000원씩 나가던 것이 내가 직접 넣으니 1,000원이 채 들지가 않았다. 수선비도 아끼고 바지 매출은 늘어만 갔다. 지금까지 정말 수많은 고객님을 응대하였지만 항상 고객님은 나를 키워주는 부모님과 같다는 생각을 하게 되었다. 이렇게 고객님들께 배우고 고객님들 덕분에 성장하고 고객님들 덕분에 꿈 넘어 꿈을 계속해서 꿀 수가 있었다.

13

2호점 오픈

오픈을 한 지 2년이 조금 넘어갈 때쯤 동성로 시내에서 함께 장사를 하던 선배님이 매장으로 방문하셨다. 그리고는 우리 매장 내부와 주변 상권을 훑어보고 가셨다. 그리고 얼마 지나지 않아 우리 매장 바로 건너편에 우리 매장과 비슷한 브랜드로 매장을 오픈한 것이다. 사실 많이 당황스러웠다. 한마디 언질도 없이 갑작스럽게 그것도 우리와 콘셉트가 너무나 비슷한 경쟁브랜드를 오픈한 것이다. 시내에 사장님께서는 그 소식을 듣고는 한걸음에 달려오셨고 그 선배를 불러다가 호통을 치셨다. 사장님께도 의논하지 않고 우리가 장사가 제법 잘된다는 소문을 듣고는 바로 맞은편 매장에 급하게 차린 것이었다. 사장님의 말도 통하지 않았고 이미 벌어진 일이라 나 또한 현실을 받아들일 수밖에 없었다. 상권이 워낙 좁은 곳이라 비슷한 새로운 것이 생겨나면 아무래도 나눠먹기를 할 수밖에 없었다. 건너편 선배님의 가게가 오픈한 지 얼마 되지 않아 우리 매장의 단골고객님들이 건너편 매장에 들어가는 것을 보게 되었고 속상한 마음을 감출 수가 없었다. 애써 아내에게 아닌 척했지만 그 때의 배신감과 속상함이 컸던 것은 사실이었다. 하지만 시내 사장님께서 해주신 말씀 한마디가 큰 힘이 되었다. "어차피 장사는 누가 와도 너를 이길 수가 없다. 니는 니가 할 것만 잘하면 되는기라. 봐래이 6개월 안에 건너편 자는 두 손들고 나가게 될 끼라~!!" 라며 말씀하셨다. 그리고 나는 오직 내할 것만 잘하면 된다는 생각에 우리 매장에 들어오는 고객님들께 최선을 다해서 응대를 했다. 그리고 정말 신기하게도 6개월이 지나자 건너편의 선배님이 찾아와 차 한 잔 하면 이야기를 나누자고 했다. 선배가 오픈을 하고 조금 어색해진 사이라 카페에 함께 앉아있는 내내 무거운 공기가 맴 돌았다. 무거운 침묵을 깨고 선배가 먼저 말을 했다. 자신이 지금 임파선 쪽에 암이 생겨서 부산으로 급히 이사를 가야 된다는 것이었다. 그리고는 장사가 안 되는 자신의 가게를 나보고 인수를 해달라는 부탁을 하는 것이었다. 정말 사람이 이렇게 까지 할 수 있구나라는 생각이 들었다. 나의 상의 한마디 없이 건너편에 매장 오픈을 하고 자신의 이익 때문에 고객님들에게 우리 매장에 고객에 관련된 잘못된 소문까지 내면서 장사를 했던 선배가 장사가 안 되니 나보고 자기 매장을 그것도 권리금까지 주고 인수하라는 것이었다. 아내와 상의를 하고 하루 이틀이 지났다. 잠이 오질 않을 정도로 괘씸한 마음까지 있었지만 나는 그 매장을 인수하기로 했다. 선배님이 임 파선에 암이 걸린 것은 사실이었고 당장에 돈이 없으면 수술을 하 지 못하는 것이었다. 아내는 반대로 나를 설득했다. 선배님을 도와 주자는 설득이었다. 결국 우리는 의도치 않게 매장 2호점을 오픈 하게 되었다. 매장을 인수를 하고 우리의 콘셉트에 맞게 인테리어 수정을 하고 재 오픈을 했다. 매출은 선배님이 운영할 때보다 3배 가 넘게 나오게 되었다. 1호점 매장 또한 매출은 떨어지지 않고 좋 은 매출을 유지할 수 있었다. 아내가 마음을 예쁘게 쓰고 평소 덕 을 많이 쌓아서인지 우리에게는 행운이 따르는 기분이 들었다. 전 혀 의도치 않은 2호점 오픈이었지만 어찌 되었든 우리가 운영하는 매장에는 사업이익이 계속해서 늘어나게 되었다.

14

판매 레시피

2호점까지 계속해서 좋은 매출을 잡아가기 시작하면서 나의 몸무게는 거의 10킬로 정도가 빠졌다. 길 건너편에 있는 2호점 매장과 1호점 매장을 뛰어다니며 고객응대부터 매장을 운영했기 때문이다. 어쩌면 생계형 자영업자가 하나의 매장이 늘어나면서 혼자서 중요한 일들을 모두 처리하려니 체력적으로나 정신적으로나 힘이 들었던 것이다. 그래서 나는 시스템이라는 것에 관심을 가지고 연구하기 시작했다. 2호점에 믿을만한 숙련된 멤버에게 점장의 자리를 주고 리더교육을 시키며 조금씩 독립매장으로 만들어갔다. 그리고 아내와 나 그리고 3명의 직원과 테이블에 앉아서 회사규칙을 만들었다. 출근시간부터 월급 제도까지 경력에 따른 작은 복지까지도 모두 규칙으로 정했다. 규칙을 정하는 과정도 직원들의 동의를 얻어서 정하였고 또한 직원들의 의견도 적극 반영했다. 결과는 자리가 사람을 만든다는 말을 실감 할 정도로 모든 직원이 사장처럼 책임감을 가지고 일했고 우리의 시스템은 더욱 견고해졌다. 모든 시스템에는 신상필벌이 모두가 들어가 있어야 그 시스템의 힘이 강해진다. 규칙을 지켰을 때와 지키지 않았을 때의 보상과 페널티는 분명했다. 예를 들어 지각을 하루도 빠짐없이 하지 않을 경우 그달 급여를 2만 원씩 올려주었고 지각을 할 경우 모두가 모여서 지각을 하지 않을 수 있는 방법을 회의하게 하였고 시스템을 갖추게 하였다. 그 이후 지각하는 멤버는 단 한 명도 없었다. 모든 규칙은 굳이 설명하지 않아도 눈에 보이게 붙여 두었고 모두가 상식선에서 이해가 되는 룰만 있었으며 직원들을 감정이 아닌 시스템으로 리더를 하였다. 열심히 하면 잘해 줄게! 월급 많이 줄게! 같은 식의 애매모호한 희망고문을 절대 하지 않고 눈으로 보고 자신이 받을 수 있는 보상과 페널티를 분명하게 규정하고 그것을 원칙으로 지켜 나갔다. 비록 우리 매장은 두 곳이 전부였지만 조직의 시스템이 조금씩 견고해지면서 매장에 대한 더 큰 욕심을 가지게 되었다. 사실 그 시점에 1호점인 디○○라는 브랜드의 소비자 타깃층이 조금씩 어려지고 있어서 걱정을 하고 있었다. 대부분이 단골로 구성된 장사로 자리를 잡게 되었는데 단골 어머니께서는 나와 워낙 신뢰 관계가 좋다 보니 무엇이든 사라고 아이들에게 힘을 실어주었지만 워낙 유행에 민감한 아이들은 너무나 많이 입고 다니던 우리 브랜드에 조금씩 식상해 하기 시작했다. 따라온 부모님들은 사라고 해도 진작 옷

을 입는 아이들은 사지 않겠다고 떼를 쓰기 시작했다. 나는 위기의
식을 느꼈다. 그 당시 월 매출은 최고점을 찍은 상태였고 매장 수
익 또한 최고점을 찍었지만 나의 마음은 불안해져만 갔다. 그때 처
음으로 "지속가능함이 흔들리면 좋은 장사가 아니구나..:라는 것을
깨닫게 되었다. 그렇다 순간 잘되는 장사는 찾아보면 주변에 참 많
이 있다. 하지만 꾸준하게 지속가능하게 할 수 있는 장사는 잘 없
다. 그리고 지속가능한 장사가 가장 좋은 장사라는 것을 알게 되었
다. 내가 아무리 친절하고 판매를 잘한다고 하더라도 시대적 유행
을 이길 수는 없었다. 그때 내 마음속을 스치며 지나간 생각이 스
포츠 브랜드였다. 스포츠 브랜드는 특정 나이에만 소비가 되는 것
이 아니라 태어난 갓난아이부터 시니어 할아버지 할머니까지도 소
비가 이루어지기 때문에 소비영역이 아주 넓었고 또한 스포츠는 운
동이나 건강에 관련된 품목이라 원트 사업이 아닌 니즈 사업에 가
까웠다. 즉 소비자는 자신이 필요에 의해서 구매를 하는 니스 소비
는 사치라고 생각하지 않는 경향이 있어 니즈 소비시장은 지속가능
할 수가 있겠다 싶었다. 그 이후 스포츠 브랜드를 섭외하기 시작했
고 내가 오픈할 수 있는 자본이나 주변 매장의 규모가 20평 내외라
빅 브랜드를 섭외하기에는 쉽지가 않았고 웬만해서는 주변 상권에
빽빽하게 입점이 되어있었다. 고민과 연구 끝에 찾아낸 브랜드가 리
ㅇ이라는 스포츠 브랜드였다. 그 당시 리ㅇ 브랜드는 대형 3사 정통
스포츠 브랜드였지만 인지도가 조금 떨어진 상태라 오픈이 그리 어
렵지가 않았다. 본사 미팅을 걸쳐서 순탄하게 오픈을 하게 되었다.

참 운이 좋게도 내가 리O 브랜드를 오픈하자마자 특정 연예인광고가 연일 이슈 거리가 되었고 광고제품이 모두 단숨에 품절이 될 정도로 판매고를 올릴 수가 있었다. 동성로에는 나의 부모님과 같은 스승님이 계셨는데 내가 오픈한 리O 브랜드를 동성로에 오픈해 보시라고 권했고 사장님께서는 온전히 나를 믿고 오픈하셨다. 대구 최고의 중심상권에 오픈을 하니 대구 경북지역에 우후죽순으로 오픈쇄도가 이어졌고 나도 추가로 리O 2호점을 경산 중앙로에 오픈을 했다. 그 당시 경산 중앙로에 오픈한 것은 작은 모험이었다. 경산 중앙로에는 경산에서 가장 큰 경산 시장과 경산역이 나란히 붙어있어 입지는 좋았지만 브랜드 형성이 많이 미흡했다. 우리 매장도 상권을 보면 오픈사유가 되지 않았지만 나의 실적을 믿고 본사에서 오픈허락을 해준 것이었다. 그렇게 우리는 매장이 순식간에 4호점까지 오픈하게 되었다. 그때부터는 이미 만들어진 시스템을 계속해서 흐름에 맞게 업데이트를 하였고 판매 레시피라는 것을 처음으로 만들게 되었다.

레시피는 요리를 할 때 조리법을 말한다. 판매에도 분명 방법이 있다. 그것을 모르고 고객응대를 하면 목적구매를 하는 고객님께는 쉽게 판매가 이루어지지만 호기심으로 입점을 하거나 구경손님에게 충동구매를 이끌어 내기에는 한계가 있었다. 좀 더 쉽게 판매를 할 수 있는 나만의 판매 매뉴얼인 판매 레시피를 만든 것이다. 각 매장에 음식 메뉴판처럼 붙여두고 연습을 할 수 있도록 시스템을 정해두었다. 고객응대 할 때의 인사부터 대화 멘트나 판매 동선이나 카운터에서 해야 하는 매뉴얼부터 세세하게 레시피를 제공하고 연습을 시켰다. 결과는 대성공이었다. 우리가 자리한 매장이 전국으로 비교한다면 터무니없이 작은 상권에 작은 크기의 매장이었지만 모든 매장이 전국순위 top랭크에 들게 된 것이다. 그렇게 우리는 계속해서 꿈 넘어 꿈을 준비해 나갔다.

15

원룸 그리고 벤츠

첫 1호점을 오픈하고 남은 돈으로 아내와 함께 살 집을 구하는
데 500만 원으로 구할 수 있는 집은 도무지 없었다. 매장과 15분
정도 떨어진 곳에 영남대학교가 있었고 자취방이 즐비한 곳에 월세
가격은 천차만별이었다. 거의 대부분이 영남대학교 학생들이 거주
하는 곳이라 대학교에서 가까운 곳에 위치할수록 보증금과 월세가
비쌌다. 나와 아내가 택한 곳은 학교에서 가장 먼 곳에 위치한 작
은 교회 옆 원룸이었다. 오토바이로 이동하면 학교에서 가까운 곳
과 가장 먼 곳의 차이는 단 2, 3분 차이라 위치가 부담스럽지 않았
다. 보증금 100만 원에 월세는 21만 원짜리였지만 학교 앞 가까이
에 위치한 곳보다 방이 넓고 쾌적했다. 1호점 오픈을 하고 첫여름
을 맞이한 6월이었다. 장마철이라서 그런지 비가 하루 종일 내렸다.

우리와 같은 로드샵 상권은 날씨의 영향을 많이 받는다. 비가 오면 우산을 쓰고 있느라 주변을 살필 여유가 없어 매장에 입점이 적기 마련이고 바람이 많이 부는 날에는 자신의 몸을 추스르느라 주변을 둘러볼 여유가 없어서 매장에 입점이 적기 마련이다. 나는 어느 때부터 인가 비바람이 얄밉기 시작했다. 고객입점을 방해하는 요소이기 때문이라 일기예보에 비 소식이 있으면 나도 모르게 한숨을 내쉬게 되었다. 그날도 비가 하루 종일 그것도 아주 많이 내리는 날이었다. 고객 입점은 예상대로 거의 없었고 매장 내에서 애써 분주하게 움직이고 윈도 디스플레이도 바꿔보며 새로움과 동적인 에너지를 만들어 보려고 애를 썼지만 길거리에 지나가는 사람 자체가 적었기에 자연의 흐름까지 나의 뜻대로 바꿀 수는 없었다. 매출은 오픈 이후 가장 저조한 매출이 나왔고 그날따라 몸도 마음도 무거웠다. 집에 가는 내내 비가 아주 많이 내렸고 아내와 나는 매장 창고 서랍에 넣어둔 우비를 꺼내서 챙겨 입고는 오토바이에 올라탔다. 나도 모르게 저조한 매출 때문에 예민했던 터라 무뚝뚝하고 못난 말투가 아내에게는 상처가 되었는지 그날따라 아내는 말이 없었다. 그리고 오토바이를 타고 비를 잔뜩 맞으며 집으로 가는데 신호가 걸려서 멈춰서 출발 신호를 기다리는데 등사이로 따뜻한 물줄기가 느껴졌다. 오픈 후 하루도 쉬지 않고 일을 하다 보니 아내도 지친 마음에 나의 말투가 더욱 상처가 되어 나의 등에 기댄 채 눈물을 흘리고 있었던 것이었다. 그때 아내에게 약속했다. "대진아... 나 때문에 네가 참 고생이 많다. 오빠가 정말 열심히 살아서 먼 훗날 우리 이 길을 벤츠 타고 지나가자!"라고 큰소리로 소리 질러 말했다. 그리고 집에 도착하고 아내는 평소와는 다르게 옷만 갈아입고는 침대에 누워 이불을 얼굴까지 덮고 자려고 애썼다. 나도 지친 탓일까? 마음도 몸도 너무나 무거웠다. 나는 옷도 갈아입지 않고 침대에 등을 지고 걸친 채 앉아 있었다. 원룸이라 바로 앞에 출입문과 신발장이 보였다. 출입문 바닥에 놓여 있는 아내의 신발이 눈에 들어왔다. 신발의 끈이 풀린 채 서로 포개어져 있는데 진흙이 가득 묻은 신발이었다. 마치 우리의 모습 같았다. 비바람에 그대로 노출이 되어 누구의 도움 없이 우리 힘으로 비바람을 이겨 내야 만하는 진흙이 가득 묻은 초라한 신발과 같아 보였다. 갑자기 너무나 서러움과 아내에 대한 미안함이 북받쳐 올라왔다 평소 눈물이 마른 줄만 알고 살아왔는데 그날 살면서 가장 많은 눈물을 흘린 것 같다. 나도 주체가 안 될 정도로 목청을 터트리면 눈물을 흘렸다. 잠들려고 애썼던 아내는 나의 통곡에 깜짝 놀라서 일어나 나를 보고는 왜 우냐고... 자기가 되레 미안하다고 말하며 아내도 울기 시작했다. 우리는 한참을 서로 부둥켜안은 채 많은 눈물을 흘렸다. 아내는 늘 나를 기다려주는 사람이었다. 동성로 시내에서 직원으로 일할 때도 늘 나를 기다려주었고, 프러포즈하는 날에도 작업하는 나를 동네 pc방에서 잠들며 기다려주었고, 언제나 나를 기다려주었다. 울고 있는 순간까지도 어쩌면 어딘가에 도망치고 싶을 정도로 힘든 생활이지만 나를 믿고 기다려준다는 것을 너무나 잘 알고 있었다. 그렇게 실컷 울고는 또 한 번 다짐했다. 성공하자! 먼 훗날 지금을 되돌

아보았을 때 똑같은 초라한 현실이 아닌 아름다운 추억으로 만들고
싶었다. 먼 훗날 지금을 되돌아보며 아내와 그때 그랬었지, 그래서
우리가 지금 이렇게 성공한 거야... 라고 당당하게 말해주고 싶었다.
그리고 다음날 또다시 마인드 리셋을 하고 아내와 더욱 진한 노력
을 하며 장사를 했다. 그리고 그 후 2호점 오픈을 하고 매장의 시스
템을 잡고 3호점을 오픈을 할 때 우리는 비가 억수같이 내리는 날
이면 아내와 벤츠를 타고 그 동네 한 바퀴를 돌았다. 그 시절의 고
생과 눈물이 한 번에 보상받는 기분이었다. 그렇게 나는 비가 억수
같이 내리던 오토바이 속 그날의 아내에게 바쳤던 약속을 하나씩
지켜나갔다.

16

나의 스승님

나에게는 삶의 스승님이 3분 계신다. 한 분은 나를 낳아준 어머니이다. 어릴 적 너무나 가난한 살림에 4남매를 키우시며 부지런하고 성실한 어머니의 삶의 태도가 어린 나에게도 학습이 된 것 같다. 지금도 내가 가진 재능 중 가장 경쟁력 있는 것은 무엇이냐고 누군가 물어본다면 단연 성실과 부지런함이다. 지금도 그 부지런함으로 남들이 생각할 때 나는 움직이고 남들이 움직일 때 나는 시스템을 만들어 실천한다. 이것이 내가 가진 가장 큰 재능이라고 생각한다. 남들이 비즈니스를 할 때 신중하게 생각하고 행동으로 옮긴다면 나는 행동으로 옮겨놓고 생각하는 편이다. 그렇다고 아무것이나 덜렁 행동으로 옮기는 것은 아니다. 이거다 싶은 판단이 있으면 너무 복잡한 생각으로 행동으로 옮기는 것에 주저하는 것이 아니라 바로 스케줄로 설정하고 실천한다는 것이다. 타이밍이다 싶으면 그 누구보다 그 타이밍을 놓치지 않고 빠르게 실천하고 시스템화하는 것에는 능숙 한편이다. 이것은 우리 어머니의 성실함과 부지런함을 보고 학습된 것이 분명하다. 지금도 아주 가끔씩 게으름이 찾아올 때면 나는 어릴 적 어머니의 모습을 떠오르며 또 한 번 각성하게 된다. 하루 잠 3시간 주무시고는 4남매의 도시락 준비를 마치고 할아버지의 밥까지 완벽하게 차려두고 본인이 출근하는 모습을 어른이 된 나의 시점에서 그때를 되돌아보면 참 대단한 사람이 바로 우리 어머니라는 생각이 들게 된다. 그래서 첫 번째의 스승님은 대단한 우리 어머님이시다. 두 번째 스승은 시내 사장님이다. 현명한 신하는 두 임금을 모시지 않는다는 말을 어느 역사책에서 본 적이 있다. 나는 그 말을 참 좋아한다. 나도 19살 장사를 배우며 일하기 시작한 이후 여기저기 옮겨 다니며 일해본 적이 없다. 남들은 많은 경험을 해야 성공한다고 하지만 나는 그들과 조금 생각이 다르다. 성공의 영역은 가로의 영역이 아니라 깊이의 영역이라고 생각한다. 나도 어쩌면 한 사장님 밑에서 일을 배우며 때로는 힘들고 지치고 일하기 싫을 때가 없었겠나? 참 많았을 것이다. 하지만 그 당시 시내 사장님께 배울 것이 너무나 많았고 내가 처음 부자를 꿈꾸게 하신 분이셨기에 가끔씩 주변 사장님들이 높은 월급조건을 명함 위에 적어 주고 갔지만 받는 즉시 버렸다. 한 사장님 밑에서 배웠기에 나는 나의 영역에서 더욱 깊이 있게 성장할 수가 있었다. 시내 사장님께서는 돈 관리하는 법부터 장사 철학까지 세세하게 알려주셨고 하루매출에 나를 평가하지 않으셨다. 한 번은 귀금속 매장에서 일을 할 때였는데 그 당시에는 집에 안 쓰던 금을 가지고 오면 그 값을 쳐주고 새로운 귀금속으로 바꾸어주는 고금교환판매는 것이 유행할 때였다. 고객 중 누군가가 고금을 들고 오셨고 바쁜 주말이라 나는 꼼꼼히 확인하지도 않고 무게만 재고는 다른 새 제품의 귀금속으로 교환해 드렸다. 조금 한산해진 시간에 고금을 자세히 보니 두금의 가짜 금제품이었다. 나는 가짜를 받고는 진짜 금으로 교환해 준 것이었다. 그 당시 금액도 거의 100만 원에 가까운 거금이라 나는 복잡한 시내거리를 후비며 그 고객을 찾아다녔다. 거의 2시간 남짓 땀을 흘리며 시내거리 구석구석을 찾아다녔지만 그 고객님은 찾을 수가 없었다. 어깨가 땅에 붙을 것처럼 죄책감에 매장에 들어오니 사장님께서는 땀이 잔뜩 흐른 채 고개 떨구며 들어오는 나를 보고는 "상권아. 괜찮다. 오늘일은 언젠가 한 번은 일어날 일이었다. 네가 아니었어도 누군가는 한 번은 실수를 했을 끼야. 기죽지 말고 다음부터는 조심하자!"라고 말씀하고는 애써 웃으시며 매장 밖으로 나가셨다. 나도 언젠가 매장 사장님이 되어 직원이 이런 실수를 했을 때 저 사장님처럼 통 크게 그 실수를 덮어줄 수 있을까?...라는 의문이 들었고 동시에 저분이라면 내가 평생을 믿고 따르며 충성하고 싶었다. 그 이후 가품을 구별하는 도구를 마련해 주셨고 구별법까지 전문가를 불러서 교육시켜 주셨다. 리더의 참모습은 좋은 일에 있어서 볼 수 있는 것이 아니라 최악의 상황에서의 대처하는 모습을 보면 그 리더의 참모습을 볼 수 있다는 말을 그때 그 사건으로 가슴속깊이 새길 수 있게 되었다. 세 번째 나의 스승님은 고객님이다. 모든 것은 고객님으로부터 나온다고 생각한다. 장사를 하면서 실패도 성공도 모든 것이 고객님에게 달려있다고 생각한다. 즉 매장의 존패는 고객으로부터 시작되고 고객으로부터 끝이 나는 것이다. 장사를 하는 사장님들은 이것을 명심해야만 장사로 돈을 벌수가 있다. 클레임을 거는 고객님들도 다 충분한 이유와 명분이 있다고 생각해야 하고 그 이유를 꼭 찾아내야 한다. 서비스가 나빴던지 물건이 불량이든지 우리가 실수를 한 부분이 있는지를 분명히 찾아내야 하고 그 이유를 커버할 수 있는 시스템을 바로 구축해야 한다. 이런 클레임 고객님들 덕분에 매장의 서비스의 질은 더욱 성장하게 되는 것이다. 매장을 찾아주는 모든 고객님들이 엄지 척만 하고 간다면 그 매장은 불행히도 더 이상의 발전은 없을 것이다. 때로는 난이도 높은 클레임 고객님이 있어줘야 그 해결 과정에서 좀 더 질 높은 서비스 시스템을 갖추게 된다. 또한 그로 인해 매장은 한층 성장한다. 가끔씩 장사를 하면서 주변사장들이 클레임 고객님과 실랑이를 하다가 무너진 자존심에 매장 문을 닫는 경우도 종종 보게 된다. 장사는 그릇이 넓어야 성공하고 많은 돈을 벌게 된다. 사장의 그릇은 사람을 안을 수 있는 크기를 말한다. 엄지 척만 해주는 고객님만 안을 수 있다면 그릇이 작은 것이다. 때로는 불만을 이야기하거나 클레임을 일으키는 고객님들조차도 그들의 마음을 공감하고 해결해 주고 안을 수 있는 역량이 필요하다. 그것이 장사의 그릇이고 사장의 그릇이고 성공의 그릇이다. 하루 중 여러 고객님들을 응대하다 보면 나도 나중에 나이가 들면 이 고객님처럼 나이가 들고 싶다는 고객님들이 있다. 나는 이때다 싶어서 삶의 지혜를 구하며 이야기를 끝어낼 때가 많았다. 그런 고객님들은 자신을 존경해 주고 지혜를 구하는 사람에게는 아주 호의적으로 대한다. 사회적으로 성공하신 분들도 있었고 너무나 지혜롭게 아이들을 양육하는 부모님도 계셨고 삶의 진리를 알려주시는 할머니 할아버지고객님도 계셨다. 이렇게 나는 불평불만을 이야기하는 고객님으로부터 우리가 무엇이 부족한지를 깨닫게 되었고 훌륭한 모습의 고객님들께는 삶의 지혜를 배우게 되었다. 너무나 감사하게도 나의 직업은 사람을 상대하는 일이라 사람에게 배울 수 있는 기회가 넘쳐난 것이다. 이렇게 나는 세분의 스승님을 모시고 지금도 힘차게 살아가고 있다.

17

나의 어머니

누구나 삶을 살면서 삶의 원동력이 되는 무언가가 있다. 나에게는 바로 어머니가 삶의 원동력이다. 36살이라는 젊은 나이에 남편과 사별을 하고 4남매의 어린아이들을 책임져야 하며 당시 어머니께서 배운 것과 할 줄 아는 것은 농사밖에 없던 여인이었다. 지금 시대에 36살의 나이는 결혼을 앞두고 있거나 아직 너무나 어여쁘고 싱글의 나이일 것이다. 또한 부모님으로부터 한참 사랑을 받을 나이겠지만 갑자기 사랑하는 남편을 잃고 어린 자식 4명과 병든 할아버지와 노총각 외삼촌까지 너무나 많은 식구를 혼자서 책임져야만 했다. 이런 어머니의 세상은 그 누구보다 무섭고 버거웠을 것이다. 추가로 종갓집의 며느리로 시집왔다는 죄 때문에 시아버지의 대소변까지 받아야 했던 어머니의 삶은 도대체 어떠한 희망과 빛을 바라보며 삶을 이어나가셨을까? 아마도 책임감 이 세 글자 하나로 삶을 살아내셨을 것이다. 산 것이 아니라 온 힘을 다해서 살아낸 것이다. 한 번은 어릴 적 새벽시간에 소변을 누기 위해서 화장실로 가는데 화장실 입구에서 물소리와 함께 흐느껴 우시는 소리를 들었다. 밖에서 한참을 멍하게 서 있다가 다시 잠자리로 가서 이불을 덮고 누웠다. 물세와 전기세에 늘 예민하게 생각하시던 그런 어머니께서 물을 틀어두고 자신의 울음을 감추려고 했던 것이다. 어여쁜 30대 여자이지만 강해야만 했던 어머니께서는 눈물을 흘리는 모습을 자식들에게 보여 주고 싶지 않았던 것이다. 어머니 몰래 다시 방으로 들어가 다시 이불을 덮고 한참 동안이나 나도 모르는 눈물을 흘리다 잠이 들었다. 우리 집 큰방 맨 끝 구석에는 빨래 건조대가 놓여 있었는데 어머니의 속옷에는 늘 구멍이 여러 군데 나있었다. 그 시절 아무렇지 않게 생각했던 것이 내가 나이가 들수록 그 장면은 계속해서 의미를 더해져 나의 가슴을 뭉클하게 한다. 건조대에 널려있던 걸레보다 못난 어머니의 속옷 하나가 어머니의 삶을 대변해 준다. 희생이다. 그 시절 어머니의 인생은 없었다. 당신이 굳세게 스스로 파이팅을 수없이 외치며 살아냈던 그 시절 당신을 위한 그 무엇 하나도 없었다. 모든 것이 자식을 위한 것이었고 모든 것이 할아버지를 위한 배려였고 모든 것이 우리 가정을 지키기 위함이었다. 그 시절 어머니의 나이보다 더 큰 어른이 된 내가 그 당시 어머니의 고단했던 삶의 전부를 공감할 수는 없겠지만 확실한 한 가지는 과거를 되돌아볼 여유도, 미래를 꿈꿀 수 있는 희망도 없었을 것이다. 오직 오늘만 살아내셨을 것이다. 이런 어머니의 삶을 한 번씩 회상하며 지금 나의 삶을 되돌아보고 참 많은 반성을 한다. 지금은 나를 위한, 나에 의한 삶을 살고 있는 것은 분명하기에 온전한 가족을 위해 희생을 하고 있는지 나의 삶을 되집어 보며 반성을 한다. 그 시절 흘린 어머니의 수많은 눈물과 다짐들이 있었기에 지금 우리 4남매가 비교적 각자의 위치에서 자리를 잡고 행복한 삶을 누리는 것은 아닌가 생각이 든다. 그 시절 그럼에도 불구하고 어머니께서 쌓아놓은 덕이 지금 우리 4남매가 그 복을 누리며 살고 있는 것은 아닌가 생각이 든다. 때때로 리더의 삶이 버겁거나 중요한 선택의 기로에 서 있을 때면 그 시절 어머니의 눈물과 다짐을 되새기며 다시금 힘을 낸다.

18

꿈 넘어 꿈

첫 1호점을 시작한 지 3년 만에 2호점 매장을 오픈해 자리를 잡았고 그 이후 1년이 지나 3호점 매장을 오픈했을 즈음에 아내와 나는 꿈꾸던 백만장자가 되었다. 무일푼으로 시작했던 나의 삶이 장사 하나로 백만장자가 되었던 것이다. 백만장자가 되면 아내와 약속한 것이 있었다. 모든 것을 청산하고 작은 상가를 사고 그곳에 일정한 불로소득을 갖춘 뒤에 호주로 떠나기로 한 약속이었다. 하지만 막상 백만장자가 되고 나니 사업의 규모는 점점 커져만 갔고 나를 따르던 직원들도 나와 같은 꿈을 꾸기 시작했다. 아내와 다시 의논을 하고 인생의 플랜 A는 잠시 접어두고 플랜 B로 계획을 새롭게 짰다. 이렇게 아내는 나의 생각을 존중해 주었고 또 한 번 나를 기다려주었다. 그리고 좀 더 과감하게 지금 하는 사업을 조금 더 확장하기로 했다. 늘 걱정이 많던 어머니께서는 사업을 더 이상 늘리지 말라며 나의 사업열정을 말리셨지만 나는 나의 고집대로 계속해서 확장을 했다. 1년에 2개씩 매장을 오픈하며 계속해서 회사의 시스템을 점검하고 판매 레시피를 섬세하게 만들어 갔다. 우리가 믿고 잘할 수 있는 브랜드매장이었기에 오픈하는 것마다 빠르게 자리를 잡고 매출고를 만들어 갔다. 그때부터는 내가 꿈꾸는 미래는 나의 것만이 아니라 우리 직원들 모두의 것이었다. 회사의 정체성을 위해서 로고와 슬로건을 직원들의 공모전으로 만들게 되었다. 그뿐만 아니라 회사 캐릭터까지 만들었고 그것을 작은 인형으로 만들어 직원들에게 나누어 주었다. 회사가 성장하는 것만큼 여러 복지시스템을 만들어 직원들의 소속감과 자부심을 키워주었다. 그렇게 힘차게 전진만 하다가 갑자기 큰 변수가 생겨났다. 2020년 전 세계적으로 수백만 명의 목숨을 앗아간 코로나가 시작되었던 것이다. 2020년 1월 회사 부장들과 일본에 가서 브랜드 탐방을 하고 돌아왔을 때였다. 그 후 바로 코로나가 터지고 모든 공항이 폐쇄가 되고 아주 갑작스럽게 세상은 온통 코로나 이야기로 덮이게 되었다. 중국 우한에서 괴상한 질병으로 길거리에 갑자기 쓰러지는 사람들과 오한과 발열로 하루에 수천 명씩 죽어 간다는 뉴스가 퍼지기 시작했다. 그때까지만 해도 중국이니깐 그렇겠지 라는 생각에 가벼운 이웃나라의 유행독감 이야기로만 느꼈다. 그러던 2020년 2월 우리나라에도 중국으로부터 전염된 질병을 앓는 환자가 나왔다는 뉴스가 나오기 시작했고 하루가 멀게 그 숫자가 점차 늘어났다. 그리고 전

세계적으로 순식간에 퍼져나가 어느덧 TV만 켜면 온통 코로나 뉴스거리가 나왔고 화면 맨 위에는 코로나 질병자 숫자를 실시간으로 표시되었다. 그때까지만 해도 사스나 조류독감 같은 사회적 이슈로 끝이 나겠지 라는 생각에 젖어 있었다. 하지만 그다음 날이 되자 대구에 환자가 나오기 시작했고 신천지라는 3번 감염자로 인해 순식간에 그 질병이 전염되고 있다는 뉴스 보도가 나왔다. 그 이후 사망자가 늘어나자 사람들은 밖을 나오지 않았다. 정말이지 길거리에 난생처음 겪는 상황을 눈으로 직접 보게 된 것이다. 도로는 사람이 걸어 다녀도 위험하지 않을 정도로 텅텅 비어있었고 길을 걷는 사람조차 찾아볼 수가 없었다. 우리 매장도 마찬가지 고객님은 찾아볼 수가 없었다. 장사를 하면서 처음으로 0원의 매출을 찍었다. 전체 매장 9 곳 모두가 매출이 없는 날의 연속이었고 불안을 넘어 공포를 실감했다. 코로나에 걸려 죽는 두려움보다 장사의 실패에 대한 두려움이 더욱 컸다. 눈을 감아도 앞이 캄캄했고 눈을 떠도 앞이 캄캄했다. 나의 최선과 열심과는 상관없는 일이라 해결방법을 찾는 것이란 도무지 없었다. 하루 이틀 아무런 힘도 쓰지 못하고 현실에 낙담만 하고 있는데 문득 이런 생각이 들었다. 우리가 지금까지 성장하고 자금을 비축할 수 있었던 것은 어쩜 지금과 같은 위기에 견디라고 평소 그 힘을 주신 것은 아닌가라는 생각이 들었다. 나는 맨 먼저 직원들에게 단 한 명도 무급휴무나 해고는 없을 것이라고 약속을 했다. 그 당시 주변 상가들이 하나둘씩 직원들을 해고하거나 강제 무급휴무를 돌리며 매장 손실을 최소화할 때였다. 우리 매장 직원들도 해고에 대한 불안 해 하는 분위기가 형성되었지만 나의 약속으로 불안의 불씨는 꺼지게 되었다. 그리고 직원들에게 부탁을 했다. 똑같은 시간에 출근을 하고 고객님이 있든 없든 평소와 똑같이 우리가 할 일을 찾아서 하자고 했다. 그리고 일과 후에는 일정기간 동안 퇴근 후 술자리를 삼가고 집으로 바로 들어가자고 부탁했다. 직원들은 모두가 하나같이 나의 의견에 따라주었고 각 매장의 점장들은 집에 무사히 들어간 인증 샷을 나에게 보내주어 애써 나를 안심시켰다. 그 당시 정부는 코로나 환자가 나오면 전염자의 동선에 따라 모든 매장에 폐쇄조치를 했기 때문이다. 그뿐만이 아니라 폐쇄된 매장은 소문이 금방 나서 장사복구가 불가능할 정도로 대미지가 컸다. 모든 것 모든 상황이 불안하고 공포스러웠다. 새벽에 광고 문자 알림 하나가 울리면 매장에 무슨 일이 생겨나 점장들이 메시지를 보낸 것이 아닌가라는 생각에 깜짝 놀라서 잠에서 깨는 것이 십상이었다. 그렇게 매일 새벽이면 텅 빈 매장을 돌면서 소독을 했고 매장 입구에는 "여기는 매일 자체소독을 하는 청정지역입니다." 라는 포스트를 붙여두었다. 그것이 리더로서 할 수 있는 최선이었다. 언제까지 이어질지 모르는 미래를 두고 내가 할 수 있는 최선이 그뿐이라 마음이 무겁기만 했다. 그리고 어느 날 아침 아내가 조심스럽게 말을 꺼냈다. 우리가 관리하던 건물 상가에 임차인들이 부담되지 않겠냐며 월세를 단 몇 달이라도 깎아주자는 이야기였다. 나는 당황스러웠다. 우리가 죽을 판인데 남을 도와주라는 아내의 말에 사실 많이 당황스러웠다. 그나마 그 월세로 지금의 손실을 작게나마 매 꾸어 나가고 있었는데 그것마저 깎아주라는 말에 아내도 이번일로 정신적으로 충격이 컸는가 싶었다. 하지만 아내의 말을 듣고 곰곰이 생각을 해봤다. 도무지 머리로는 이해와 납득이 되지 않았지만 아내의 말이기에 그냥 그렇게 하기로 했다. 임차인들에게 문자로 힘내자는 위로의 메시지와 함께 일정기간 동안 월세를 깎아주겠다는 메시지를 보냈다. 하나같이 진한 감사의 인사의 답장이 왔다. 막상 결정하고 나니 마음이 너무나 편안해졌다. 늘 그랬듯이 하나님께서 도와주시겠지 라는 막연한 믿음과 희망을 가질 수밖에 없었다. 그렇게 연일 기록적인 적자를 맛보며 코로나가 시작된 지 3,4개월이 지난 뒤 정부는 재난 지원금에 대한 정책을 발표를 했다. 어느 순간 폐허가 되어버린 동네거리를 살리자는 취지였고 소득에 따라 조금씩 다른 금액을 지급하며 시민들과 자영업자들에게 힘을 실어 주었다. 거의 대부분의 매장들은 코로나 이후 문을 닫고 모든 직원들은 뿔뿔이 흩어졌지만 우리 매장만큼은 단 한 명도 빠짐없이 출근을 하였고 단 하루도 문을 닫는 날이 없었다. 막상 재난 지원금이 풀리고 나니 유일하게 문을 열고 있는 우리 매장에 고객님들이 재난지원금을 들고 하나같이 몰려 들어왔고 거의 매일 기록행진을 하며 판매고를 이어갔다. 일정한 매출이상이 되면 추가 상금을 직원들에게 나누어 주었는데 직원들은 매일같이 두둑한 상금을 받아갈 수가 있었다. 모두가 위기로부터 도망가고 흩어질 때 우리는 위기일수록 자리를 지키며 하나가 되어 똘똘 뭉친 결과물이었다. 지금도 코로나를 생각하면 그때

의 희로애락이 진하게 묻어나 나의 마음속 깊이 멋진 훈장이 되어
자리 잡고 있다.

19

가장 소중한 가치는 지속 가능성

장사를 하면서 가장 큰 깨달음은 지속가능함에 대한 소중함이다. 인간관계는 물건이든 건강이든 비즈니스이든 이 모든 것에 가장 소중한 가치는 지속가능함이라는 것이다. 매장 1호점이었던 디○○즈라는 브랜드도 영원히 잘될 것만 같았지만 매출정점을 찍고는 하향곡선을 찍기 시작했고 영원히 함께할 것 같던 충성직원들도 힘들어서 그만두고 다른 것을 하고 싶어 그만두게 되었다. 영원한 것은 없기에 그럴수록 영원에 가까운 것이 가장 가치가 높다는 생각을 하게 되었다. 나는 사업을 확장하면서 사람을 뽑을 때도 브랜드를 설정할 때도 새로운 상권분석을 할 때도 얼마나 함께 오래 할 수 있을지를 가장 중요하게 고려한다. 장사는 새로운 사업장을 오픈하게 되면 투자비용이 들어간다. 그 투자비용을 회수하기까지는 일정시간이 걸리기 마련이다. 투자 회수기간이 짧을수록 장사는 잘 된다는 뜻이다. 하지만 그것만 고려해서는 안 된다. 즉, 지금 반짝이는 것보다 오랫동안 잘되는 것이 중요하다. 그래서 사업아이템을 새롭게 선정할 때에는 지속가능함이 가장 중요한 요소가 되어야 한다. 예를 들어 탕후르 같은 경우 코로나 이후 가장 열풍을 일으킨 간식 문화이다. 중국에서 넘어온 음식 문화이지만 달콤한 설탕 코팅에 속은 신선한 과일이 들어가 먹다 보면 중독성을 일으킨다. 아마도 대한민국에 사는 사람이라면 나이 많으신 어르신을 제외하고는 한 번쯤을 먹어봤을 정도로 전 국민 간식이 되었다. 하지만 그것도 잠시 각종 매스컴에서는 탕후르가 건강에 좋지 않다는 보도가 연일 이어지고 그해 겨울이 되어 수요가 급격히 떨어져 이제는 우후죽순으로 생겨났던 탕후르 매장들이 하나둘씩 폐업을 하고 있다. 탕후르 대리점을 시작했던 사장님들도 탕후르는 영원히 잘 될 것이라는 믿음으로 시작을 했을 것이다. 장사는 시작만 보고 뛰어들어서는 안 된다. 끝을 예측하고 최악의 상황도 늘 고려하고 대비책을 가지고 있어야 그 손실을 최소화로 줄일 수가 있다. 잘될 것만 상상하고 그 믿음하나로 시작을 했다가 빚만 남기고 폐업을 선언하는 자영업자가 너무나 많다.이렇듯 장사는 지속가능함이라는 것이 충족이 되어야 시작을 해야 한다. 내가 영캐주얼 브랜드를 하다가 스포츠브랜드를 시작하게 되고 그것을 더욱 확장하게 된 것도 지속가능함 때문이었다. 스포츠브랜드는 일반 브랜드보다 유행이 적고 지속성이 좋다. 쉽게 생기고 쉽게 없어지지 않는다. 그래서 과감하게 시작을 하게 되었다. 그리고 사업소득이 생겨날 때마다 비축을 해두고 기회가 생길 때마다 스포츠브랜드 사업을 확장했다. 하지만 지속성을 가진 브랜드라고 할지라도 저절로 지속가능함이 생겨나는 것은 아니다. 지속성을 가진 브랜드를 선정하여 매장 세팅이 되었다면 그때부터는 맨 파워를 키워야 한다. 브랜드 매장매출은 3가지 요소에 영향을 받게 된다. 브랜드, 상권, 맨 파워이다. 선정된 상권에 브랜드가 세팅이 되었다 그때부터는 매장 맨 파워에 집중을 해야 한다. 맨 파워란 사람이 해내는 영역을 말한다. 같은 상권에 같은 브랜드를 누가 운영하느냐에 따라 매출은 달라질 것이다. 이는 맨 파워에 따라 매출이 큰 영향을 받게 되기 때문이다. 즉, 사람이 하는 영역을 스마트하게 체계를 잡아나가는 것이 중요하다. 그것은 바로 시스템이다. 매장의 최상의 컨디션을 위한 서로 간의 규칙을 정하는 것이 중요하다. 출근시간부터 마감시간을 일정하게 정하고 식사시간과 휴게시간을 명확하게 정하고 매장의 리더는 그 시간을 실제로 명확하게 관리하는 것이 중요하다. 그다음 매장에 세팅된 멤버별로 포지션을 정해주는 것이 그다음 해야 할 중요한 일이다. 우리 매장의 경우 셀러장, 보조장, 캐셔장, 마케터장이 있다. 셀러장은 말 그대로 판매를 가장 일선에서 책임지는 멤버이고, 보조장은 셀러장의 부재나 여러 고객님이 입점 되었을 때 함께 판매를 책임지는 멤버이고 캐셔장은 전산업무와 계산을 전담으로 하는 멤버이고 마케터장은 외부고객을 유치하는 마케터 역할을 전담으로 하게 된다. 그리고 멤버들의 분명한 역할이 분배가 되면 판매 레시피를 정하는 것이 중요하다. 음식에도 조리법이 있으면 누구나 쉽게 주어진 재료로 정해진 음식을 조리할 수가 있듯이 판매도 초보자라고 할지라도 판매방법을 매뉴얼화 한 자료를 보고 연습한다면 누구나 능숙한 판매자가 될 수가 있다. 아마도 판매 레시피를 만들 수 있는 리더도 잘 없을 것이고 멤버들의 역할도 제대로 정해주는 리더가 없기에 대부분의 브랜드 매장을 방문해 보면 브랜드 파워로만 매출이 이루어지게 된다. 좋은 상권과 브랜드파워도 너무나 중요하지만 그 좋은 도구를 가지고 최상의 매출을 만들기 위해서는 맨 파워를 키울 수가 있어야 한다. 이렇게 우리 매장은 판매 레시피까지 완성이 되면 반복 연습을 통해서 판매 시뮬레이션을 몸에 익힌다. 그리고 월말이 되면 회의를 통해서 다음 달 판매 전략을 세운다. 멤버들의 의견을 수렴해서 셀러장, 보조장, 캐셔장, 마케터장의 그달 역할을 새롭게 정하고 새로운 달이 시작되면 정해진 자신의 역할에 최선을 다한다. 무언가 분명하게 정해지지 않으면 그 일을 자신감 있게 해낼 수가 없다. 멤버들에게 "이것은 당신의 분명한 일입니다." 라고 정해주면 해당 멤버든 책임감을 가지고 그 일을 최선을 다해서 해낸다. 이렇게 한 매장이 세팅 되면 멤버들의 포지션, 분명한 역할, 판매 레시피를 정해주고 반복훈련을 한다. 이렇게 역할 시스템이 구축되면 마지막으로 대표가 정해주어야 할 것은 보상 시스템이다. 기본급 외에도 무언가가 있어야만 직원들이 일할 맛이 난다. 성과가 좋은 날에는 그만한 보상이 있어야 한다. 이 또한 두루 뭉실하게 정하는 것이 아니라 분명하게 숫자로 정해주고 그 숫자를 달성하게 된다면 정해진 보상을 제공해주어야 한다. 보상 시스템의 경우도 하나의 중요한 계약서라고 생각하고 그 약속을 지켜야 한다. 결국 장사는 숫자 경영을 잘해야 하고 작은 숫자도 철저함을 보여주어야 함께 일하는 직원들도 대표에게 신뢰를 가질 수가 있게 된다. 이 시대에 장사를 하는 모든 사장님들도 매장을 운영하면서 가장 힘든 부분이 직원관리일 것이다. 직원관리를 잘하기 위해서는 먼저 직원들의 삶을 이해할 수가 있어야 한다. 그들의 라이프스타일을 이해하고 공감하고 존중할 수 있어야 그들에게 필요한 무언가를 채워줄 수가 있다. 대부분의 사장님들은 고객에 대해서는 연구를 많이 하지만 직원들에 대해서는 이해나 공감을 하려 들지 않는다. 고객을 응대하고 판매하고 매장에 이익을 가져다줘야만 하는 기계의 부속품처럼 대하는 경우가 너무나 많다. 그런 매장에서는 전문가가 없고 모두가 시키는 대로만 하는 노동자뿐인 매장이 된다. 전문가가 넘치는 매장과 노동자만 있는 매장의 매출은 분명 큰 차이가 있을 것이다. 전문가가 넘치는 매장을 만들기 위해서는 좋은 판매시스템과 보상 시스템을 만드는 것도 중요하지만 직원들의 삶을 이해하고 공감하고 존중하는 것이 가장 중요하다. 그들이 자신의 삶을 이해받고 공감받고 존중받는다면 자신의 역할에 목숨까지 바쳐서 일을 하게 될 것이다. 이렇게 나는 계속해서 지속가능한 상권과 브랜드를 설정하고 지속가능한 맨 파워를 만드는 것에 연구하고 힘을 쏟게 되었다. 이것이 나의 경쟁력이고 나의 노력의 결과물이라고 생각한다.

20

선한 영향력

우리 아들이 7살이 되던 해 어린이날이었다. 어린이날이라 하나뿐이 아들에게 뜻깊은 선물을 주고 싶었다. 평소 자주 놀아주지 못하는 못난 아빠라 이번만큼은 아들이 원하는 무엇이든 그 소원을 들어줄 준비가 되어있었다. 그리고 아들의 소원을 들은 나는 놀랄 수밖에 없었다. 생각지도 못했던 말을 듣게 된 것이다. 7살 아들은 고아원에 선물을 사서 가자는 것이었다. 어디서 본 것인지 들은 것인지 알 수가 없었다. 분명 유치원에서도 고아원에 대해서는 가르쳐 줄 일이 없을 텐데 참 신기해서 물어봤다. 고아원을 너가 어떻게 알아? 물어보니 아들은 할머니께 들었다는 것이다. 장사하느라 아내와 나는 늘 매장에 붙어있어야 했고 집에 혼자 있는 아들을 돌봐주신 할머니께서 우연히 텔레비전에 나오는 고아원에 대해서 설명을 해주었다고 한다. 그렇게 우리는 대형마트에 가서 두 카트에 가득 생필품과 선물들을 싣고 근처 가장 가까운 고아원으로 갔다. 그리고 선물을 아이들에게 나누어주고 왔다. 그날 세상에서 처음으로 나눔을 한날이었고 가장 아름다운 하늘의 별을 보았다. 어릴 적부터 하늘을 보는 것이 습관이 되었는데 그날도 그 어느 때보다 맑은 하늘과 별을 보며 하나님께 감사를 드렸다. 진정한 사랑이란 받는 기쁨이 아니라 주는 기쁨이라는 것을 어느 책에서 지나치듯 본 것 같다. 그날은 7살 된 아들 덕분에 진정한 사랑의 기쁨을 느낄 수가 있었다. 그때 이후로 선한 일들을 조금씩 찾게 되었다. 하루는 고객님을 위한 일이 무엇이 있을까 고민을 하게 되었고 길거리에 쓰레기를 주어보자는 마음에 어느 날부터인가 일을 마치고 혼자서 대형 종량제 쓰레기봉투를 들고 집게 하나를 사서 길거리의 쓰레기를 줍기 시작했다. 그렇게 일주일째 쓰레기를 줍고 있는데 어느 날은 직원 중 한 명이 나의 걸음을 따라붙어 함께 줍기 시작했고 어느새 거의 모든 직원이 나와 함께 쓰레기를 주웠다. 그렇게 쓰레기를 줍기 시작하자 길 가던 사람들은 어느 봉사 단체인지 묻거나 고생이 많다며 응원을 해주었다. 애써 우리 매장을 홍보하지는 않았지만 길 가다 우리와 마주친 고객님들은 다음날 우리 매장을 들러 제품을 구매하시고는 우리의 선한 행위들을 칭찬하셨다. 장사는 고객과 더불어 사는 것이 시작이 되어야 한다. 고객의 삶에 가까이 찾아가 어떠한 것이 되었든 그들에게 유익함을 드려야 한다. 물건만 파는 것이 아니라 그들의 삶을 더욱 유익하고 풍요롭고 행복하게 일조해야 한다. 즉, 선한 영향력이란 바로 이런 것이라고 생각한다. 고객님과 함께 더불어 살면서 그들의 삶에 작은 도움을 끊임없이 만들어 가는 것이다. 이것이 진정한 선한 영향력이고 덕을 쌓는 일이고 진정한 사랑을 실천하는 것이다. 장사는 머리로 하는 것이 아니라 마음으로 하는 것이다. 이런 마음의 장사를 이 시대 자영업자들이 깨닫고 실천할 수 있기를 기대해 본다.

제3부

사장의 마인드

1

부모님과 스승님과 고객님은 하나

장사를 하는 사람에게 가장 소중한 관계는 부모님과 스승님과 고객님이다. 이 3가지 관계없이는 장사로 성공을 할 수가 없다. 첫 번째로 부모님과의 관계는 우리의 복의 근원인 생명을 주신 분들이다. 장사는 스스로의 실력만으로 완전한 성장도 완전한 성공도 할 수가 없다. 장사는 실력 외에도 인간이 뿜어내는 태도나 마인드나 철학이 좋아야 사람을 끌어당기는 힘이 생겨난다. 부모님과의 관계는 우리가 어머니 뱃속에서부터 그 스토리를 찾아야 한다. 어머니의 뱃속태반에 아이가 생겨나면 엄마와 아이는 탯줄을 통해서 서로 물물교환을 한다. 엄마는 아이에게 생명에 필요한 영양분과 산소를 제공하고 아이는 불필요한 이산화탄소와 노폐물을 엄마에게 보낸다. 이때부터 엄마의 희생이 시작된다. 우리의 생명의 근원을 제공해 주는 것도 부모님이고 우리를 위해 이유 없이 응원하고 기도를 하는 것도 우리의 부모님이다. 이렇듯 장사를 하는 사람에게 성공의 아우라는 다른 곳에 있는 것이 아니다. 가장 첫 번째가 부모님의 사랑에 감사할 줄 알아야 하는 것이다. 주변 장사로 성공한 모든 사람들의 공통점 하나는 부모님과 신뢰 관계가 좋다는 것이다. 만일 지금 당장은 장사가 잘되지만 부모님과 사이가 좋지 않다면 그 장사의 운은 금 새 사라지게 된다. 나의 복의 근원을 제공해 주고 이유 없이 나를 위해 응원해 주시고 기도해 주시고 사랑을 주시는 부모님과의 좋은 관계는 장사로 성공하기 위한 중요한 조건임을 알아야 한다. 두 번째 소중한 관계는 스승님과의 관계이다. 자신의 분야에 스승이 있다고 모두가 성공하는 것은 아니지만, 성공한 사람의 대부분은 언제든지 지혜를 구할 수 있는 자신만의 스승이 있다. 스승은 자신의 초심을 찾게 해 주고 막다른 길에 서서 두려움에 떨고 있을 때 나의 등 뒤에 빛을 비추어 어둠에서 벗어나게 하는 존재이다. 나에게도 스승님이 있다. 내가 대구 동성로 시내에서 직원으로 일을 할 때 나에게 장사의 모든 것을 가르쳐주신 사장님이시다. 나의 부모님이자 스승님이다. 내가 1호 매장을 운영하게 된 것도 스승님께서 기회를 주신 덕분이고 때때로 방향에 있어서 중요한 선택을 할 때에 늘 지혜를 주신 분이다. 스승님은 언제나 답을 바로 주지 않는다. 힌트를 주신다. 그 힌트를 가지고 자기만의 실력과 지혜를 덧붙여 좋은 결과물을 만들어 내는 것이다. 자신에게 스승님이 있다고 해서 모든 것을 스승님이 해결을 해주거나 정답을 바로 알려주기를 바란다면 그것은 스승과 제자의 관계가 아니라 주인과 알라딘 램프의 관계와 같다. 스승님은 등대와 같은 것이다. 어부가 해질 무렵 사방이 어둠으로 가득해질 때 대어가 많은 바다의 한가운데로 전진할 수 있는 것은 안전하게 집으로 돌아갈 기준을 알려주는 작은 빛 하나의 등대가 있기 때문이다. 스승님이 모든 것을 해결해 주는 것은 아니지만 위기로부터 건져내어 주고 늘 작은 힌트를 주며 옳은 방향으로 전진할 수 있게 도움을 주는 분이 바로 스승님이다. 이런 스승님과의 관계를 늘 소중하게 여겨야 한다.

세 번째로 장사로 성공하기 위해 중요하게 생각해야 하는 관계는 고객님과의 관계이다. 장사는 고객님으로부터 시작되고 고객님으로부터 끝이 난다는 것을 명심해야 한다. 고객님 없이는 아무것도 할 수가 없는 것이 장사다. 매장은 온전히 고객님을 위한 무대가 되어야 한다. 우리 매장에 진열된 물건도 우리 물건이 아니라 고객님께서 분양받을 물건을 우리가 고귀하게 보관하고 있는 것이다. 사장에게 잘 보이려고 노력하는 직원보다 고객님에게 잘 보이려고 노력하는 직원이 인재임을 알아야 한다. 고객님만이 우리 매장을 성장시켜 줄 수 있고 나를 성공시켜 줄 수가 있다. 나에게 월급을 주는 사람은 사장님이 아니라 고객님이라는 것도 명심해야 한다. 때로는 고객님들 중에 까탈스럽거나 예민한 고객들도 있을 것이다. 사람마다 성향이 다르고, 상황에 따른 태도와 방식도 다르기 때문에 모든 고객님이 천사 같을 수는 없다. 매장 직원이 아무리 최선을 다해서 서비스한다고 해도 고객님 입장에서는 작은 불만이 있을 수밖에 없다. 정말 만족하며 우리 제품을 구매하는 고객님보다 불만을 이야기하는 고객님에 의해서 우리의 서비스는 개선됨을 알아야 한다. 기분 좋게 우리 제품을 구매하시는 고객님께는 만족해 주셔서 감사한 것이고 불만을 이야기하는 고객님들은 그들 때문에 우리의 서비스의 질이 개선되고 높아질 수 있어서 감사한 것이다. 이렇듯 모든 고객님이 감사해야 할 대상인 것이다. 나는 "부모님과 스승님과 고객님은 하나다."라는 말을 참 좋아한다. 이는 군사부일체의 말에서 내가 직접 따온 말이다. 군사부일체란 군주와 스승과 아버지는 하나다. 라는 말이다. 지금부터는 "부사 객 일체"라는 말을 명심해야 한다. 유대인의 속담 중 "모든 만남은 인연이고 관계는 노력이다."라는 말이 있다. 즉 관계는 노력 속에 유지가 되고 발전된다는 말을 기억해야 한다. 노력 없이는 아무리 가깝고 소중한 관계일지라도 언제든지 깨질 수가 있다는 것을 명심하고 늘 관계를 위한 노력을 다해야 한다. '부사객 일체'라는 말은 부모님과 스승님과 고객님은 하나다. 라는 뜻이다. 부모님과 스승님과 고객님이 하나인 이유는 이분들은 나를 존재하게 하고 나를 키워주고 나를 성공시켜 주기 때문이다. 장사로 성공을 꿈꾸는 독자들이라면 부사 객 일체를 꼭 명심하기를 바란다.

♣ 부자가 되는 장사 철학
'부사객 일체' ☞ 부모님과 스승님과 고객님은 하나다.

2

서비스의 정의

장사의 첫 번째 일은 고객님에게 서비스를 제공하는 일이다.

하지만 장사를 하는 대부분의 사람들은 서비스의 개념을 잘 모르는 경우가 많다 서비스(SERVICE)는 서번트(SERVANT)의 섬기다와 어시스트(ASSIST) 돕다가 더해져 탄생된 말이다. 즉, 고객님에게 서비스를 한다는 뜻은 고객님을 섬기고 돕는다는 뜻이다. 단순히 고객님들에게 웃으며 인사를 하고 친절하게 대하는 것만이 서비스를 다하는 것이 아니라 고객님을 섬기고 도울 수 있어야 서비스를 다했다고 말할 수가 있는 것이다, 고객님이 우리가 장사를 하는 매장에 들어오시는 이유는 무엇일까? 첫 번째는 불편해서 그 불편함을 해소하기 위해 우리 매장에 들어오는 것이다. 식당에 들어오시는 고객님은 배가 고픈 불편함이 있기 때문에 배고픔을 해소하기 위해서 식당에 들어오시는 것이고, 옷가게에 들어오시는 고객님은 지금 입고 있는 옷에 불편함을 느끼기 때문에 새로운 옷으로 그 불편함을 해소하기 위해서 우리 매장에 들어오는 것이다. 모든 장사는 고객님에게 불편함을 해소해 줄 수 있는 물건을 판매하는 곳이다. 그 물건을 구매하는데 섬기는 마음으로 그들의 불편함을 해소해 줄 수 있는 물건을 찾는 것에 도움을 주는 일이 바로 진정한 서비스를 다해 장사를 하는 것이다. 서비스의 개념 하나만 알아도 직원들이 고객님을 대하는 마인드의 방향이 달라진다. 그리고 만족된 고객들이 더욱 늘어나게 될 것이다. 어느 매장에 가면 그 물건을 열정을 다해서 판매하려고만 한다. 하지만 판매도 일종의 맞선과 같다. 고객님과 어울릴만한 물건을 소개해주고 관계 매칭을 시켜주는 것이다. 고객님에게 관계 매칭을 시킨다고 하면 가장 중요한 일은 고객님의 라이프스타일을 이해하는 것이다. 그 라이프스타일에 기존의 사용 중인 물건이 어떠한 것이 불편했는지를 알게 된다면 그 관계 매칭은 더욱 쉬워진다. 이렇듯 고객의 구매는 자신의 라이프스타일의 불편함과 욕구를 해소해 주는 것에 이루어진다. 돈의 흐름 또한 고객의 불편함을 해소해 주는 곳에 쏠리기 마련이다. 장사로 돈을 벌고 성공을 하고 싶다면 자신이 판매하는 무언가가 얼마만큼이나 고객님의 라이프스타일에 불편함을 해소해 주는 것인지를 알아야 한다. 코로나시절 각종 배달이 활성화된 것은 밖에 쉽게 나가지 못하고 배고픔을 해소해야 하는 고객들의 불편함을 해소해 주었기 때문에 가능했던 일이다. 값비싼 배달비를 고객이 직접 부담을 해서라도 배달을 서슴없이 시키게 되고 배달비를 당연하게 인식하고 지불한다. 쿠팡의 로켓 프레시로 고객님이 필요한 식료품을 이른 새벽에 문 앞까지 배달을 한다. 동네마트에 차를 타고 나가서 장을 보고 오는 시간과 번거로움을 없애준 것이다. 이제는 배달의 민족과 같은 배달업체에서 대신 장을 봐주는 사업까지 활성화되고 있다. 이렇듯 이제는 고객의 시간을 아껴주고 불편함을 해소해 주는 일에 고객님의 돈이 흘러 모이게 되는 것이다. 이뿐만이 아니라 이제는 물질을 넘어 정서적인 해소까지 장사의 영역으로 확장되고 있다. 유튜브의 경우는 라이브로 대화를 해주고 먹방으로 대리만족을 해주고 상담으로 고객의 궁금증이나 외로움을 채워주기도 한다. 장사에 서비스는 가장 중요한 핵심 수완이고 그 서비스의 올바른 정의는 고객을 섬기고 도움을 준다는 뜻을 명심해야 한다. 당신이 장사를 하고 있다면 지금 당장 스스로를 되돌아보기를 바란다. 내가 지금 나의 고객의 라이프스타일을 이해하고 그 라이프스타일에 불편함을 섬기는 마음으로 해소해 주려고 노력을 하고 있는지 그리고 그런 물건이 우리 매장에는 충분한 양으로 고객들에게 제공되고 있는지 여기에 장사의 모든 성패가 달려 있을 것이다.

♣ 부자가 되는 장사 철학

☞ 장사의 가장 핵심수완은 '서비스'에 있다.
서비스(SERVICE) = 섬기다(SERVANT) + 돕다(ASSIST)

3

모든 것은 사람으로부터 시작되고 사람으로부터 끝이 난다

장사는 사람으로부터 시작된다. 또한 사람으로부터 끝이 난다.

조금 난해한 말일 수 있겠지만 이것은 진리다. 이 글을 읽고 있는 독자 중에 현재 장사를 하는 사람들이라면 이 말만 명심하고 실천한다면 무슨 장사를 하든 돈을 버는 장사를 할 수가 있다. 이때 사람은 세 가지 분류를 말한다. 나 자신과 고객님과 직원이다. 이 세 사람으로부터 나의 장사는 시작되고 이 세 사람으로부터 나의 장사는 끝이 난다. 아무리 나 자신과 고객관리를 잘한다고 해도 직원관리에 소홀하면 그 장사는 오래가지 못하고, 나 자신과 직원관리를 아무리 잘한다고 하더라도 고객관리에 소홀하면 그 장사는 오래 버티지 못할 것이고, 고객과 직원관리를 철저하게 하더라도 나 자신을 잘 관리하지 못하면 그 장사는 문을 닫게 될 것이다. 시작하는 것도 세 사람으로부터 장사가 시작되지만 끝이 나는 것도 세 사람으로부터 끝이 날 수가 있다는 것을 늘 명심해야 한다.

관리는 관심이 시작이고 그것을 자라날 수 있도록 꾸준히 영양분을 제공해주어야 한다. 니 자신의 관리법은 나에 대한 관심을 가지고 스스로 성장할 수 있도록 자기 계발을 꾸준하게 해야 한다. 장사를 시작하고 사장이라고 해서 하루 종일 카운터에서 자리만 지키려고 한다면 그 자리는 얼마 가지 못할 것이다. 그 자리에만 머물러있는 것이 아니라 직원들과 동등한 선상에서 배우고 연구하고 성장해야 한다. 사장이 자라야 직원들도 함께 자랄 수가 있다. 사장이 배우지 않으면 직원들도 배우지 않는다. 만일 사장이 배우지 않는데 직원이 스스로 배우고 자라고 있다면 그 직원은 얼마 지나지 않아 사장 곁을 떠나 더 큰 무대로 가버릴 것이다. 사장이 자신의 분야에서 끊임없이 배우고 연구하고 성장하면 직원들에게 휘둘릴 일도 없고, 직원들에게 단순히 노동을 시키는 보스가 아니라 일을 알려주고 성장시켜 주는 리더가 될 수가 있다.

보스가 아닌 리더를 따르는 직원은 함께 오래 하기 마련이다. 리더 밑에 일하는 직원들은 월급 받는 것 외에도 배움이 있다는 것과 그로 인해 자신이 성장할 수 있다는 믿음을 가질 수가 있기 때문이다. 사장은 직원들에게 월급만 주는 사람이 되어서는 안 된다. 그런 사장을 따르는 직원은 함께 오래 하는 직원이 없을 것이고 그럼에도 불구하고 오래 하는 직원이 있다면 그 직원은 어딜 가도 취업이 되지 않는 둔재일 가능성이 크다. 노동만 시키는 사장이 아니라 일을 가르쳐주고 성장시켜 주는 리더가 되어야 한다. 스스로 끊임없이 배우고 연구하고 자라는 것이 사장이 자기 관리를 하는 핵심요소이다.

다음은 직원의 관리이다. 사장에게 직원 관리란 어쩌면 가장 어려운 요소일 것이다.

사람이 사람을 다루는 것 자체가 너무나 힘든 일이기 때문이다. 하지만 이 또한 방법을 학습한다면 누구나 능숙해질 수 있는 분야이다. 직원을 잘 관리하려면 우선 직원을 잘 이해할 수가 있어야 한다. 직원의 라이프스타일을 이해하고 공감하고 존중해주는 일이 가장 중요하다. 사장이라고 해서 직원들의 라이프스타일을 이해나 공감을 해주지 않거나 존중해주지 않으면 직원들은 자신이 월급을 받는 그 이상의 일을 하지 않을 것이다. 사장이 직원의 라이프스타일을 이해하고 공감하고 존중해 주면 그들이 마음속에는 그 제서야 그 사장과 협력할 준비가 생겨난다. 사장이 시키는 일을 기계처럼 하는 것과 사장과 함께 협력할 마음을 가지고 일을 하는 것은 천지차이의 결과를 만들어낸다. 사장이 기뻐할 때 함께 기뻐하고 사장이 속상할 때 함께 마음 아파하며 속상해할 수 있는 직원이 주인의식을 가진 진정한 인재이다. 이런 인재를 얻기 위해서는 그들의 라이프스타일을 이해하고 공감해 주고 존중하는 것이 가장 중요하다. 그리고 그들의 협력할 마음을 끌어내고 업무를 준다면 그들의 자신의 업무에 사명감을 가지고 하게 된다. 사장은 직원의 월급을 단 하루도 미루어 주어서는 안 된다. 이는 법적으로도 문제가 생길 수가 있지만 월급을 미루어 주면 직원들의 소중한 라이프 스타일에 변수가 생기고 불안함을 느끼게 된다. 사장은 숫자에 지면 안 된다. 그 숫자 중에 하나는 직원들의 급여일을 철저하게 지키는 것이다. 그리고 사장은 직원들이 소중하게 생각하는 것을 함께 소중하게 생각해 줄 수가 있어야 한다. 직원들은 누구나 각자 다른 자신만의 소중함이 있다. 친구가 되었든 연인이 되었든 취미생활이 되었든 자신만의 소중한 무언가가 있다. 이것은 그들이 지키고 싶어 하는 삶의 아킬레스건 같은 것이다. 그것을 함께 소중하게 여기고 지켜준다면 직원은 자신의 역할에 충분한 사명감을 가지고 일을 할 것이다. 사명감의 명자는 목숨명자를 말한다. 자신의 일에 목숨을 걸고 최선을 다한다는 뜻이다. 자신의 직원이 자신의 일에 목숨을 걸고 최선을 다한다면 자신의 매장은 얼마나 잘 돌아갈 것이겠는가? 이처럼 사장은 직원이 사명감을 가질 수 있도록 그들의 마음을 움직일 수가 있어야 한다. 이것이 바로 직원들의 라이프스타일을 이해하고 공감해주고 존중해주는 것과 직원들에게 월급을 단 하루도 미루어 주지 않는 것 과 직원들이 소중하게 생각하는 것을 사장이 함께 소중하게 생각해 주고 지켜주는 것이다.

이 세 가지만 명심하고 직원을 관리한다면 직원들은 당신의 매장에서 목숨을 다해서 최선을 다할 것이다.

당신의 직원들이 사명감을 가질 수 있는 환경을 만들어 주었다면 이제는 직원들을 성장할 수 있게 도와야 한다. 누구나 성장하기를 바란다. 일을 하면서 직원 스스로가 받는 스트레스 중 가장 큰 것은 바로 잘하지 못해서 오는 스트레스일 것이다. 반대로 일을 잘하고 동료들에게 칭찬받고 사장에게 인정받으면 그보다 더 큰 기쁨은 없을 것이다. 일을 잘하는 것은 곧 성장을 말한다. 성장해야 기쁨을 느낄 수가 있다. 그 성장이 직원 본인 스스로가 해야 할 노력이기도 하지만 사장도 여기에 일조를 해야 한다. 성장할 수 있는 분위기나 정보를 제공해 주고 끝임 없이 그들의 성장을 도울 수가 있어야 한다. 성장된 직원은 분명 자신의 일에 더 큰 성과를 만들어 낼 수가 있게 된다. 이처럼 직원관리는 사장이 해야 할 것 중 가장 어렵고도 중요한 것이 될 것이다. 직원관리가 되면 고객관리는 저절로 따라오게 된다.

만족하는 직원은 만족하는 고객을 만든다는 말이 있다. 먼저 직원이 만족해야 만족하는 고객을 만들어 낼 수가 있다. 고객을 응대하고 만족시키는 것은 직원이기 때문이다. 사장이 직원을 만족시키지 못하면 직원 또한 고객을 만족시킬 수가 없게 된다. 내가 관리하는 매장에서 클레임 고객이 빈번하게 생겨나면 직원들의 만족도를 면밀하게 살펴본다. 직원들의 불편함이나 불만족들이 고스란히 고객의 서비스로 이어지기 때문이다. 직원들의 불편함과 불만족을 해결하면 고객서비스의 금새 회복이 된다. 이것은 현장에서 조금만 관심을 가지고 살펴본다면 소름이 돋을 만큼 나와 같은 생각에 공감하게 될 것이다.

마지막으로 성공하는 매장을 만들기 위해서는 고객관리를 잘해야 한다. 고객관리는 칭찬하는 고객보다 불만이나 클레임 고객을 더욱 섬세하게 관리하고 개선을 해야 한다. 사장이 되어 매장을 운영하다 보면 모든 고객이 내 마음 같지는 않다. 하지만 내 마음과 다른 고객을 잘 관리할 수 있을 때 그들로부터 돈을 벌 수가 있다. 그리고 고객관리 중 카테고리를 나누어서 관리하는 것이 중요하다. 나이 때 별과 구매 목적별로 구분을 해서 관리를 한다면 매출성장에 큰 도움이 된다. 우선 고객정보를 잘 저장해 두고 신상품이 입고되었을 시 카테고리에 맞는 제품사진과 정보를 그에 맞는 고객층들에게 주는 것이다. 그리고 고객들이 우리 제품을 사용을 하는 중 애프터 서비스(a/s)를 맡기러 오실 때는 평소 판매 할 때보다 2,3배는 더 친절해야 한다. 구매목적이 아닌 사용하는 물건을 서비스를 받으러 갔을 때 고객님이 물건을 구매목적으로 매장방문을 했을 때보다 더욱 친절함을 느낀다면 그 고객은 감동받고 그 매장의 충성고객이 된다. 고객님에게 판매할 때 친절하게 잘하는 것은 고객님이 당장에 그 물건을 구매하는데 영향을 미치게 되고, 목적구매가 아닌 서비스를 받으러 왔을 때 고객님에게 친절과 최선을 다해서 도움을 준다면 재방문을 이끌 수 있는 것에 큰 영향을 끼치게 된다. 장사는 어차피 지금 당장 잘 팔고 그 고객을 또 오게 만들면 그 장사는 잘될 수밖에 없다. 대부분의 사장들은 팔 때만 친절하고 돈이 안 되는 서비스 고객에게는 팔 때 만큼의 서비스를 다하지 않을 때가 있다. 사장들은 명심해야 할 것이 판매고객보다 서비스 고객을 더욱 중요하게 생각하고 더 큰 서비스를 제공해야 한다는 것이다.

이처럼 결국 장사는 사람으로부터 시작되고 사람으로부터 끝이 난다.

♣ 부자가 되는 장사 철학

☞ 사장은 세 가지 사람을 관리해야 장사로 돈을 벌게 된다.
1) 자기관리 2) 직원관리 3) 고객관리

4

시스템

단일 매장을 운영하고 있고 직원이 없는 매장의 사장일지라도 그 매장에는 매장 시스템이 있어야 한다. 즉, 시간대별로 상황별로 가장 올바른 규칙과 매뉴얼이 있어야 한다. 시스템이 없는 곳은 두서가 없고 상황에 따라 다르게 대처를 하고 고객에 따라 서비스가 달라진다. 이런 매장에는 매출의 기복이 심하고 길게 보면 실패하는 장사를 하게 된다. 반대로 장사가 잘 되고 성공을 하는 매장에는 규칙적인 올바른 행동 패턴이 있다. 어떠한 상황에도 똑같이 정해진 올바른 방법으로 대처를 하고 어떠한 고객일지라도 정해진 올바른 방법으로 서비스를 다한다. 고객으로부터 신뢰를 얻기 위해서는 자신의 매장이 고객으로부터 예측이 가능해야 한다. 변수가 자주 생겨나고 제공된 서비스가 고객님이 예측한 수준에 미치지 못한다면 고객 불만으로 이어지게 된다. 시스템은 사장이 서비스를 할 때와 직원이 서비스를 할 때 수준차이가 난다면 그것은 직원이 잘못된 것이 아니라 그 매장에 올바른 시스템과 매뉴얼이 없기 때문이다. 사장은 상황에 맞는 올바른 매뉴얼과 시스템을 정하고 직원들이 똑같이 따라할 수 있도록 반복 훈련을 시켜야 한다. 이렇게 올바른 매뉴얼과 시스템이 있어야만 사장이든 직원이든 고객님께 서비스를 해도 그 고객은 만족을 하게 될 것이다. 자주 가는 맛 집 식당에 가서 어느 날은 맛이 있고 어느 날은 맛이 없다면 그곳은 고객으로부터 신뢰를 잃게 된다. 고객이 충분히 만족할만한 매뉴얼과 시스템을 만들고 직원들 모두가 몸에 익숙해질 때까지 반복적으로 숙지하고 훈련을 한다면 늘 꾸준한 매장을 만들어 갈 수가 있을 것이다. 직원을 관리하는데도 시스템이 너무나 중요하다. 사장은 직원들의 월급제도나 보상과 페널티에 대한 시스템을 만들어 지켜나가는 것이 핵심이다. 직원들에게 열심히 하면 내가 월급 조금 올려줄게..라고 말하며 월급을 미끼 삼아 직원들의 열정을 끌어올리는 것은 효과도 없을뿐더러 직원들에게 신뢰를 잃게 된다. 희망고문이 아닌 숫자로 분명하게 정해두고 그것을 철저하게 지켜야 된다. 예를 들어 입사 1년이 되면 매달 월급을 2만 원씩 상승시켜 준다거나 3년 근속을 하면 격려 상금 100만 원을 준다거나 구체적인 숫자로 정해두고 그것을 지켜야 한다. 분명한 숫자를 정하고 그것을 지키는 것이 시스템이다. 시스템의 3대 요소는 보상, 페널티, 기한이다. 무엇이든 그것을 시스템화 하려면 보상, 페널티, 기한을 정하고 지켜나간다면 그것이 단단한 시스템으로 자리 잡게 된다. 예를 들어 매출 전달 대비 20% 이상 상승 시 상여금 자신의 월급의 10%를 달성한 이후 15일 이내에 지급한다든 지 한 달 내에 지각을 2번 이상할 시 그달 월급인상이 제한된다든지 이와 같이 보상과 페널티와 기한을 정해서 누구나 싶게 이해하고 그 규칙을 따를 수 있도록 정하고 실천해야 한다. 시스템이 견고하면 매장 또한 견고해진다. 시스템이 견고해지면 그 매장 직원의 서비스 또한 견고해진다. 시스템이 견고해지면 매장의 성장이 더욱 견고해진다. 시스템이 없는 매장의 사장은 늘 감정적으로 매장을 운영하게 된다. 감정적으로 운영하는 장사는 기복이 심하고 결국 실패로 이어지게 된다. 사장들은 아무리 작은 부분이라도 올바른 시스템을 정하고 감정이 아닌 이성적으로 철저하게 지켜나가야 성공하는 장사를 할 수가 있게 된다.

♣ 부자가 되는 장사 철학

☞ 매장을 한 개라도 또는 직원이 단 한 명뿐이라도 그 매장에는 올바른 시스템과 명확한 매뉴얼이 있어야 한다. 시스템에는 보상, 페널티, 기한 3요소를 정하고 실천하면 그 시스템은 단단하게 자리 잡게 된다.

5

웃음 박수 감사

　　장사는 매장의 기운이 아주 중요하다. 매장의 기운이 약하면 고객님을 끌어당기는 힘이 약해진다. 장사가 잘 되는 곳을 가보면 일하는 직원들의 생동감이 있고 매장 기운이 강하다. 반면 장사가 잘 되지 않는 곳에는 일하는 직원들의 생동감이 없고 매장 기운이 약하다. 매장의 기운을 건강하고 강하게 만들기 위해서는 3가지의 노력이 필요하다. 웃음, 박수, 감사이다. 매장의 직원들이 최대한 많이 웃고, 최대한 박수를 많이 치고, 최대한 많이 감사를 외친다면 그 매장의 기운은 조금씩 건강해지고 강해지는 것을 느끼게 된다. 웃음은 주변사람들까지 기분 좋은 바이러스가 전파된다. 장사하는 매장은 기분 좋은 바이러스가 골고루 퍼져야 고객님들이 기분 좋게 돈을 쓴다. 또한 직원사이에 웃음이 넘쳐나면 일의 피로도가 낮아지고 서로가 서로에게 좋은 기분을 느끼게 되고 그 기분 좋은 감정은 고스란히 고객님에게 전달이 된다. 매장에 고객님이 없을 때는 박수를 치면서 파이팅을 외쳐본다면 매장의 기운이 차오르는 것을 느껴질 수가 있을 것이다. 매출이 오를 때마다 직원 중 누군가가 박수를 치면서 파이팅을 외치면 그 매출은 좋은 기운을 탄력받고 더 큰 매출로 올라갈 것이다. 이것은 단순히 샤머니즘의 이야기가 아니다. 장사를 하는 매장은 공기가 무거워지면 안 된다. 공기가 무겁고 침묵이 흐르는 곳에는 고객님이 방문하지 않는다. 즉, 매장 내에 가벼운 공기는 고객님을 끌어당기는 힘이 생겨나고, 매장 내 무거운 공기는 고객님을 끌어당기는 힘이 약해지게 된다. 또한 조용할 시 직원 간에 사적인 이야기를 너무 오래 주고받게 되면 매장 공기는 무거워진다. 장사를 하는 매장은 철저한 공적인 공간이다. 직원 간의 가벼운 정도의 농담을 하는 것은 무거운 분위기를 좀 더 가볍게 하는 것에 도움이 되지만 직원 간의 너무 진지한 사적 이야기나 남을 험담하는 이야기들은 매장 내 분위기를 무겁게 만들게 된다. 매장에서 고객님이 없는 시간에 틈만 나면 사적인 이야기를 지속적으로 하는 직원이 있다면 빨리 정리하는 것이 좋다. 반면에 고객님이 없는 시간에 박수를 치며 파이팅을 외치는 직원은 월급을 올려주더라도 꼭 붙잡아야 할 인재이다. 마지막으로 감사를 많이 외치면 매장의 기운이 강해진다. 감사에는 좋은 것을 끌어당기는 힘이 있다. 감사를 자주 외치는 사람은 늘 좋은 일이 함께한다. 감사는 나쁜 일을 밀어내고 좋은 일을 끌어당기는 마법을 가지고 있다. 감사할 이유를 찾아서 감사를 외쳐도 좋지만 이유 없이 그냥 감사를 외쳐도 효과는 있다. 고객님이 없을 때는 박수를 치며 "감사합니다."를 외치면 정말이지 어느새 고객님이 하나둘 늘어난다. 감사를 외치면 마음속에 부정적인 마음이 사라지고 좋은 것들로 채워지는 신비로운 경험을 하게 된다. 감사의 효능은 이 시대 성공을 맛본 사람들은 모두가 빠짐없이 실천하고 있는 루틴이다. 고객님이 없을 때 이유 없이 "감사합니다." 라고 많이 외치자. 당신의 매장의 강한 기운이 차오르는 것을 느낄 수가 있을 것이다. 장사를 하는 사장들은 매장에 고객님이 있을 때만큼이나 매장에 고객님이 없을 때 매니지먼트를 잘해야 한다. 고객님이 매장에 있을 때는 온전히 고객님께 집중해서 매출을 올리는 것이 중요하고 고객님이 매장에 없을 때는 매장 내 좋은 기운을 만드는 행위를 많이 해야 한다. 그것이 웃음 박수 감사이다. 고객님이 없을 때 웃음 박수 감사를 최대한 많이 외치면 매장 내에 강한 기운이 만들어지고 고객님이 입점해서 들어올 때 느껴지는 좋은 기운이 느껴지기 때문에 고객님의 구매력도 높아지게 된다. 명심하고 지금부터 실천해 보자. 고객님이 매장에 없을 때는 웃음! 박수! 감사!!

♣ 부자가 되는 장사 철학

☞ 장사는 매장 내의 강하고 좋은 기운을 만드는 일이 중요하다. 강하고 좋은 기운을 만드는 방법은 팀원 모두가 웃음! 박수! 감사를 자주 많이 하는 것이다. 이것은 경험한 자들만 알게 될 것이다.

6

3대 관리법

　매장을 관리하는 핵심 관리 3가지가 있다. 직원, 고객, 재고 관리다.

　첫 번째로 직원관리는 매장을 운영하는 가장 핵심 관리가 된다. 매장에 사장이 1인으로 관리하는 매장 아닌 최소한 한 명 이상의 직원을 두는 매장이라면 잘 새겨보아야 한다. 앞 장에서 이야기했듯이 장사는 사람으로부터 시작되고 사람으로부터 끝이 난다고 했다. 그만큼 사람관리가 너무나 중요하고 그중 직원관리가 가장 중요하다.

　직원을 잘 관리하기 위해서는 직원에 대한 개념을 정리하고 넘어가야 한다. 직원은 내가 돈을 주고 사용하는 도구가 아니다. 직원은 매장을 함께 운영하는 사업파트너이자 삶의 파트너임을 알아야 한다.

대부분의 사장들은 자신이 고용한 직원들이 마치 자신의 종인 것처럼 일만 부리는 경우가 많다. 그런 사장 밑에서는 배울 것이 없다. 존중받지 못하는 환경 속에서 일하는 직원은 돈 버는 것 외에는 어떠한 기쁨도 즐거움도 없이 일을 하게 된다. 가장 무서운 것은 존중받지 못하는 불쾌한 감정들이 고스란히 고객님께 전달이 된다는 것이다. 매장고객님에게 친절한 직원을 원한다면 사장부터 직원에게 친절할 수 있어야 한다. 즉 직원은 사장의 첫 번째 고객임을 명심해야 한다. 또한 직원은 나와 함께 동시대를 살아가는 삶의 파트너이기도 한다. 같은 시간 속에서 같은 공간에서 같은 일을 하고 있다는 것은 엄청난 인연이라고 생각을 해야 한다. 우리는 가족만이 함께 살아가는 것이 아니다. 한 매장에서 함께 매장의 성공을 만들어가는 직원들 또한 중요한 삶의 파트너임을 알아야 한다. 어쩌면 가족보다도 더 오랜 시간을 함께 보고 호흡을 맞춰야 하는 관계인 것이다. 이렇듯 직원은 소중한 삶의 파트너이고 늘 존중해주어야 할 대상인 것이다. 이 두 가지 마인드 셋만 되어있으면 직원들은 사장인 당신과 함께 오래 일을 하고 싶을 것이다. 장사를 해보면 제아무리 일을 잘하는 직원도 금방 퇴직을 하고 매장을 그만두게 되면 매장에서는 불편한 것이 한두 가지가 아니다. 직원을 새로 뽑고 다시 능숙하게 일할 수 있도록 가르치는 일에는 많은 감정소비와 기회비용이 들어가게 된다. 즉, 있는 직원이 함께 오래 할 수 있는 것이 매장으로써는 가장 유익하다. 물론 직원이 신뢰에 어긋나는 행동을 반복해서 하거나 일에 대한 가치관이 도무지 매장과 맞지 않는다면 매장을 위해서라도 함께 일하는 직원을 위해서라도 빨리 정리하는 것이 현명한 일이겠지만 큰 결격사유가 안 된다면 기존에 일하던 직원을 꾸준히 성장시키며 함께 오래 일하는 것이 매장성장에 유익할 것이다. 직원들의 종류를 분류해 본다면 시간개념이 정확하고 성실한 직원은 3류 직원이고, 시간개념도 있고 일을 잘하는 직원은 2류 직원이고, 시간개념도 있고 일을 잘하면서 함께 오래 일을 할 수 있는 지속가능함을 갖춘 직원은 1류 직원이다. 직원을 뽑거나 승진심사를 볼 때 성실과 실력도 중요하지만 지속가능함을 갖춘 인재를 뽑거나 승진을 시켜야 매장이 성장할 수가 있다.

직원 관리 중 '교육'은 매장성장을 위해서 너무나 중요한 요소이다. 사장들 중 직원이 일하는 것이 답답해 보여서 혼자서 모든 일을 처리하려고 하는 사장들이 많다. 하지만 이것은 언젠가 한계에 부딪치게 되고 답답한 직원들을 하나씩 해고를 시키고 결국 자신 혼자 매장을 지키게 되는 상황까지 가게 된다. 사장은 직원들에게 스스로 문제를 해결할 수 있는 시간을 제공해 주어야 한다. 거울착각이라는 것이 있다. 이는 직원이 사장 자신과 똑같은 모습으로 일을 하지 않으면 일을 못 한다는 편견을 가지게 되는 심리 착각 현상을 말한다. 매사에 마음이 급해서 일을 속도 있게 처리하는 사장은 자신보다 느리게 일처리를 하는 직원을 보면 답답하고 일을 잘 못한다고 착각하는 것도 이와 같은 거울착각에 빠진 것이다. 모든 사람은 자신만의 속도가 있고 템포가 있다. 그 속도와 템포가 효율이 지나치게 떨어지는 것이 아니라면 그 직원의 속도와 템포를 기다려

줄 수 있어야 한다. 그리고 좀 더 일의 효율을 높일 수 있는 방법에 대해서 친절하게 피드백을 주는 것이 좋다. 직원들의 속도와 템포를 기다려주고 효율 있는 피드백을 주는 것이 잘 이루어지고 있다면 다음은 매장 내에 매뉴얼을 만드는 것이 중요하다.

어느 식당에 가서 사장은 친절하지만 직원들이 친절하지 않다면 그것은 직원이 잘못된 것이 아니라 매장 내에 친절에 대한 매뉴얼이 없기 때문이다. 누구나 친절하게 할 수 있는 분명한 매뉴얼이 있어야 한다. 그리고 반복훈련을 시켜야 한다. 현재 스타벅스나 맥도널드와 같은 대형 프랜차이즈의 경우에는 모든 상황에 맞는 서비스 매뉴얼이 있고 그 매뉴얼이 몸에 익을 때까지 반복연습을 시킨다. 이렇게 매뉴얼을 정하고 반복 훈련시키는 과정을 사장들이 만들고 교육을 시킬 수 있어야 한다. 사장이 하기 힘들다면 이와 관련된 서비스 교육업체를 통해서 정기적으로 직원들이 교육을 받을 수 있도록 기회를 제공해 주어야 한다. 직원이 성장해야 매장이 성장할 수 있다는 것을 명심해야 한다. 즉, 매장을 성장시키고 싶다면 직원들의 성장을 시키는 것에 많은 시간과 자본을 아낌없이 투자할 수 있어야 한다.

마지막으로 직원 관리 중 '장사하는 사람은 숫자에 지면 안 된다.'는 것을 직원들 하나하나에게 가슴속 깊이 새겨주어야 한다. 장사는 숫자에 지기 시작하면 돈을 벌 수가 없다. 로스가 생겨나고 돈에 계속 끌려가는 장사를 하게 된다. 월급도 정확한 날짜에 제공되어야 하고 매장 임대료나 각종 세금도 절대로 미루어서는 안 된다.

그날 제때 바로바로 해결을 해야 한다. 직원들이 계산을 해도 더 받아도 덜 받아도 안 된다. 정확하게 하는 것이 가장 중요함을 일깨워주어야 한다. 내가 관리하는 매장들은 본사에서 받은 물건을 검수하는 과정에서 실수로 물건이 몇 개가 더 들어올 때가 있다. 아마도 대부분의 사장들은 물건이 덜 들어올 경우 본사물류담당에게 악착같이 받아내겠지만 더 들어올 경우에는 마치 공짜인 것처럼 아무런 고민 없이 넘어가게 될 것이다. 나는 장사를 하면서 내 것과 내 것이 아닌 것을 분명하게 구별하는 것을 철칙으로 지켜왔다. 본사물류에서 실수로 계산서보다 물건이 덜 들어와도 증거자료를 보내어 추후에 추가로 받았고 계산서보다 더 많은 물건이 들어오는 경우에도 증거자료를 보내어 본사로 다시 반송을 보냈다. 이런 모습은 직원들에게도 사장이 먼저 숫자에지지 않는 것을 몸소 보여주는 것이 된다. 고객님 계산 또한 마찬가지다 사람인지라 실수를 할 수도 있다. 계산실수를 할 경우 더 받아도 덜 받아도 고객님을 추적 연락을 통해서 계산정정을 바로 시킨다. 이뿐만 아니라 직원들과 했던 작은 약속도 철저하게 지키는 마음이 중요하다. 사장들이 직원들에게 기분 상 즉흥적으로 하는 희망고문 같은 약속을 많이 하게 된다. 매출이 올라가면 무엇 무엇을 해준다는 약속을 그때 기분에 따라 하는 경우가 참 많다. 하지만 사람에게 가장 상처가 되는 고문은 희망고문이라는 것을 알아야 한다. 사장이 직원들과 구두로 가볍게 했던 약속이 있다면 그 약속의 크기에 상관없이 계약서라고 생각하고 지켜야 한다. 직원 당사자도 기억을 잘하지 못하는 작은 약속도 사장이 지키는 모습을 보여준다면 그 직원은 감동을 넘어 사장에게 신뢰를 가지고 충성을 다할 것이다. 직원은 사장을 대신해서 고객에게 서비스를 다하고 매장을 성장시키고 매장을 성공시키는 일을 하는 소중한 파트너라는 것을 명심해야 한다. 그들이 소중하게 생각하는 것들을 사장 또한 함께 소중하게 여겨주어야 한다. 직원은 남처럼 고객은 가족처럼 대하는 것이 아니라, 직원부터 가족처럼 대한다면 고객은 어느새 가족이 되어있을 것이다.

장사의 3가지 관리 중 두 번째 관리는 고객관리이다.

고객관리의 첫 번째는 고객의 라이프스타일을 이해하는 것이다. 고객마다 자신만의 라이프스타일이 있다. 그 라이프스타일을 이해하는 것이 가장 급선무가 되어야 한다. 매장을 방문한 고객님에게 물건만 팔려고 제품설명만 구구절절하는 판매자들이 참 많을 것이다. 매장에 방문한 고객님이 어떠한 목적으로 방문을 하셨는지 그 물건이 왜 필요한지 질문이나 소통으로 파악하고 이해할 수가 있어야 한다. 예를 들어 스포츠신발 전문매장에 고객님께서 러닝화를 구매하기 위해 방문하셨다면 그 고객님께 러닝은 주로 어디서 하시는지 평균 몇 미터 거리를 정하고 러닝을 하는지를 존중의 태도로 물어본다면 고객님은 흔쾌히 그 물음에 맞는 대답을 해주실 것이고 몇몇 대답만으로도 그의 라이프 스타일을 대략 파악하게 된다. 운동을 좋아하고 다이어트 목적으로 한강공원에서 저녁마다 5킬로씩 러닝을 한다는 라이프스타일이 나오는 것이다. 이렇게 라이프스타일을 알게 되었다면 그에 맞는 제품을 추천 드리기가 훨씬 더 수월해진다. 고객님의 라이프스타일에 맞는 제품을 추천해 주는 것은 고객이 구매할 확률도 높을 것이고 구매만족 또한 높아지게 된다. 결국 고객만족은 재방문으로 이어지게 될 확률 또한 높아지게 된다. 이렇게 장사는 구매 ⇨ 구매 후 만족 ⇨ 구매 후 재방문의 순으로 매장의 선순환이 이루어지게 된다. 이렇게 몇 가지 질문이나 소통을 통해서 고객님의 라이프스타일을 알게 되었다면, 그다음은 고객님의 라이프 스타일에 공감해 주고 존중해 주는 것이 중요하다. 저녁마다 다이어트를 목적으로 하루 5킬로씩 러닝을 하는 라이프스타일을 알았다면 매일 러닝 하는 것에 공감과 칭찬을 해드리고 그것을 존중해 주는 말을 곁들여서 해드린다면 고객님들의 자존감을 높여주는 효과가 생겨난다. 인간은 누구나 자신의 라이프스타일을 이해해 주고 공감해 주고 존중해 주는 사람과 그 환경에 호감을 느끼게 된다. 이 법칙은 내가 25년 동안 장사를 해오면서 가장 핵심 수완이 되는 것이다. 고객을 관리하기 위한 다음 중요한 요소는 고객별 카테고리를 나누는 것이다. 고객마다 다양한 라이프스타일과 목적이 다른 구매를 하기 때문에 그 라이프스타일과 목적이 같은 고객님끼리 같은 카테고리로 묶어서 관리를 하는 것이다. 카테고리별로 나누고 고객 응대 후 카테고리에 맞게 고객 정보를 입력해 둔다면 고객님께 신상문자나 할인 이벤트 문자를 보낼 때 카테고리별로 보낸다면 그 효과는 더욱 빛을 바라게 될 것이다. 아무 생각 없이 모든 고객님께 같은 제품사진을 홍보문자로 보내는 것은 돈도 시간도 무의미하게 사용하는 것이다. 홍보문자 하나를 보내더라도 눈여겨보고 호감을 느낄 수 있는 제품을 호감을 느낄 수 있는 고객님께 보내야 그 효과를 맛볼 수가 있다.

　마지막으로 고객 클레임관리이다. 모든 고객이 내 마음 같을 수가 없고 모든 고객이 다 우리의 서비스와 제품에 만족할 수는 없다. 때로는 우리의 서비스에 고객 클레임이 발생되기도 하고 우리의 제품에 고객 클레임이 발생되기도 한다. 고객 클레임에 대한 직원들의 인식부터 올바르게 정립이 되어야 한다. 고객 클레임이 발행되면 고객님들의 생각을 부정하면 안 된다. 그 생각에 공감을 하는 것이 첫 번째가 되어야 한다. 사람의 생각이 이럴 수도 있겠다. 저럴 수도 있겠다. 라는 유연한 생각을 가지는 것이 좋다. 제품에 대한 클레임의 경우에는 제품을 들고 매장에 방문하는 고객님이 거의 대부분이라 고객응대는 매장에서 이루어진다. 클레임 고객님은 카운터에까지 와서 하소연을 하는 경우가 많다. 이때 응대하는 직원은 되도록 그 매장의 가장 권한이 있는 책임자가 응대하는 것이 옳다. 사장이 있다면 사장이 직접 응대하는 것이 좋다, 이는 고객에 대한 존중을 표현하는 효과도 있고 매장 내에 가장 권한이 있는 사람이 직접 응대를 한다면 고객님께 가장 빠른 해결중심으로 이야기를 나눌 수가 있어 좋다. 이때 클레임 고객을 카운터에서 응대하는 직원이나 사장은 그들의 이야기를 끝까지 들어주는 것이 중요하다. 고객의 하소연을 중간에 끊고 자신의 의견을 이야기하거나 방어적인 태도를 보인다면 고객님의 감정은 더욱 거세져 감정싸움으로 이어질 가능성이 높아진다. 하소연을 끝까지 듣고는 고객님의 불편한 감정을 공감해주어야 한다. 많이 속상하셨겠다는 말이나 많이 불편하셨겠다는 말을 하며 공감을 해주어야 한다. 그리고 해결방법에 대해서 좋은 의견을 제시해주어야 한다. 이때 눈으로 보이는 불량이거나 확실한 직원의 실수인 경우에는 바로 고객님께 사과를 하고 새 제품으로 교환을 해주는 것이 좋다. 이런저런 변명이나 이유거리로 고객님의 귀한 시간을 낭비하는 것은 더 큰 클레임으로 이어지게 된다. 하지만 제품의 불량도 아니고 직원의 실수도 아닌 고객님이 오해로 벌어진 클레임이라면 예의 있게 말을 할 시간을 얻은 다음 차근차근 설명을 해드려야 한다. 그럼에도 불구하고 교환이나 환불을 강하게 요구를 한다면 본사와 좀 더 긴밀한 소통을 한 후에 말씀을 드리겠다고 시간을 버는 것이 좋다. 고객이 강하게 요구를 한다고 해서 명분 없이 그것을 인정하고 새것으로 교환해 주거나 환불을 해주는 것은 추후에 그것이 악용될 소지가 있어 좀 더 시간을 끌면서 본사와 긴밀한 상의 후에 처리를 해드리는 것이 옳다. 이런 부분은 경력이 얼마 되지 않은 직원이 감당하기에는 버거움이 있다. 그래서 지점장이나 사장님이 직접 처리를 하는 것이 가장 옳다. 클레임 고객의 수준에 맞추어 서비스가 개선되고 업그레이드가 된다면 그 매장의 서비스의 질은 높아질 수밖에 없다. 기분 좋게 우리 제품을 구매해 가시는 고객도 우리 매장의 성장을 만들어 주시지만 클레임 고객님 또한 우리 매장의 성장을 만들어주시는 고객님인 것을 명심해야 한다. 고객의 뜻은 귀한 고객이라는 뜻이다. 단골고객님도 귀한 고객이고 불만을 이야기하는 클레임 고객님도 귀한 고객임을 명심해야 한다.

장사의 3가지 관리 중 마지막 세 번째는 재고관리이다.

매출만 좋다고 해서 순수익이 늘어나는 것은 아니다. 재고로스가 없어야 매출만큼 순수익도 오르게 된다. 장사는 잘 되는데 그만큼의 돈이 통장에 들어오지 않는다면 그것은 재고로스를 점검해봐야 한다. 재산이 담기는 항아리가 있다고 상상해 보자. 항아리입구로 매출이 담긴다면 항아리바닥에 구멍이 나서 그 매출이 새어나간다면 결국 항아리에 담기는 매출은 의미가 없어진다. 즉, 매출로 열심히 항아리를 채우는 것만큼이나 항아리바닥에 새어나가는 요소가 있는지를 늘 점검해야 한다.

항아리바닥을 점검하는 것이 바로 재고관리이다. 재고관리는 음식의 경우 매일 재고량체크를 해야 하고 의류의 경우에는 한 달에 한 번이나 3달에 한 번은 전체 재고 실사를 하는 것이 좋다. 이것 또한 시스템으로 정하고 정기적으로 실시를 한다면 재고 실사를 오차 없이 맞춰나갈 수가 있다. 이렇게 해야만 혹여나 오차가 발생되더라도 그 원인을 바로 찾을 수가 있게 된다. 이처럼 매출만큼이나 재고관리를 잘해야 장사로 돈을 벌게 된다.

♣ 부자가 되는 장사 철학
☞ 장사의 핵심 3대 관리는 **직원관리, 고객관리, 재고관리**이다.

7

사장의 장사 마인드 셋

장사를 하는 사장들은 마인드 셋이 잘 되어 있어야 돈을 벌 수가 있다. 그중 가장 중요한 마인드 셋 3가지를 말해주고 싶다. 사장이 갖추어야 할 첫 번째 장사 마인드 셋은 '업그레이드 마인드 셋'이다. 핸드폰도 컴퓨터도 업그레이드가 되어야 제 기능을 발휘할 수가 있다. 매장도 마찬가지이다. 고객의 트렌드나 편의성에 맞게 끊임없이 연구하고 업그레이드를 시켜야 한다. 나는 "늘 한결같은 서비스로 고객님을 모시겠습니다." 라는 말은 지금 시대에는 어울리지 않는 마인드이다. 분명 일관된 서비스로 고객을 응대하겠다는 좋은 마인드에서 나온 말이겠지만 지금시대에는 "더 나은 서비스로 고객님을 모시겠습니다." 라는 말이 더욱 고객의 눈과 마음에 들어오게 될 것이다. 사장은 자신의 매장을 고객의 눈으로 보았을 때 어떠한 것을 더욱 업그레이드시킬지 늘 고민을 해야 한다. 고객도 매장에 대한 기대지수가 조금씩 높아진다는 것을 알아야 한다. 높아지는 고객의 기대지수에 맞게 조금씩이라도 계속해서 업그레이드시켜야 한다. 아무런 변화를 주지 않다가 몇 년에 한 번 장사가 너무 안 돼서 간판을 바꾸고 브랜드를 바꾸고 내부인테리어를 뜯어고치는 것이 아니라 평소 고객님의 기대지수에 맞게 조금씩이라도 꾸준히 업그레이드시키는 것이 더욱 효과적이다. 사장들은 업그레이드에 대한 투자를 아끼면 안 된다. 내가 말하는 변화에 대한 투자는 큰 변화를 이야기하는 것이 아니다 고객의 기대지수에 맞게 업그레이드하는 비용을 말한다. 장사가 잘되는 매장에 가보면 갈 때마다 고객의 시선에 맞추어 업그레이드를 시키는 것이 단골고객이라면 누구나 알 수가 있다. 사장의 시선은 지금 당장의 매출에만 치우 처져 있으면 안 된다. 미래매출에 관심을 두고 그것에 맞은 변화에 끊임없이 투자를 할 수가 있어야 한다.

두 번째 장사 마인드 셋은 보스가 아닌 '리더마인드 셋'을 가져야 한다. 사장이 되는 순간 어깨에 힘을 주고 손가락으로 직원들에게 노동만 시키는 사장들이 많다. 그런 사장들 밑에서 오래 버틸 직원은 잘 없을 것이다. 그러고는 요즘 일 잘하는 젊은 직원이 없다며 주변 사장들에게 하소연을 늘어놓는다. 일 잘하는 직원을 뽑는 것보다 일을 잘하도록 가르쳐주고 성장시켜 주는 것이 더욱 빠르다. 사장이라면 보스와 리더의 차이를 알아야 한다. 보스는 맨 뒤에서 직원들에게 지시만 하지만 리더는 맨 앞에서 올바른 일의 방향을 제시해 주고 본인이 직접 모범을 보이며 자신을 따라오게 한다. 직원은 리더의 모습을 따라 하며 일을 배우고 성장한다. 그리고 어느새 직원들은 자신의 리더를 롤 모델로 삼고 조금씩 그 분야의 전문가로 성장을 하게 된다. 결과적으로 보스는 늘 노동자와 일을 하고 리더는 늘 전문가와 일을 하게 된다. 사장은 직원들과 주종관계가 아닌 파트너 관계성을 가지고 일을 해야 한다. 한 달에 한 번씩은 직원들과 맛있는 식사를 하며 회의를 한다면 그 시간과 돈은 아깝지 않을 만큼 좋은 아이디어를 얻게 된다. 직원들이 말을 안 해서 그렇지 한 번 관심을 가지고 아이디어를 낸다면 사장보다 더 나은 아이디어를 말 할 때가 너무나 많다. 고객님과 가장 가까운 거리에서 일하는 직원들이 고객님을 만족시킬만한 아이디어를 생각해 내는 것은 어쩌면 너무나 당연한 일이다. 그래서 사장은 직원들의 의견에 항상 귀를 기울여야 한다. 회의를 통해 직원들의 소중한 의견을 존중해 주고 받아들여지는 매장은 직원들의 충성도나 책임감은 당연 높아지게 된다. 책임감 있는 직원을 원한다면 그들의 의견을 귀 기울여 듣고 반영을 해주면 된다. 또한 리더는 가장 힘들고 위험한 것은 사장이 직접 나서서 하는 것이 옳다. 힘든 일은 직원만 시키고 뒤로 물러나 돈만 벌겠다는 심보로는 절대로 돈을 벌 수가 없다. 나의 경우에는 매장의 감정적 클레임 고객은 모두 내가 직접상담을 한다. 매장 내에 클레임 고객 중 감정의 선이 넘어간다 싶을 경우에는 나에게 상황보고를 하고 그 업무를 토스를 하게끔 시스템으로 만들었다. 고객의 클레임 내용을 보고 받은 후 내가 고객님께 직접 전화를 드리고 상담을 해드린다. 대표가 직접 전화를 하고 문제를 해결하기 위해 힘쓰는 모습이 고객님에게도 좋은 이미지를 심어줄 수가 있고 사장의 빠른 대처에 격분되었던 고객님의 감정도 한층 누그러지게 된다. 또한 매장 내에 전등교체를 하거나 높은 사다리를 타야 하는 일은 되도록 대표인 내가 한다. 만일 나에게도 위험하거나 버거운 일들은 전문가에게 돈을 주고 일을 맡긴다. 되도록 리더는 자신이 따르는 직원들에게 심리적 안정감을 주는 것이 중요하다. 그렇다고 마냥 편하게 일을 시키는 것은 아니다. 목표의식을 가지고 그 목표에 사명감을 가지고 매사에 도전적이고 적극적으로 일을 하는 문화를 만드는 것도 리더의 몫이다. 이렇게 사장은 보스가 아닌 리더마인드 셋을 가지고 있어야 한다.

세 번째 사장의 마인드 셋은 '도전적인 마인드 셋'을 가져야 한다. 사장은 지금 당장 매출이 좋다고 해서 매너리즘에 빠지면 안 된다. 사장의 마음속에는 꿈 넘어 꿈이 계속해서 존재해야 한다. 음식장사든 의류장사든 학원을 운영하든 장사의 영역은 늘 변수가 존재한다. 그 변수에 능숙하게 대처하고 또 다른 기회를 만들기 위해서는 늘 지금에 안주하는 것이 아니라 그다음 꿈과 목표를 설정하고 도전해야 한다. 그리고 그 꿈과 목표를 직원들과 공유할 수 있어야 한다. 혼자서만 꿈꾸는 꿈과 목표는 쉽게 이루어질 수가 없다. 직원들과 함께 공유하고 꿈꿀 수 있어야 한다. 도전의식은 늘 우리를 용감하게 만든다. 용감해야 새로운 미래를 개척해 나갈 수가 있다. 사장이 안일하게 골프만 치러 다니면 직원들 또한 안일하게 일 끝나고 놀 생각만 할 것이다. 사장은 직원들이 충분히 가슴이 뛸만한 미래를 설정하고 그 비전을 공유하고 도전적인 마인드 셋으로 미래를 끊임없이 개척해나가야 한다. 주변에 연매출 100억의 신화를 써나가는 식육식낭이 있다. 고객님이 직접 정육코너에서 고기를 사서 식당코너로 이동하여 준비된 숯불과 차림상에 앉아서 고기를 구워 먹는 구조인데 이 식당은 10년 전까지 만해도 10평밖에 안 되는 시골구석에 있는 식당이었다. 이곳 대표님의 마인드 셋은 도전의식이었다. 업계의 처음으로 정육점과 차림상이 있는 식당을 동시에 운영을 하였고 매장을 옮길 때마다 가장 투자를 많이 한 것은 주차장이었다. 고기의 품질은 말할 것도 없고 주차도 편하니 1,2시간은 기본이고 그 이상의 먼 거리에서도 이곳 식당을 줄지어 방문을 한다. 그리고 지금은 테이크아웃전문 커피매장을 출입구에 두어서 고기를 다 먹고 나가는 고객에게 저렴한 가격에 커피까지 제공을 한다. 모든 것이 업계최초의 도전이었다. 이것은 온전히 고객의 시선에서 고객의 만족을 위한 도전을 끊임없이 해온 결과물 일 것이다. 지금은 농협과 제휴를 맺어서 식당 앞에 우리 농부의 쌀을 대신 판매해 주시고 배달도 보내주신다. 사회적 선한 역할까지도 놓치지 않고 선행하신다. 그곳에 일정 기간을 일한 경력자들에게는 자신의 간판을 무료로 사용할 수 있도록 해주어 그들의 창업과 성공을 돕는다. 나는 그곳과는 전혀 다른 사업을 하지만 결국 장사의 올바른 가치와 성공의 노하우는 결국 하나로 통하게 된다. 나의 이야기를 잠깐 하자면 나 또한 지금껏 장사를 하면 서 수많은 도전을 해왔다. 키즈 스포츠 의류사업을 하면서 주변 스포츠 센터와 제휴를 맺는 것이 일반적이지만 나는 대형 아동 병원과 제휴를 맺었다. 대형 아동병원 원장님과의 어렵게 잡은 미팅장소에서 나는 이렇게 말했다 "원장님의 아동 병원과 저희 키즈 스포츠 의류 브랜드는 같은 사명을 가지고 있다고 생각합니다. 그것은 아이들의 건강입니다. 그 아이들의 건강을 돕는 것이 병원과 저희 브랜드의 동일한 사명이라고 생각합니다. 이곳 병원에 방문하는 모든 아이들이 저희 매장에 오면 할인혜택을 드리고 싶어서 찾아왔습니다."라고 말씀드리고 주변 모든 대형 아동 병원과 제휴를 맺고 꾸준한 매출을 만들게 되었다. 출생률이 낮아지고 아이들의 수가 점점 없어지는 추세이지만 그럴수록 더욱 아이들을 귀하게 키우는 문화에 맞추어 고가의 키즈 스포츠 의류 사업을 키워왔다. 그 결과 고객단가가 높은 장사였기에 매출은 늘 상향 곡선을 타게 되었다. 도전이라는 것은 미래를 바라보는 눈도 중요한 일이지만, 고객님의 시선에서 그들에게 얼마나 더 편하게 그리고 유익하게 해 줄 수 있는지를 끊임없이 고민하고 실천하는 것이다.

이렇게 사장은 늘 고객의 시선에서 더욱 편리하고 유익한 환경과 시스템을 갖추는데 도전적으로 실천해나가야 한다.

♣ 부자가 되는 장사 철학

☞ **사장이 갖추어야 할 장사 마인드 셋**

1) 업그레이드 마인드 셋

2) 보스가 아닌 리더의 마인드 셋

3) 도전의 마인드 셋

8

최고라서 끝까지 가는 것이 아니라, 끝까지 가니깐 최고가 되는 것이다

 장사를 하다 보면 사장들의 자신감이 순식간에 올라갔다가 순식간에 떨어지기도 한다. 장사가 잘되는 날이면 자신감이 넘쳐 오르고 장사가 안 되거나 직원이 속을 섞이거나 감당하기 어려운 고객클레임이 발생되면 자신감이 금 새 바닥에 떨어진다. 장사를 하는 사장의 마음에는 늘 이것저것의 명투성이가 늘 자리 잡혀있을 것이다. 때로는 무한한 희망을 얻기도 하고 때로는 당장 때려치우고 싶은 마음이 들 때가 한두 번이 아닐 것이다. 장사가 사장들의 마음을 들었다가 났다가를 수없이 반복하는 것이다. 주변에 장사로 건물을 올리고 부자가 된 경우를 보면 대부분 그 자리에서 10년 이상 자리를 지킨 사장들이 대부분이다. 그 말은 조금만 장사가 안 된다고 직원을 바꾸고 브랜드 바꾸는 것이 아니라 자신이 선택한 직원과 브랜드를 꾸준하게 성장시키는 것이야 말로 성공으로 끝까지 이끌어 갈 수가 있다는 것이다. 사장은 자신의 매장을 고객들의 시선과 기대 수준에 맞게 끊임없이 업그레이드를 하는 것이 옳지만 매출이 조금 좋지 않다고 해서 직원을 갈아치우거나 매장브랜드를 쉽게 교체하는 것은 좋지 않다. 사장은 현재의 상황을 브랜딩을 할 수가 있어야 한다. 브랜딩이란 자신이 가진 것에 그 가치를 끌어올리는 것을 말한다. 사장이라면 자신이 선택한 직원과 브랜드를 끊임없이 그 가치를 높이는 것에 힘을 써야 한다. 바꾸는 것이 아니라 꾸준하게 성장시키는 것이다. 이것에 해답이 있다. 결국 장사는 끝까지 가는 사람이 이긴다. 중도에 포기를 하거나 조금 자신의 뜻대로 안 된다고 해서 교체를 손쉽게 한다면 자신의 분야에서 꽃을 피울 수가 없다. 무엇이든 일정한 노력으로 일정한 기간이 지나면 가속도가 붙게 되어있다. 단순히 과학적 공식이 아니라 삶의 진리이다. 일정한 노력으로 일정한 기간을 보내면 가속도가 붙는 것이다. 하지만 가속도가 붙기 전에 노력을 포기하거나 다른 무언가로 처음부터 다시 시작을 한다면 가속도가 붙기까지 또 많은 시간이 걸리게 된다. 돈도 일도 인간관계도 마찬가지이다. 일정한 노력과 일정한 시간 동안 돈을 모으면 그 돈에 복리가 생겨나 가속이 붙게 된다. 일도 일정한 노력으로 일정한 기간이 지나면 그 일에 능숙해지고 요령과 속도가 붙게 된다. 인간관계도 일정한 노력과 일정한 시간이 지나면 그 사람과의 관계에 신뢰가 단단하게 굳이 많은 설명이 필요 없게 된다. 됐나? 됐다! 두 마디면 모든 일이 성사가 된다.

이렇듯 일정한 노력과 일정한 시간이 되면 가속이 생겨난다는 삶의 진리를 이해한다면 장사 또한 그 가속을 맛보기 위해서는 꾸준함과 오래 참음으로 자신의 자리에서 묵묵히 끝가지 가야 한다. 어느 분야이든지 최고의 자리에 있는 사람은 처음부터 최고여서 끝까지 갈 수 있었던 것이 아니다. 자신의 자리에서 끊임없이 노력하고 인고의 시간을 보냈기에 끝까지 갈 수가 있었고 끝까지 가보니 어느새 자신이 최고가 되어있는 것이다. 최고라서 끝까지 갈 수 있는 것이 아니라, 끝까지 가니깐 최고가 되어있는 것이다.

♣ 부자가 되는 장사 철학

☞ 최고라서 끝가지 가는 것이 아니다. 끝가지 가니깐 최고가 될 수 있는 것이다.

9

사장의 소비습관

사장에게도 올바른 소비습관이 있다. 장사를 하는 이유는 저마다 여러 목적이 있겠지만 장사로 돈을 벌어서 부를 축적하는 것이 대부분의 꿈일 것이다. 이는 부자가 되기 위한 가장 빠른 지름길은 장사라는 것을 모두가 잘 알고 있기 때문이다. 장사에는 매출의 하한선도 상한선도 존재하지 않는다. 즉 손해의 한계선도 없고 이익의 한계선도 없다. 노력하는 만큼 매출을 올리고 좋은 매출만큼 돈을 벌 수 있는 것이 장사다. 하지만 장사로 부자가 되기 위해서는 단순히 매출만 많이 올린다고 되는 것은 아니다. 부의 공식은 (부 = 소득 ↑ + 지출 ↓) 소득을 늘리고 지출을 줄이는 것이 가장 기본 공식이다. 하지만 여기서 조심해야 할 것은 막무가내 소득을 높이라는 것이 아니다. 소득을 높이되 올바른 방식으로 높여야 한다. 편법을 쓰거나 고객님의 눈속임을 통해서 순간 소득을 높인다면 그 소득은 또 다른 지출로 다 빠져나가게 된다. 올바른 방식으로 고객님에게 유익한 장사로 소득을 높여나가야 한다. 지출의 경우도 마찬가지이다. 무턱대고 지출을 줄여야 된다는 것이 아니다. 제품의 품질이나 서비스 그리고 직원복지의 질이 떨어지지 않는 범위 내에서 불필요한 지출을 줄이라는 것이다. 장사를 하는 사장들은 월말이 되면 매장 지출내역을 한눈에 볼 수 있도록 정리를 해서 그것 중 불필요한 고정 지출이 있다면 과감하게 없애거나 줄여야 한다. 장사는 또 하나의 효율싸움이다. 내가 투자한 것 대비 소득이 높아야 한다. 불필요한 지출을 줄일 수 있다면 결과적으로 소득의 효율은 높아진다.

사장의 개인 소비 또한 늘 면밀하게 관리를 해야 한다. 처음 창업을 하고 장사를 하면 거의 대부분 고객들의 호기심과 초심의 행운과 사장의 열정이 업그레이드되고 좋아져서 순간매출이 올라간다. 이때 대부분의 어리석은 사장은 지금의 좋은 매출이 영원히 이어질 것이라는 착각을 하고 사장의 개인소비와 사치가 늘어난다.

차를 바꾸거나 명품 옷을 사거나를 하면서 마치 대단한 성공을 이룬 것처럼 착각을 한다. 장사는 창업을 한 이후에는 그에 따른 각종세금이 너무나 많다. 부가세, 종합소득세, 사업자 4대 보험 등등 이 뒤 따라온다. 사장은 순소득의 절반은 비축을 해두어야 한다. 그러기 위해서는 당장에 스스로에게 보상하고 싶은 것들을 절제하고 또 절제해야 한다. 창업 후 아무리 매출이 좋다고 하더라도

3년 동안은 순수익의 절반을 비축해 두어야 변수에 따른 지출을 감당할 수가 있다. 장사를 하면 변수에 따른 지출이 늘 발생한다. 세금이나 직원들의 퇴직금이나 매장 시설 보수금이나 매장의 업그레이드 비용 같은 변수의 지출이 늘 줄지이 발생을 하기 때문에 개인 소비관리를 하지 못하면 변수의 지출이 발생되었을 때 그것을 감당하지 못해서 무리한 대출을 한다거나 고금리의 캐피털 금융을 빌려 쓰면서 악순환으로 이어진다. 고금리 대출을 끼고 하는 장사는 돈을 벌기가 어렵다. 높은 이자를 감당하며 매출 비수기에 들어서면 그것을 감당하지 못해 추가로 고금리 대출을 추가로 받게 되어 결국 이자를 감당하지 못해서 장사를 그만두는 경우까지 이어진다. 창업을 꿈꾸는 청년이나 은퇴 시니어 분들이 계신다면 빚을 내어 장사하는 것은 너무나 위험한 일이라고 말해주고 싶다. 자신이 모은 자본금 한해서 그에 맞는 규모로 장사를 시작해야 하며 굳이 대출을 받아야만 하는 어쩔 수 없는 상황이라면 이자가 가장 낮은 부동산 담보 대출까지만 권하고 싶다. 부동산이 없어서 담보 잡을 물건조차 없다면 미안하지만 장사를 시작하는 것은 위험한 일이다. 제아무리 실력이 뛰어나도 아무런 자본이 없이 장사를 시작을 하는 것은 금물이다.

물론 무리한 대출로 장사를 시작해서 성공을 한 사장들도 소수 존재는 하겠지만 확률 상으로만 본다면 나의 충고가 맞을 것이다.

이렇듯 사장은 창업을 해서 장사를 시작하면 초기 매출이 높게 나온다고 해서 그 매출이 영원히 보장된다는 것이 아니라는 경각심을 늘 가지고 노력을 해야 하며 사장의 개인 소비 또한 창업 이후 3년까지는 순수익의 절반을 비축해 두어야 한다는 것을 명심해야 한다. 비축해 둔 자본금이 있으면 위기가 오거나 변수에 따른 지출이 발생되었을 때 또 다른 기회를 만들 수 있지만 비축해 둔 자본금이 없다면 위기가 오거나 변수에 따른 지출이 발생될 때에는 더 큰 위기를 맞게 되기 때문이다. 장사를 시작해서 3년 동안에는 순수익이 자신의 돈이 아니라고 생각하고 절반을 비축한다면 어떠한 위기나 변수에 따른 지출이 발생될지라도 그 위기를 더 큰 기회로 리뉴얼할 수가 있을 것이다.

♣ 부자가 되는 장사 철학

☞ 순수익의 반은 비축해 두어야 미래지출을 감당할 수가 있고 위기가 왔을 때 더 큰 기회로 만들 수가 있다.

10

지금 시대에 기다리는 장사는 끝이 났다

예로부터 장사는 고객이 좋아할 물건을 매장에 준비해 두고 고객이 우리 매장을 찾아와 자신이 필요한 물건을 돈을 주고 사 가는 구조이다. 이것이 우리가 알고 있는 장사의 기본 판매 구조이다. 하지만 이런 방식은 고객이 제품정보력이 없을 때의 말이다. 현시대의 고객의 정보력은 나날이 빠르게 좋아지고 있다. 핸드폰 하나면 제품검색부터 가격까지 모든 비교가 손쉽게 가능해졌다. 쇼핑을 하는 채널 또한 예전의 경우 오프라인매장을 직접 찾아가서 만져보고 구매를 해야만 했다면 이제는 온라인매장이 너무나 활성화되어서 손쉽게 제품검색과 가격비교를 한 후 구매한다. 제품이 마음에 들지 않으면 반품 또한 비대면으로 손쉽게 한다. 즉, 예전보다 대한민국의 소비자수가 늘어난 것은 아니지만 그 한정된 소비자는 스스로 제품검색을 하고 제품가격을 비교하고 구매를 결정을 한다. 더군다나 해외 사이트까지 손쉽게 검색하며 필요한 제품을 손쉽게 구매하기도 한다. 대한민국의 한정된 소비자를 확보하기가 더욱 어려워진 것이 현실이다. 그래서 나는 이렇게 생각한다. 대한민국에 더 이상 기다리는 장사는 끝이 났다. 음식점도 예외는 아닐 것이다. 쿠팡으로 식재료나 밀키트를 손쉽게 주문을 하면 바로 다음 날 새벽 자신의 집 앞에 배송이 되어 신선한 재료로 음식을 손쉽게 해서 먹게된다. 음식, 의류, 뷰티 등등 모든 것에 온라인 시장에 영향을 받고있다. 코로나 이후에 더욱 자리를 잡게 된 온라인 시장은 그 규모가 나날이 기하급수적으로 커지고 있다. 다시 한번 강조하지만 대한민국의 소비자는 한정되어 있다는 것이다. 그렇다면 앞으로 오프라인의 미래와 오프라인의 사업전략은 어떻게 해야 하는지가 중요한 숙제이다. 기다리는 장사는 끝났다. 대한민국 오프라인 장사를하는 모든 사장들은 이 말에 귀를 기울여야 한다. 그렇다면 오프라인 사장들이 반대로 고객을 찾아가야 한다. 그렇다고 방문 판매를 하자는 것은 아니다. 고객의 시선에 우리가 한발 앞서서 그들에게 다가가야 한다는 것이다. 요즘 알고리즘 판매방식이 마케팅 전략으로 가장 효력이 높다고 한다. 알고리즘 마케팅이란 고객이 호기심으로 접근한 물건이 고객의 시선이 닿는 곳마다 따라다니며 반복적으로 노출을 시키는 것을 말한다. 처음에는 호기심으로 다가갔다가 반복적으로 자신의 시야에 노출이 되면 그 물건이 필요한 상황에 맞물리게 되면 상세내용을 들여다보게 되고 결국 제품에 대한 인식이 호감으로까지 발전되어 구매까지 이어지게 된다. 여기서 우리는 답을 찾아야 한다. 바로 고객이 관심을 가지는 물건을 고객에게 반복적으로 노출을 시키는 것이다. 오프라인은 고객님이 직접 방문을 하는 곳이다. 고객님이 한 번이라도 구매를 한 물건은 고객님의 관심물건이 된다. 고객정보를 받아서 카테고리별로 관리를 하고 신제품 입고 시에 해당 고객님들에게 관심제품을 반복해서 홍보하는 전략을 해야 한다. 또한 거리 현수막이나 지역 광고나 버스 택시 등등의 광고 또한 자신의 영업에 도움 될 만한 것들을 끊임없이 시도를 해야 한다. 즉 매장에서 입점된 고객님에게 자신의 물건을 잘 파는 것도 중요한 일이지만 외부의 더 많은 고객이 자신의 매장을 찾을 수 있게 고객유치를 하는 것 또한 너무나 중요한 일이 되었다. 기다리는 장사는 실패할 것이다. 고객이 찾아올 수 있게 고객에 유치를 할 수 있는 단단한 시스템을 갖추고 고객이 찾아오는 매장을 만들어 나가야 한다. 어쩌면 오프라인 매장의 사장들에게는 앞으로 위기가 될 수도 큰 기회가 될 수도 있을 것이다.

당신은 기다리는 장사를 하고 있는가? 고객이 찾아올 수 있는 시스템을 갖춘 장사를 하고 있는가?

♣ 부자가 되는 장사 철학

☞ 대한민국에 고객을 기다리는 장사는 끝이 났다. 지금부터는 제품경쟁만큼이나 고객유치가 중요한 시대가 시작된 것이다.

11

잘하는 것보다 유명해져야 한다!

　예전에는 잘하면 모든 것으로부터 인정을 받았다. 장사를 하는 사장들도 일을 잘하고 판매를 잘하면 매출이 잘 나오는 구조였다. 하지만 지금은 기다리는 장사는 끝이 났다고 했다. 고객이 찾아오는 장사를 해야 한다. 그러기 위해서는 막무가내 잘하는 것보다 자신의 매장을 유명하게 만드는 일이 급선무이다. 고객은 핸드폰 하나로 모든 것을 검색이 가능하다. 중요한 날 부모님과 함께 식사 한 끼를 하더라도 블로그로 맛집을 검색하고 그곳의 먼저 다녀간 고객들의 리뷰를 보고 난 후 마음속에 합격점을 얻어야 예약하고 그곳을 찾아간다. 자신의 매장이 유명해지기 위한 방법은 여러 가지가 있을 것이다. 블로그나, 유튜브나, 각종 SNS의 사회적 간접광고가 있을 것이다. 비용이 들지 않는 범위내에서 가장 빠르게 자신의 매장을 알릴 수 있는 방법은 블로그나 유튜브라고 생각한다. 블로그는 반복적으로 꾸준하게 올려야 파워링크에 올라간다. 고객들이 연관검색을 했을 때 가장 눈앞에 노출이 되어야 그 효과도 크다. 그래서 블로그의 경우에는 꾸준히 매일 올리는 것이 가장 중요하다. 유튜브는 콘셉트가 중요하다. 단순히 제품홍보만 올린다면 소비자들의 관심과 공감대를 형성할 수가 없다. 재미가 있거나 유익함이 있어야 한다. 유튜브는 아무리 어설프게 만들어 올려도 조회 수가 500회는 평균적으로 발생된다. 즉, 최소 500명은 자신의 영상을 본다는 것이다. 그 말은 최소 500명에게 자신의 매장을 홍보할 수가 있다는 것이다. 이렇게 사장들은 자신의 매장이 유명해지는 것에 꾸준한 노력을 해야 한다. 기다리는 장사가 끝이 났고 고객이 직접 자신의 매장을 찾아오게 해야 성공하는 매장을 만들 수가 있다면 사장들은 자신의 매장이 고객이 찾아올 만큼의 유명한 매장으로 만들 수가 있어야 한다. 아무리 좋은 메뉴와 브랜드로 창업한다고 하더라도 우선 고객이 방문을 해야 그 좋은 메뉴를 맛보게 하고 재방문을 유도할 수가 있는 것이다. 오로지 좋은 메뉴와 브랜드만 믿고 잘못된 배짱으로 마냥 고객을 기다리는 사장이 주변에 너무나 많다. 하지만 고객이 없는 매장은 제아무리 맛집 일지라도 실패한 매장이 될 수밖에 없다. 좋은 메뉴와 브랜드를 갖춘 매장일수록 더욱 고객유치를 위한 노력을 적극적으로 해야 한다. 내가 살고 있는 지역의 유명 고깃집에 대해서 앞서 이야기한 적이 있다. 그 고깃집은 연매출 100억이 넘는 기업형 식당이고 입점 고객 또한 늘 줄지어 1시간은 기다려야 식사를 할 정도로 언제나 고객으로 넘쳐나는 매장이지만 나의 핸드폰에 끊임없이 이벤트 홍보문자가 들어온다. 지금 자신의 매장매출과 상관없이 고객유치의 노력과 자신의 매장을 더욱 유명하게 만드는 시스템을 갖추는 것에 혼신의 힘을 다해서 갖추어야 한다.

♣ 부자가 되는 장사 철학

☞ 사장은 자신의 매장을 어떻게 하면 더 유명해질 수가 있을지를 늘 고민하고 그에 맞는 시스템을 갖추어야 한다.

12

과정이 옳아야 결과도 좋다

장사를 하다 보면 순간적으로 고객의 눈을 속여 장사의 마진을 높일 수 있는 방법들이 너무나 많다. 수많은 유혹거리와 악마가 제시한 방법들이 너무나 많이 존재한다. 예를 들어 식당에서는 재료비를 아끼기 위해서 신선도가 떨어지는 수입산 식재료를 사용한다거나 프랜차이즈의 경우 본사의 정식 재료를 사용하지 않고 저렴한 사입 재료를 사서 요리를 하는 경우도 있고 의류가게에서는 본사에서 시즌 할인이 제공된 제품들을 실제로 매장에서는 할인율을 적게 적용한다거나 적용하지 않고 판매를 해서 백 마진을 올리는 경우도 있다. 이것뿐만 아니라 고객의 눈을 속여 스스로의 이익을 챙기려는 사장들이 너무나 많다. 그래서 이런 속임을 한 번이라도 당했거나 개인사장들이 운영하는 로드상권에 불신이 생겨나 대형백

화점으로 발걸음을 돌리는 경우가 많다. 과정 없는 결과는 없다. 과정이 옳아야 결과도 옳은 것이 된다. 장사를 하는 사장들은 결과만 좋고 이익만 많이 올리면 된다는 식으로 장사를 하게 된다면 순간의 이익은 좋을 수 있으나 그 이익은 시간이 지날수록 손해로 바뀌게 된다. 장사의 결과물은 돈을 남기는 이익만이 아니다. 고객을 남길 수 있다면 그 또한 장사의 소중한 결과물이 된다. 고객을 남기는 장사를 해야 그 장사가 오래간다. 앞서 이야기했듯이 장사를 하는 사장들의 1번 가치관은 지속가능함이어야 한다. 지속가능함을 갖춘 사장들이 결국 장사로 성공을 하고 부자가 된다. 고객을 남기는 장사를 해야 지속가능한 장사를 할 수가 있다. 고객을 남기는 장사는 곧 고객이 그 매장에 남고 싶은 장사를 해야 한다. 우리 매장에 남고 싶은 고객을 만들기 위해서는 첫 번째가 그 어떠한 속임도 없어야 한다. 장사수완의 3가지가 친절, 적극, 솔직함이다. 솔직함으로 누군가를 속일 수가 없다. 고객을 남기는 장사에 솔직함이 밑바탕이 되어야 대박이라는 멋진 그림이 완성된다. 속임이 많은 곳은 늘 고객의 클레임이나 의구심으로 매장으로 다시 전화가 온다거나 주변의 좋지 못한 소문들로 불필요한 에너지소모가 이어지고 결국 그 매장은 결국 문을 닫게 된다. 장사는 오늘의 이익만을 보고 고객을 응대해서는 안 된다. 내일 그리고 그 후의 미래까지도 오고 싶은 매장이 되어야 하고 순간의 이익이 아닌 미래의 이익을 바라보고 지금 과정을 옳게 만들어야 한다. 그렇다고 손해를 보면서까지 고객님들에게 서비스를 다하라는 것은 아니다. 고객의 상식에 맞는 선에서 행동을 해야 하고 어떠한 경우라도 고객을 속여서는 안 된다는 것이다. 순리와 상식에 맞는 선에서 고객에게 서비스를 다한다면 고객은 충분히 만족하는 소비를 할 수가 있을 것이다. 또한 고객 한 분 한 분이 우리 매장에 남고 싶은 고객이 되어줄 것이다.

장사는 과정이 좋아야 결과도 좋고 그 좋은 결과가 오래간다는 사실을 명심해야 한다.

♣ 부자가 되는 장사 철학

☞ 솔직한 장사는 결국 흥하고, 고객을 속이는 장사는 결국 문을 닫는다.
과정을 늘 옳게 만들어야 그 장사가 오래간다.

13

로스 관리를 잘해야 돈이 모인다

　주변 지인들이 장사를 하는 것을 보면 매출은 남부럽지 않게 잘 나오지만 돈이 모이지 않는 경우가 참 많다. 매장을 운영하면서 각종 세금이나 매장리뉴얼을 할 때면 모아놓은 돈이 없어서 허덕이는 경우가 많다. 분명 매장을 방문할 때마다 고객으로 북적이고 늘 장사가 잘된다고 소문이 난 곳이지만 이곳 사장은 주머니 사정은 늘 어렵기만 하다. 그렇다고 남들처럼 사치를 부리는 것도 아니고 주변 어려운 곳에 기부를 하는 것도 아니다. 이런 경우는 전적으로 로스 관리를 잘하지 못해서이다. 재고로스나 자금 로스가 나게 되면 제아무리 많은 매출을 올려도 새어나가는 돈을 잡지 못해 돈을 모으지 못하는 경우가 된다. 쉽게 설명하면 장독대에 제아무리 물을 가득 담아도 밑 빠진 것을 점검하지 못한다면 물은 금세 장독대에서 쉽게 빠져나가게 된다. 장사하는 사장들은 매출만큼이나 로스관리를 철저하게 해야 한다. 재고로스의 경우에는 음식점의 경우 일일 재고 점검표를 작성하여 매일 재고의 양을 체크하고 매출대비 재고를 감안한 식재료를 주문하여야 하고 의류매장의 경우 최소 분기별로 전체 재고실사를 조사하는 시스템을 갖추고 전산재고와 오차가 없는지 점검해야 한다. 화장품이나 소매판매 매장도 마찬가지이다. 일정한 주기로 재고조사를 실시하고 재고오차를 늘 점검해야 한다. 또한 직원이나 고객으로부터 범죄행위가 일어나지 않게 사전에 직원교육을 시키고 시스템을 갖춰야 한다. 사장이 숫자에 철저하고 그에 맞는 시스템을 갖춘다면 그 어떠한 직원과 고객일지라도 범죄행위를 일으킬 확률은 현저히 낮아지게 된다. 어설픈 로스관리 시스템으로 매번 어설프게 직원들과 고객님들을 의심하는 것은 옳지 않다. 확실한 로스관리 시스템을 두고 직원들과 고객님들을 확실하게 믿고 가야 서로 간에 신뢰가 가득한 매장을 만들 수가 있고 매출 또한 끊임없이 성장을 할 수가 있다. 그리고 매출만큼 순수이익이 오차 없이 들어오게 되고 돈을 모을 수가 있다.

장사에 가장 무서운 말 2가지는 대충과 나중에이다. 사장이 대충하면 직원은 대충보다 더 못한 행동을 하게 되고 사장이 나중에 라는 말을 사용하며 매사에 미루기를 한다면 직원은 아예 하지 않게 된다. 사장이 1인으로 운영하는 매장일지라도 대충이라는 말과 나중에 라는 말은 절대로 하면 안 된다. 로스관리도 대충 하거나 나중에 한다는 것은 금물이다. 확실하게! 지금 당장! 해야 한다. 로스관리를 잘못하여 빚 덩이에 앉고 싶지 않다면 지금당장 확실한 제로로스 시스템을 만들고 실시해야 한다.

로스관리 중 두 번째는 판매로스 관리이다. 판매로스는 말 그대로 판매를 잃어버린다는 뜻이다. 판매를 충분히 할 수가 있었지만 사장이나 직원의 실수로 판매를 하지 못하는 경우이다. 음식점의 경우 재고소진이 생각보다 빨리 되어 더 높은 판매고를 올릴 수 있었지만 재고계산을 잘못해서 추가 판매를 하지 못하는 경우이다. 의류가게나 소매점의 경우에는 재고가 있었지만 창고 적재가 잘못되어 재고를 찾지 못해서 고객님에게 제품을 찾아주지 못해서 판매를 놓치는 경우에도 이에 해당이 된다. 매장에서 재고관리나 있는 제품을 손쉽게 찾을 수 있도록 정리정돈만 잘되었어도 판매로스를 많이 줄일 수가 있게 된다. 음식점의 경우 주방, 의류점과 소매점의 경우 창고에 늘 또 하나의 매장 안이라고 생각하고 정리정돈과 청결을 관리해야 한다. 숙련된 경력자만이 고객이 찾는 물건을 손쉽게 찾아올 수 있고 초보직원들은 물건은 찾아올 때마다 많은 시간이 걸리고 끙끙 앓고 있다면 그곳은 창고 관리가 잘된 것은 아니다. 초보직원이 한눈에 찾아올 수 있는 매장이어야 창고관리에 합격점을 줄 수가 있을 것이다. 그리고 판매로스를 최소화할 수가 있을 것이다. 이렇게 사장들은 자기 매장의 매출만큼이나 재고 로스와 판매 로스의 관리를 철저하게 해야 장사로 돈을 모을 수가 있게 된다.

♣ 부자가 되는 장사 철학

☞ 사장은 로스관리 시스템을 갖추어야만, 매출이 잘 나오는 만큼
소득효율을 높일 수가 있다.

14

먼저 주는 장사를 해야 돈을 벌 수가 있다

세상에는 주는 것보다 받는 것을 좋아하는 사람이 많다. 그리고 누군가에게 무언가를 받게 되면 다시 돌려주고 싶은 사람도 많다. 이것이 고객의 기본심리이고 이것을 활용하면 장사로 돈을 벌수가 있다. 세상에는 3가지 인간분류가 존재한다. 기버, 테이커, 기브 앤 테이커이다. 늘 주는 것을 좋아하는 사람은 기버이고 늘 받기만 하는 사람은 테이커, 받으면 무언가 되돌려주는 분류는 기브 앤 테이커이다. 이 세 가지 분류 중 기브 앤 테이커가 가장 많은 수를 차지한다. 대부분은 인간은 기브 앤 테이커 일 것이다. 누군가에게 먼저 주는 것은 부담스럽지만 누군가에게 무언가를 받으면 무엇이라도 되돌려 주고 싶은 마음을 가지게 된다. 하지만 장사를 하는 사장들은 철저한 기버가 되어야 한다. 받아야만 되돌려 주는 기버 앤 테이커가 아닌 먼저 주는 사람이 되어야 돈을 번다. 대부분 사람이 기버 앤 테이커라고 했다. 그렇다면 먼저 준다면 대부분의 기버 앤 테이커는 무엇이라도 기버에게 다시 되돌려 주려고 할 것이다. 이렇듯 장사는 이기심이 아니라 이타심으로 해야 돈을 벌 수가 있다. 장사의 최고의 전략은 최대한 고객님들에게 무엇을 줄지를 고민하고 생각하는 것이다. 오늘 하루 나의 매장을 방문하는 고객님들에게 어떠한 유익한 것을 줄지를 늘 고민하고 실천한다면 그 매장은 어느새 고객님으로 북적이는 매장이 될 것이다. 하지만 대부분의 사장들은 고객의 지갑과 주머니 사정에만 관심이 많다. 어떻게 하면 고객님이 돈을 쓰게 할까를 고민한다면 미안하지만 그 매장은 어느새 파리만 날리게 될 것이다. 내가 먼저 주는 사람이 되어야 한다. 그래야 최대한 많은 기브 앤 테이커들의 대중을 모을 수가 있다. 겨울철 식당 입구에서 지나가는 사람들을 위해서 누룽지차를 한솥 끓여서 일회용 컵 하나씩을 손에 지어준다면 그 집은 밥시간이 되면 고객들로 가득 차게 될 것이다. 미용실에서 나가는 고객님께 스타일링을 해준 왁스 샘플하나를 손에 쥐어주면 며칠 뒤 그 왁스를 구매하러 올 것이다. 기부를 하는 봉사자가 지나가는 사람들을 위해서 꽃 한 송이를 나누어주며 그 행복을 적은 금액이라도 어려운 사람들을 위해 돌려주기를 제안한다면 더 많은 기부금이 쌓이게 될 것이다. 이렇듯 팔기 위해 주는 것이 아니라 고객님의 필요와 행복을 채워주는 기버가 된다면 그곳에서 고객의 돈줄이 생겨나게 된다. 장사는 그릇이 큰사람이 큰돈을 벌게 된다. 그 그릇은 돈을 담는 그릇이 아니다. 사람을 담는 그릇을 말한다. 많은 사람을 담을 수 있는 장사그릇을 키우기 위해서는 먼저 주는 사람이 되어야 한다.

♣ 부자가 되는 장사 철학

☞ 장사는 이타심으로 먼저 주는 사람이 고객을 끌어 모으게 된다.

15

고객님에게 신뢰를 얻기 위해서는 먼저 예측가능한 사람이 되어라

장사를 하다 보면 매출이 좋을 때도 있고 좋지 않을 때도 있다. 우리의 인생의 추가 좌로 갔다가 우로 갔다가를 반복하듯이 매출도 좋음과 나쁨이 반복된다. 어느 매장에서는 장사가 잘 되는 시기에는 영업시간을 좀 더 길게 잡고 비수기 때는 영업시간을 줄여 일찍 문을 닫는다. 하지만 영업시간도 정해진 매뉴얼이 있어야 고객님으로부터 신뢰를 얻게 된다. 장사가 잘되든 안 되든 상관없이 영업시간의 매뉴얼은 반듯이 있어야 하고 그 매뉴얼을 지켜나가야 한다. 어느 날 매출이 너무 안 좋거나 개인사정이 생겨서 문을 일찍 닫는 날에 고객님이 우리 매장을 찾았지만 문이 잠겨있고 매장에 불이 꺼져있으면 그 고객님은 다른 매장에 가서 물건을 사거나 밥을 먹게 된다. 그 단 한번 고객님이 발걸음을 돌리면 그 고객님은 또다시 우리 매장을 찾는 게 어렵게 된다. 고객의 발걸음도 관성이 있다. 늘 가던 발걸음의 방향이 한번 틀어지면 그 발걸음을 다시 돌리는 것이 쉽지가 않다. 코로나 때 이야기이다. 우리는 대구에서 브랜드 매장을 하고 있었다. 코로나가 터지고 특히 대구 신천지 바이러스 3번 아줌마 한 명 때문에 길거리에 개미조차 구경하기 힘들 정도로 사람이 없었다. 그렇게 한 달이 지나자 주변 매장에서는 하나둘씩 문을 닫기 시작했고 있는 직원들도 무급휴직을 통보받고 집에서 쉬어야만 했다. 매장을 운영하는 사장들에게는 그것이 손실을 줄이기 위한 최선책이었다. 하지만 나는 무급휴직으로 직원들을 강제로 쉬게 하는 것도 문을 닫는 것도 내 마음속에서는 허락되지 않았던 것 같다. 가장 먼저 직원들에게 무급휴직 없고 문을 닫는 일도 없다며 하루에 입점되는 고객이 단 한 명도 없다고 하더라도 우리는 늘 같은 시간에 문을 열고 같은 시간에 청소를 하고 매장을 꾸미고 같은 시간에 문을 닫고 퇴근을 하자고 했다. 정말이지 코로나가 터지고 두 달이 지날 쯤까지는 매출이 없는 날이 부지기수였다. 하지만 우리는 단 하루도 빠짐없이 늘 하던 대로 정해진 매뉴얼대로 움직였다. 고객 방문이 없는 텅 빈 하루의 연속이었지만 우리 직원들은 아침이면 매장 입구 윈도 유리를 광이 나게 닦았고 바닥이며 집기며 모든 것이 반짝이게 닦았다. 길거리에 사람하나 없었지만 매장 안에서는 분주하게 움직이며 매장 디스플레이를 틈틈이 바꾸며 신선한 매장을 유지했다. 이런 우리의 모습을 보는 주변사장들은 바보 같은 짓이라며 충고를 했다. 하지만 코로나가 터진 지 3달째 접어든 어느 날 정부에서는 국민들에게 코로나 재난지원금을 나누어 주었고 우리 매장은 그 어느 때보다 매출기록을 나날이 세워나가며 신바람 나는 장사를 했다. 장사가 다시 잘된다는 소문을 듣고 분을 닫았던 주변 매장들은 다시 문을 열고 직원을 구하려고 했지만 매출회복은 쉽게 되지가 않았다. 우리 매장을 방문하는 고객들마다 하나같이 차를 타고 지나가면서 늘 청소를 열심히 하고 다른 매장 문을 닫았을 때 그 어느 때보다 열심히 매장을 꾸미는 모습에 감동을 받았다는 고객님들이 참 많았고 지원금을 받고는 가장 먼저 생각이 나는 매장도 우리 매장이라 가장 먼저 한걸음에 달려왔다고 말씀해 주시는 고객님이 참 많았다. 의류브랜드는 판매해야 할 시즌을 놓치면 고스란히 재고로 남게 되어 손실에 대한 걱정이 많았지만 코로나 혜택을 톡톡히 본 우리는 오히려 재고가 부족할 정도로 창고의 모든 옷을 다 판매하였다. 코로나로 폐점한 가게들이 너무나 많았지만 우리는 코로나 때문에 되려 덕을 보는 장사를 할 수가 있었다. 이처럼 때로는 어렵고 버겁고 포기하고 싶은 순간에도 우리 매장을 찾아주는 단 한 분을 위해서라도 늘 같은 시간과 같은 시스템으로 운영을 하고 늘 예측 가능한 매장을 운영하다 보면 남들이 주저앉을 때 오히려 더 큰 운과 기회를 만나게 된다.

　장사를 하는 사장들은 자신의 매장을 고객님이 충분히 예측을 할 수 있는 매뉴얼을 만들고 지켜나가야 한다. 변수가 많은 매장은 고객님에게 혼란을 주게 되고 신뢰를 잃게 된다. 변수가 없는 매장은 곧 예측 가능한 매장이다. 사람도 매장도 예측 가능해야 신뢰가 쌓이게 된다.

☞ 어떠한 상황 속에서도 자신의 매장은 늘 같은 시간에 문을 열고 같은 시간에 문을 닫아야 한다. 이것은 선택이 아니라 의무다.

16

모든 성공은 일터에 있다

장사를 하는 사장들이 어느 정도 자리를 잡게 되면 자신의 매장을 더욱 홍보하기 위해서 각종 사교모임에 가입을 하는 경우가 많다. 한 매장을 운영하는 생계형 자영업자의 경우는 아무리 직원의 수가 많고 시스템이 잘 갖춰져 있다고 하더라도 일터에서 벗어나는 것은 좋지 않다. 여러 체인점을 운영하기 전까지는 모든 성공은 일터에 있다고 믿고 해야 한다. 일터에서 직원들과 고객님의 매장 만족도를 늘 섬세하게 살피면서 관리를 해야 매장이 더욱 건강하고 좋은 매출을 만들어갈 수가 있다. 또한 창업을 하고 함께 일하는 직원 중 책임감이 강하고 무슨 일이든 척척 잘 해낸다고 해서 그 직원 하나만을 믿고 매장을 비우는 일이 빈번해지면 안 된다. 사장이 자리를 비우면 매장의 긴장감은 사라지고 고객에 대한 서비스의 질도 떨어질 수밖에 없다. 어느 순간 사장이 직원보다 매장업무에 대한 정보나 근황을 모르는 경우가 생겨나게 된다면 그 순간 사장은 직원들에게 감정적으로 휘둘리게 된다. 믿고 의지하던 직원이 배신을 하거나 개인사로 일을 갑자기 그만두게 되면 사장이 다시 매장에서 자리를 잡기가 쉽지가 않게 된다. 그 심리는 직원도 잘 알 것이다. 직원 자신이 매장에 없으면 매장 일이 돌아가지 않는다는 것을 아는 순간 자만해지고 무리한 급여상승을 요구할 수가 있다. 한 매장을 운영하는 생계형 점주의 경우에는 더욱 이런 점을 유의해야 한다. 매장에 모든 성공이 있다고 믿고 자신의 매장에서 사장 본인이 그 어느 직원보다 일을 잘 처리할 수가 있어야 한다. 사장은 리더이자 스승의 역할도 할 수가 있어야 한다. 제아무리 일을 잘하는 직원일지라도 사장에게 배울 것이 있고 이런 사장님과 함께 일을 한다면 자신도 많이 성장을 할 수 있겠다는 믿음이 들어야 그 직원은 늘 겸손을 찾고 모든 것을 배우며 성장을 하게 된다. 명분 없이 매장 밖을 나서지 말라는 것은 직원들을 못 믿어서가 아니다. 자신의 매장을 체인점화 시켜서 시스템으로 운영이 되는 회사로 키우기 전까지는 자신의 매장을 지키며 직원들과 부대끼며 함께 미래를 꿈꾸고 가장 가까운 거리에서 고객을 응대하고 그들의 만족을 책임지고 불만을 빠르게 해소시켜 주어야 한다.

마지막으로 장사를 하는 사장들이 새로운 투자에 관심을 가지면서부터 매장 밖을 맴돌게 된다. 장사로 매출이 오르고 돈을 어느 정도 벌었다 싶으면 새로운 투자에 관심을 가지는 사장들이 많다.

특히 주식이나 부동산투자에 가장 많은 관심을 가지고 제2의 투자처로 생각을 한다. 사실 부동산은 나의 경우도 찬성이다. 어느 정도 돈이 모이면 새로운 매장을 추가로 오픈하는 등 불로소득을 창출할 수 있는 상가 형 부동산에 투자를 하는 것은 미래를 위한 좋은 전략이라고 생각한다. 하지만 매장에 집중을 놓쳐서 까지 부동산 매물을 보기 위해서 수시로 매장 밖을 나와서 영업시간 내에 돌아다니는 것은 옳지 않다. 영업시간을 제외한 시간 내에 자투리 시간을 활용해서 매물을 보고 투자전략을 짜는 것이 옳다. 주식은 매장이 자리를 잡고 3개의 매장을 운영하고 시스템이 자리를 잡기까지는 절대적으로 투자를 말리고 싶다. 주식은 공격형 투자의 경우 실시간으로 자신이 투자한 주식 현황을 체크해야 하기 때문에 매장에 집중도가 떨어질 수밖에 없다. 몸은 매장에 있지만 시간만 나면 카운터에서 핸드폰으로 주식그래프를 쳐다보고 있다면 직원들 또한 함께 매장 집중도가 떨어진다. 특히나 공격형 주식종목의 경우 주가의 급락이 커서 사장의 심리의 급락도 함께 커진다. 주식 하나에 매장도 직원도 고객도 잃는 경우를 주변에 많이 보게 된다. 너무나 안타깝다. 이런 현상은 매장 안에서 성공을 찾지 않고 매장 밖에서 성공을 찾기에 결국 그 성공은 멀어지고 실패만 남게 된다. 공격형 주식이 아니더라도 길게 보고 투자를 하는 안정형 대형 주식에 적립식으로 투자를 하는 것 또한 자신이 매장 3개 이상을 운영하면서 시스템으로 완전히 자리를 잡기까지는 절대적으로 말리고 싶다. 아무리 안전한 대형 기업 형 주식이라고 할지라도 주식은 긴 시간 동안 돈이 묶여있게 된다. 장사는 그때그때 변수가 많다. 위기의 변수도 있고 기회의 변수도 있다. 위기의 변수이든 기회의 변수이든 돈이 들어간다. 그때 투자가 되어야 할 돈이 묶여 있다면 결국 손해를 보고 주식을 매도해야 하거나 그 손해를 보는 것이 아까워서 매도를 하지 못하고 매장의 변수를 대처하지 못해 더 큰 손해로 이어지게 되는 경우가 발생된다. 장사를 하는 사장은 모든 성공은 매장에 있다고 믿고 돈이 모일수록 자신의 매장에 투자를 하거나 비축하는 것이 미래를 위한 최고의 전략이 된다. 장사를 해보면 손쉽게 돈을 버는 것이 아니라는 것을 알기에 장사로 돈을 벌게 되면 더 쉽게 돈을 벌고 싶은 욕심이 생겨나고 그 욕심에 매장 밖에서 맴돌며 새로운 투자처를 찾게 된다. 나의 경험상 주변의 장사로 100억 이상 자산가를 이룬 성공한 사장들의 공통점 하나는 자신이 잘 알지 못하는 곳에 누가 이렇다 저렇다 귀를 기울이고 자신이 힘들게 번 돈을 쉽게 투자를 하시 않는다는 것이다. 자신이 가장 잘할 수 있는 지금의 사업장에 환경개선을 위해 투자를 하고 직원과 고객을 위한 투자를 아낌없이 한다. 그리고 자신이 가장 잘하는 지금의 매장을 2호점 3호점 이렇게 하나씩 늘려 나간다. 장사를 하는 사장들도 이런 사례를 본받고 같은 흐름으로 자신의 사업스토리를 만들어 간다면 장사로 성공한 이들처럼 100억 이상의 자산가가 되리라 확신한다.

♣ 부자가 되는 장사 철학

☞ 생계형 자영업자는 자신의 매장의 수익이 제아무리 높다 하더라도 3개 이상의 체인점 망을 구성하기 전까지는 현장에서 수장역할에 충실해야 한다.

17

돈 관리법

　장사를 하는 사장들은 매출관리만큼이나 사업자금 관리를 잘 해야 한다.

　매출이 높다고 해서 많은 돈을 모을 수 있는 것은 아니다. 어쩌면 매출관리 그 이상으로 사업자금을 철저하게 관리를 해야 한다. 장사를 하는 사장들은 사업자금 관리법을 배우기 전에 우선 매달 매출과 지출이 포함된 순수익 산출내역을 작성해야 한다. 아무리 작은 규모로 장사를 하더라도 매달 매장 매출과 매장 지출내역을 기입하고 그에 따른 순수익을 산출하고 장부에 기입을 해야 한다. 매장 매출에는 말 그대로 고객님이 결재한 금액을 말하고 매장 지출에는 물건재료비와 임대료, 카드수수료, 인건비, 4대 보험, 전기료, 수도요금, 각종 렌탈비, 세무기장비, 경비비용 등등 매달 정기적으로 빠져나가는 것은 모두 기입이 되어야 한다. 위탁매장의 경우 매장매출에서 마진율을 산출하고 마진금액에서 각종지출을 기입하여 산출하면 된다. 이렇게 매장 매출과 매장 지출과 매장 순수익을 한눈에 볼 수 있게 정리를 해야 매장의 효율을 알 수 있게 된다. 여기서 중요한 사실 하나는 세금을 매월 지출에 포함시키지 않았다는 사실이다. 부가세는 3개월에 한 번씩 납부를 하고 종합소득세는 6개월에 한 번씩 납부를 한다. 또한 1년 이상 근속한 근무자가 퇴직을 할 경우에는 퇴직금이 미래지출에 포함된다. 처음 장사를 하는 사장들은 자신의 매장 매출에서 세금과 퇴직금과 같은 미래지출에 대해 의식하지 않고 순수익이 많이 남는다고 착각을 하고 명품 옷이나 차를 바꾸면서 사치를 부리는 경우가 많다. 시간이 지날수록 미래 지출에 맞닥뜨리게 되면 그때 돈을 수급할 때가 없어서 힘들어하거나 오픈한 지 얼마 되지 않아 좋은 매출에도 불구하고 파산하는 경우가 많다. 길을 가다가 여기 장사 그런 데로 잘되었는데 갑자기 왜 장사를 하지 않지 라는 의문이 드는 매장의 경우는 대부분이 내가 말한 돈 관리에 실패를 하게 된 경우가 많다. 매장 매출이 발생되면 거기서 단순히 그달에 나가는 지출만 생각해서는 안 된다. 매월 순수익에서 미래지출도 함께 빼고 난 후의 수익이 온전히 순수익으로 이어질 수가 있다. 매월 순수익에서 최소한 그 절반은 저축을 하고 나머지 절반으로 생활을 할 수가 있어야 그 장사를 오래 할 수가 있다.

장사를 하는 사장들을 위해서 돈 관리에 관한 몇 가지 철학을 알려 주고 싶다.

☞ 매월 임대료는 하루도 미루지 말고 정일정시에 건물주에게 입금을 해줘야 한다. 임대료는 어차피 내야 하는 돈이고 한번 밀리기 시작하면 이 또한 습관이 되어 결국 큰돈이 밀리게 된다. 건물주와의 첫 번째 신뢰관계는 임대료정산에서부터 시작된다. 임대차 계약서에도 3개월 이상 임대료가 미 입금이 될 경우에는 건물주는 계약을 해지할 수 있게 된다. 신뢰를 생각해서라도 법적 피해를 보지 않기 위해서라도 임대료는 밀리지 않게 제때 정산을 해야 한다.

☞ 직원의 급여 또한 하루도 밀리지 않게 정산해주어야 한다. 직원들과 첫 번째 신뢰관계 또한 급여정산에서부터 시작이 된다. 사장이 아무리 평소 직원들에게 좋은 복지와 인간적으로 잘해준다고 하더라도 자신의 급여일에 돈이 들어오지 않으면 직원은 자신의 사장을 신뢰하지 않는다. 사장을 신뢰하지 않는다면 일을 할 때에 열정은 물론이고 모든 일을 대충대충 하게 된다. 신뢰가 무너진 업장에서 사기가 떨어진 채 고객을 응대를 한다면 매출 또한 금 새 떨어지게 된다. 또한 직원들의 급여가 정시에 들어가지 않으면 직원들은 노동청이나 법적으로 사장을 고소하게 된다. 이런 사건이 한번 휘말리게 되면

사장은 직원을 불신하게 되고 직원과의 건강한 관계를 만들어 갈 수가 없게 된다. 직원들에게 반감을 사게 된다면 직원들의 반감은 고스란히 매장 고객에게로 전달된다. 사장들은 이 점을 꼭 명심해야 한다.

☞ 각종 세금 또한 하루도 지료가 나오는 대로 바로 정산을 해야 한다.
세금 또한 납부기한 안에 납부를 하지 않으면 사업등록이 해지될 수도 있다.

☞ 물건 재료비 또한 본사와 합의된 기한 내에는 반듯이 정산을 제때 해야 한다. 물건을 공급하는 본사와 신뢰관계 또한 물건 공급 정산으로부터 시작이 된다. 정산을 제때 하지 않으면 물건공급에 제한이 생겨나 매출에 가장 직접적인 영향을 주게 된다. 위의 매장 지출에 대한 관리는 쉽게 말해 나갈 돈은 절대로 미루지 말고 제때 정산하라는 것이다. 만일 매장 지출을 미루면서까지 자신의 사치를 부리거나 차를 바꾸거나 개인사로 돈을 지출해서는 안 된다. 매장에서 나는 매출수익은 공금이라고 생각해야 한다. 법인이 아닌 개인사업장이라고 할지라도 매장 수익을 사장 마음대로 개인적인 곳에 지출하는 것은 공금횡령이라고 스스로 간주하여야 한다. 사장은 각종 매장 지출과 미래지출을 모두 뺀 나머지 돈을 가장 마지막

에 자신의 주머니에 넣을 수가 있어야 한다. 이것이 가능해야만 지금의 장사를 지속가능하게 할 수가 있다.

다음 사장들이 돈을 잘 모으는 방법을 알려주고 싶다.

☞ 순수익의 절반은 미래저축으로 금리가 최대한 높은 금융건에 맡겨두고 나머지 절반으로 개인가정 지출을 한다. 이때에 예금을 1년 만기로 하는 것이 좋다. 이유는 장사를 하다 보면 변수에 따른 지출이 발생된다. 매장의 작은 사고들로 인해 지출이 발생된다거나 매장확장의 기회가 생겨나 투자를 해야 하는 상황이 생겨날 수 있기 때문에 장사를 하는 사장들은 너무 오랜 시간 동안 돈을 묶어두는 장기성 펀드나 연금저축은 추천하지 않는다. 장기성 펀드나 연금저축은 해지할 경우 운용수수료가 너무나 높기 때문에 중도해지 시에는 원금이 보장되지 않기 때문이다. 1년 만기로 예금을 넣어두고 만기가 되면 또다시 1년 만기로 더 큰 금액으로 포개어 예금을 넣어두라고 권한다.

☞ 돈이 지속적으로 모여 자산이 늘어날 경우 가장 먼저 투자를 하라고 권하고 싶은 곳은 자신의 집을 마련하는 것이다. 장사는 변수가 많다. 장사를 하는 사장들은 매일 전쟁을 치르는 심정으로 하루를 보낸다. 매장에서 하루 중 이리 치이고

저리 치이더라도 일을 마치고 집에 돌아와 편히 쉴 수 있는 나의 명의로 된 집하나 있는 것은 지친 나를 위로해 주고 심적으로 평온함을 가지게 된다. 심적으로 평온함을 가질 수 있다면 자신의 장사 또한 평온한 마음으로 안정감을 찾는데 큰 도움이 된다. 만일 자신의 집이 있다면 이때부터는 불로소득에 관심을 가져야 한다. 자신의 매장 1호점이 장사가 꾸준히 잘되어 돈 관리까지 잘해서 돈을 지속적으로 모아서 집을 마련하였다면 그다음은 불로소득을 늘려나가야 한다. 불로소득은 말 그대로 내가 일하지 않아도 생겨나는 돈줄을 말한다. 부동산 상가를 매입해서 임대수익을 발생시킬 수도 있고 원룸을 매입해서 월세를 발생시킬 수도 있고 새로운 2호점 매장을 오픈해서 매출수익을 발생시킬 수도 있다. 즉 이 시점부터는 투자를 잘해야 한다. 돈을 잘 버는 것만큼 돈을 옳은 곳에 제대로 잘 써야 더 큰돈을 벌어들일 수가 있다. 즉, 현장에서 장사를 하는 매장매출 이외 제2,3의 수익원을 만들어야 한다. 이를 파이프 이론이라고 흔히 들어봤을 것이다. 물을 돈으로 비유를 한다면 수도관을 하나만 가지고 있는 것이 아니라 여러 수도관을 가지고 여러 곳에서 물이 나올 수 있도록 관리하는 것이 더 큰 부를 위해 유리하다는 이론이다. 장사를 해보면 매장 매출이 매달 꾸준하지 않다는 것을 알게 된다. 장사 품목에 따라 성수기가 있고 비수기가 있다. 그리고 경기상황에 따라 또 다른 변수가 추가로 발생된다. 그 다양한 변수를 현명하게 이겨내고 더 큰 기회를 만들어 가기 위해서는 다양한 수익채널이 필요하다. 이것이 불로소득을 확장시켜 나가야 하는 이유이다.

이렇게 올바른 자금관리로 인해 장사의 수익성이 안정궤도에 접어들면 자신이 할 수 있는 사회적 역할을 찾아서 꾸준하게 선한 영향력을 쌓아야 한다. 즉, 덕을 쌓아야 한다는 것이다. 내가 아는 주변 사업가중에 두부 사업을 하는 대표님께서는 매주 주변 고아원에 두부를 공짜로 지원하신다. 두부는 유통기한이 짧아서 제때 팔지 못하면 버려야 하는데 판매되지 못한 두부를 고아원에 제공을 하니 고아원의 아이들도 건강한 두부요리를 먹을 수가 있고 두부 대표님 또한 뜻깊은 곳에 기부를 할 수가 있어서 덕을 쌓게 된 것이다. 한 가지 더 좋은 사례를 들면 주변 미용실을 운영하시는 대표님은 매주 마지막 월요일은 문을 닫고 근처 노인병원에 가서 무료로 머리정리를 해드리는 봉사를 하신다. 매월 마지막 주 월요일은 한 달 중 가장 조용한 날이라 그날만큼은 직원들과 노인병원에 가서 함께 봉사를 하고 오신다. 위의 두 대표님 모두가 나날이 사업이 발전하는 것은 물론이고 그 대표의 모습을 보고 함께 일하는 직원들 또한 이직 율이 낮다. 장사로 성공적으로 자리를 잡게 된다는 것은 나만 잘 먹고 잘 사는 것이 아니라 주변 모든 좋은 기운이 더해서 완성되는 것이다. 절대로 나 혼자의 힘으로 자리를 잡았다고 생각해서는 안 된다. 매장 밖에 수 없이 지나가는 사람들 중 우리 매장을 한번 도 방문하지 않았다면 당장 내일 방문할 고객인 것이고 한 번이라도 방문을 했던 고객님이라면 그 고객님 때문에 자리를 잡았다고 생각해야 한다. 그 감사를 주변에 어떤 방식으로든 돌려주어야 한다. 감사를 되돌려 드려야겠다고 마음만 먹는다면 할 수 있는 일들이 너무나 많을 것이다. 어려운 곳에 찾아가 봉사를 해도 좋고 매주 동네 한 바퀴 돌며 쓰레기를 줍는 것도 좋고 동네 사각지대에 있는 어려운 형편의 가정에 후원을 하는 것도 좋다. 무엇이든 자신의 역할을 찾아서 선한 영향력을 쌓는다면 자신의 사업 또한 그 좋은 기운을 받아 더 큰 성장을 지속적으로 만들어 가게 될 것이다.

♣ 부자가 되는 장사 철학

☞ 장사로 성공을 하기 위해서는 자금관리를 철저하게 해야 한다. 올바른 자금관리로 인해 수익성이 안정화가 되면 자신이 할 수 있는 사회적 역할을 찾아서 덕을 많이 쌓아야 한다. 이는 고객으로부터 받은 사랑을 또 다른 누군가에게 되돌려주는 것이다.

18

목표 관리법

장사를 하는 사장들은 목표를 잘 관리해야 한다. 자신이 운영하는 매장은 혼자만의 것이 아니다. 가족의 미래와 매장을 함께 운영하는 직원들의 미래, 그리고 고객들의 미래만족까지도 책임을 지는 곳이다. 나 혼자만 잘 먹고 잘살기 위해 장사를 한다면 그 사람의 장사의 그릇은 자신혼자만 담을 만큼만 확장된다. 그만큼 자신의 사업장에서는 모두를 위한 목표를 정해두고 함께 이루는 시스템을 갖추어야 한다. 우선 목표는 1,3,5,7,9의 목표법칙이 있다. 1년 안에 이룰 목표, 3년 안에 이룰 목표, 5년 안에 이룰 목표, 7년 안에 이룰 목표, 9년 안에 이룰 목표를 정하는 것이다. 참고로 너무 먼 10년 이후의 목표는 그냥 희망의 점만 찍어두는 것이 좋다. 그 이유는 너무 먼 10년 이후의 미래는 분명 계획대로 안 된다. 계획보다 더 잘될 수도 나쁘게 될 수도 있다. 분명 그 10년 이후의 미래는 1,3,5,7,9년의 계획에 가장 직접적인 영향을 받게 된다. 우선 1,3,5,7,9년의 계획을 세울 때에는 혼자만의 생각보다 사적인 목표는 가족의 의견을 반영해야 하고 사업장의 목표는 직원들의 의견이 반영이 되어야 한다. 혼자서 목표를 독단적으로 정하면 그 목표는 가족이나 직원들과는 무관한 목표가 된다. 그들의 관심 밖의 목표가 된다. 또한 **목표를** 정할 때에는 가장 중요한 핵심은 반드시 이루어야만 하는 의무감이 가득한 것이 아닌 간절히 이루고 싶은 것이어야 한다. 진정한 삶의 동기부여는 'must have'에서가 아닌 'want'에 있어야 한다. 그것도 팀원모두가 간절히 이루고 싶은 것을 정해야 현실로 이루어질 가능성이 높아진다. 아인슈타인은 이렇게 말했다. 인간이 한 번뿐인 인생을 행복하게 사는 유일한 방법은 사람에게 의지하는 삶도 아니고, 소유에 의지하는 삶도 아니고, 자신의 목표에 의지하는 삶을 사는 것이라고 말했다. 나도 처음에는 이해가 되지 않았다. 목표와 행복은 무슨 관련이 있지 라는 생각도 들었고 행복을 위해서는 사람과의 관계도 중요하고 소유의 기쁨도 있는데 왜 진정한 행복을 위해서는 목표에 의지하라고 하는 것인지 이해가 되지 않았다.

한참을 생각하다가 이 말은 분명 진리라는 생각이 들었다. 가만히 생각해 보니 의지를 한다는 것은 나의 전부를 그것에 기대고 있는 것인데 사람과의 관계는 언젠가 헤어진다는 생각이 들었다. 자기 자신 외에는 가족도 친했던 친구도 주변 사람 모두는 언젠가 헤어진다. 그래서 좋은 관계를 유지하는 것은 자신의 행복을 위해서라도 현명한 일이겠지만 전적으로 그것에 기대는 삶은 언젠가 헤어짐이 찾아왔을 때 더 큰 상처로 남게 되기 때문이다. 소유도 마찬가지다. 무언가를 소유한다는 것은 그것을 소유하기 직전과 소유한 이후 아주 잠깐 동안만 기쁨이 있다. 기쁨도 잠시 시간이 지나면 그 기쁨은 당연함으로 바뀌고 그것을 관리하는데 더 많은 에너지를 사용하게 된다. 마지막으로 목표는 내가 간절히 원하는 것이다. 목표에 의지를 한다는 것은 내가 간절히 원하는 것에 기대고 살아가는 것이다. 어쩌면 이것을 조금 다르게 해석해 본다면 진정 내가 원하는 것을 위해 열정을 다해서 살아가는 것이다. 이것이 내가 진정 원하는 인생을 사는 것이기에 목표에 의지하는 삶은 곧 단 한 번뿐인 인생을 가장 행복하게 사는 방법이라는 아인슈타인의 말에 공감하게 되었다. 목표는 반드시 이루어야 하는 의무감의 지표가 아니다. 자신이 진정으로 이루고 싶은 것을 목표로 정해 두어야 한다. 만일 그 목표가 이루어냈을 때에는 펄펄 뛰듯 기쁨이 넘쳐야 하는 것이다. 장사를 하는 사장들은 실제로 노동의 시간이 직원보다 더 많다. 때로는 모든 것을 포기하고 다시 마음 편히 시키는 것만 잘하고 쉴 때 쉬면서 고정된 월급을 받는 직원으로 돌아가고 싶은 마음이 들 때가 한두 번이 아닐 것이다. 하지만 이때 마음을 더욱 굳건하게 만들고 열정을 다시 불태울 수 있는 것은 목표가 있기 때문이다. 함께 일하는 사장과 직원 모두가 간절히 이루고 싶은 분명한 목표가 있다면 아무리 힘든 일들이 닥쳐도 다시 이 악물고 열정을 불태울 수가 있게 된다.

1,3,5,7,9 목표를 모두 정했다면 이제는 그 목표를 현실로 옮겨 줄 실천 리스트가 필요하다. 예를 들어 목표를 정했다면 그 목표 덩어리를 현실이라는 공간으로 이동시켜 줄 팔다리를 설정하는 것이다. 이것을 행동가지 10배의 법칙이라고 한다. 즉, 목표 한 가지에 행동 10가지를 정하는 것이다. 대부분의 사람들이 자신의 목표를 이루지 못하는 이유 2가지는 첫 번째가 목표가 자신이 간절히 원하는 목표가 아니라 단순히 이루어야 하는 의무감에 정한 목표이기 때문이다. 두 번째 이유는 행동보다 생각을 더 많이 하기 때문이다. 즉, 머릿속에 이루고 싶은 목표는 수십 가지인데 그중 한 개라도 이룰 수 있는 행동가지가 없는 것이다. 생각(목표) 보다 행동이 커야 그 생각(목표)이 현실로 이루어질 가능성이 높아진다. 목표를 1가지 정하면 그 목표를 이루기 위한 행동 10가지를 설정한다. 그리고 매일 행동 10가지 리스트를 실천하는데 습관을 들인다. 이 원리만 적용해서 100% 실천을 한다면 분명히 자신의 목표를 이루는 일이 이렇게 간단하고 쉬운 것이구나..라는 것을 몸소 깨닫게 될 것이다. 이 세상에는 못해서 안 하는 일들보다 안 해서 못하는 일들이 더욱 많다. 1,3,5,7,9법칙에 따라 목표 한 가지씩을 정하고 10가지의 행동 가지를 만들고 꾸준히 반복해서 실천하면 된다. 이는 앞서 나의 도서인 《나를 바꾸는 챌린지 100》을 읽고 참고하면 더욱 쉽게 이해되고 적용할 수가 있을 것이다. 이렇게 자신의 목표를 설정하고 이루는데 까지 시스템을 정하고 반복하는 일들이 자신의 목표를 가장 획기적으로 잘 관리하는 사장이 될 것이다.

목표가 없는 사장은 눈먼 봉사가 막무가내 먼 길을 찾아 헤매는 것과 같고 목표가 없는 사장의 삶은 행복을 포기한채 삶을 살아가는 것과 같다. 자신의 열정과 삶의 이유는 곧 자신의 목표에 있다는 것을 명심해야 한다.

♣ 부자가 되는 장사 철학

☞ 사장은 목표를 분명히 정해야 한다. 그 목표는 의무감이 아닌 팀원 모두가 간절히 원하는 것으로 정해야 한다. 그리고 그 목표를 이루는데 실천목록 10가지를 정하고 실천을 반복한다면 그 목표는 어느새 현실이 된다.

19

시간 관리법

장사를 하는 사장들에게 시간이란 무엇일까? 모든 사람에게 시간은 너무나 소중한 가치이다. 하지만 장사를 하는 사장들에게는 더욱 귀한 자산이 될 것이다. 하루 중 문을 오픈하고 닫는 제한된 시간 속에 고객으로부터 매출을 만들어야 생계를 유지하고 성장을 꿈꿀 수 있게 된다. 시간을 효율적으로 사용하지 못하면 아무리 고객님이 많이 들어와도 효율적인 매출을 만들 수가 없다. 장사하는 사장들에게는 시간이라는 개념을 제대로 심고 자신만의 시간철학을 가져야 한다. 여기서 내가 가지고 있는 시간에 대한 철학을 알려주고 싶다.

첫 번째, 시간은 우리의 생명의 한 조각이다.

우리의 삶은 유한하다. 아무리 오래 살아도 100년을 채 넘기지 못한다. 오늘 하루는 우리의 주어진 100년 이하의 시간을 n분의 1로 나눈 값이다. 즉 오늘 하루는 생명의 한조각인 것이다. 우리가 시간을 헛되게 사용한다는 말은 우리의 생명의 한 조각을 헛되게 쓰고 버리는 것과 같다. 매장에서 고객님들을 응대하는 시간은 우리의 생명의 한 조각과 고객님 생명의 한 조각을 내걸고 함께 있는 것이다. 그래서 시간이라는 것은 너무나 소중한 것이다. 자신도 의미 없이 함부로 사용해서도 안 되고 상대방의 시간 또한 함부로 빼앗으면 안 된다. 상대의 시간을 빼앗는 것은 상대의 생명의 일부를 빼앗는 것과 같다. 그래서 장사를 하는 사장들은 직원도 고객도 기다리게 해서는 안 된다. 최악의 장사는 의미 없이 고객을 기다리게 하는 장사를 하는 것이다.

두 번째는 시간에 따른 분명한 업무매뉴얼이 있어야 한다.

영업시간 중 시간에 따른 업무매뉴얼이 없다면 우리는 관성에 따라 멈춰있게 된다. 할 일없이 멈춰있으면 시간은 더욱 빠르게 흐른다. 매장 안에서도 고객님이 있을 때보다 없을 때 더욱 시간을 효율적으로 잘 사용해야 한다. 고객님이 있을 때는 고객님을 응대하는 분명한 일이 있어 분주하게 움직이며 일을 하지만 고객님이 없을 때 분명한 업무 매뉴얼을 정해두지 않으면 사장도 직원도 멍하니 멈춰있게 된다. 장사는 고객이 있을 때만 일을 하는 것이 아니다. 고객이 없을 때 준비를 잘해야 고객을 응대할 때 훨씬 더 큰 효율을 만들어 낼 수가 있다. 매장에 고객이 없을 때에는 바쁠 때 못했던 업무를 스스로 체크하고 준비하는 일을 부지런히 해야 한다.

사장은 이것을 매뉴얼로 정해주어야 한다. 고객이 없을 때 멍하니 서있는 직원들이 있다면 그것은 직원이 게으른 것이 아니라 리더가 분명한 업무매뉴얼을 정해주지 않았기 때문이다. 고객님이 있을 때와 없을 때의 분명한 업무매뉴얼을 정해준다면 하루 중 우리의 생명의 시간을 더욱 귀하게 사용하게 될 것이다. 매출 또한 효율적으로 올라가게 될 것이다.

세 번째는 휴식의 시간을 철저하게 보장이 되어야 한다.

장사를 하는 사장들은 고객을 응대하느라 휴식이나 식사시간을 제때 지키지 못하는 경우가 많게 된다. 물론 고객을 응대하다 보면 식사시간이 조금 미루어지는 경우도 있다. 하지만 그 시간이 지나치면 안 된다. 그리고 미루어진 만큼의 여유를 두고 식사를 할 수 있도록 시간이 제공되어야 한다. 휴식도 마찬가지이다. 쉼표 없이 노래를 부르면 노래가 엉망이 되듯이 우리의 하루도 휴식이 지켜져야 멋진 하루를 보낼 수가 있게 된다. 이것은 노동법을 지켜야 하는 의무를 다하는 것만이 아니다. 인간이 인간으로서 가장기본적인 생리적 욕구는 그때그때 해소가 되어야 그 일을 지치지 않고 오랜 기간 동안 해나갈 수가 있게 된다. 가장 생리적인 욕구는 휴식시간이라는 것을 명심해야 한다. 의리라는 말로 허용되는 것이 있고 의리라는 말로 허용되지 않는 것이 있다. 아무리 매장이 고객님으로 넘쳐흘러 바쁠지라도 휴식이라는 시간은 철저하게 보장을 해주어야 한다.

마지막으로 시간에는 골든타임이 있다. 하루 중 가장 바쁜 시간을 골든타임으로 정하고 모두가 집중할 수 있게 시스템을 갖추어야 한다.

이때는 휴식하는 사람도 식사를 하는 사람도 없이 골든타임에 모두가 집중할 수 있게 시간을 짜두어야 한다.

이렇게 4가지의 시간철학을 잘 이해하고 본인의 사업장에 적용을 시켜본다면 이전보다는 훨씬 효율적인 매장관리가 될 것이다.

♣ 부자가 되는 장사 철학

☞ 시간의 관리법
1) 시간은 우리의 생명의 한 조각이다. 직원과 고객의 시간을 소중하게 여겨야 한다.
2) 시간에 따른 분명한 업무 매뉴얼을 만들어 주어야 한다.
3) 휴식시간을 철저하게 지켜주어야 한다.
4) 골든타임에는 멤버 모두가 매장에만 집중해야 한다.

20

운 관리법

장사는 돈을 만지는 예민한 직업이다. 단순히 눈에 보이는 것만 관리해서는 장사로 성공을 할 수가 없다. 운칠기삼 이라는 말이 있다. 세상 모든 일에 있어서 운이 7할, 재주가 3할이라는 뜻이다. 나는 장사의 영역에서도 운칠기삼이 통한다고 믿는다. 대부분의 사람들은 재주만 믿고 운의 영역은 신경 쓰지 않는다. 운의 영역은 자신의 노력으로 할 수 없다고 믿기 때문이다. 운도 관리하면 자신에게 따라오게 할 수 있다고 믿어야 한다. 일본의 최고 야구선수이자 현재 미국 mlb 야구 시장에서 가장 몸값이 비싼 선수인 오타니 쇼헤이라는 선수가 있다. 아마도 운동에 조금이라도 관심이 있다면 이 선수의 이름을 한 번쯤은 들어 보았을 것이다. 실력뿐 아니라 외모나 인성까지 좋은 선수로 유명하다. 이선수가 고등학교시절 작성한 목표 달성표라는 것이 있다. 자신의 핵심목표 한 가지를 정하고 그 목표를 이루기 위한 8가지 행동 가지를 정하고 그 8가지 행동 가지를 이루기 위한 각각의 행동가지당 또다시 8개의 행동 가지를 정하는 것이다. 결국 핵심목표 한 가지를 이루기 위해서 총 64개의 행동 가지를 정하고 실천하는 것이다. 오타니 쇼헤이 선수의 핵심 목표는 구속 100마일(160킬로)을 던지는 선수가 되는 것이었다. 목표 달성표를 작성할 시점은 고등학생이었고 그의 최고 구속은 85마일이었다. 누가보아도 85마일을 던지는 선수고 3년 안에 100마일을 던지는 오타니의 목표를 보고는 주변 모든 사람들이 불가능한 허황된 꿈이라며 고개를 저었다. 하지만 그의 목표는 20살이 되던 해에 구속 100마일을 던지는 선수가 된다. 기적을 이룬 오타니 쇼헤이 선수의 목표 달성표를 보면 쓰레기 줍기, 먼저 인사하기, 매 순간 감사하기, 응원받는 사람이 되기 등등이 있다. 누가 보더라도 분명 야구와 관련은 없어 보이지만 운과는 관련이 있어 보인다. 이뿐만 아니라 오타니 쇼헤이는 자신이 홈런을 치고 홈으로 돌아오는 과정에서 쓰레기가 보이면 바닥에 떨어진 쓰레기를 주우며 선수 대기석으로 들어간다고 한다. 분명한 것은 오타니 쇼헤이에게는 운을 관리하는 힘이 있다는 것이다. 세계최고의 몸값을 자랑하는 선수가 되기까지 그는 자신의 재주에만 노력을 한 것이 아니라 더 큰 운을 끌어들이기 위한 자신만의 운을 경영해 온 것이다. 나는 운을 관리한다는 것은 운을 경영한다고 생각한다.

운을 경영하는 3가지 법칙이 있다.

첫 번째는 정직해야 운이 들어온다.

작은 일에도 정직한 사람에게는 운이 저절로 찾아온다. 장사를 하다 보면 눈앞의 이익 때문에 고객님의 눈을 속이고 직원들의 눈을 속이는 경우가 생겨난다. 순간은 이익을 볼 수 있겠지만 조금시간이 지나면 그 이익은 더 큰 손해가 되어 자신으로부터 빠져나가게 되거나 작은 사건사고로 손해를 보는 일들이 생겨나게 된다. 주변에 남을 속이고 돈을 잘 버는 사람들이 있을 수도 있다. 그들을 보면서 질투가 나기도 하고 정직하게 돈을 버는 자신이 한심하거나 무능한 사람처럼 보일 수 있다. 하지만 시간이 지나면 정직하지 못한 방법으로 돈을 버는 사람은 어느새 빚에 허덕이며 사는 경우가 대부분이다. 그럼에도 불구하고 정직을 고수하며 자신의 자리를 묵묵히 지켜낸 사람들은 일정한 시간과 노력이 쌓여서 운이 붙고 돈의 가속이 붙는 것을 느끼게 된다. 장사를 하다가 누군가를 속여 이익을 챙기는 것은 절대 하지 말아야 한다. 오히려 순간 자신이 손해를 보더라도 고객님에게나 직원들에게 정직한 이익을 줄 수 있다면 그들이 더 큰 운을 벌어다 주게 된다.

두 번째는 불필요한 논쟁을 하지 않는 것이다.

장사를 하다 보면 작은 일들에 논쟁을 하는 경우가 많다. 클레임 고객님과도 논쟁을 하고 매장 본사와도 논쟁을 하고 때로는 직원들과도 논쟁을 한다. 그리고 때때로 정수기담당과도 논쟁을 펼치고 사적인 일들에도 수많은 논쟁과 언쟁을 펼치며 기싸움을 한다. 이 모든 것이 작은 손해도 보지 않겠다는 마음 때문이다. 논쟁은 이겨도 져도 결국 손해가 된다. 논쟁에 이기면 상대의 자존감을 떨어뜨리고 논쟁에서 지면 자신의 자존심이 상한다. 누군가와 논쟁을 하면 기가 빠지고 운이 빠진다. 물론 억울한 일이나 부당히 큰 손해를 보게 되는 것을 앞두고 생겨난 논쟁들은 제대로 시시비비를 가려서 자신의 정당한 권리를 찾아야겠지만 작은 일들에 불필요한 논쟁은 하지 않는 것이 좋다. 작은 일들에 논쟁을 하고 나면 며칠 동안 그에 따른 불필요한 에너지가 낭비된다. 그 에너지를 매장에서 고객을 응대하는 것에 기분 좋게 집중할 수 있다면 논쟁을 해서 힘들게 얻어낸 이익보다 훨씬 더 큰 이익을 보게 될 것이다.

세 번째는 감사하는 마음을 항상 가지는 것이다.

살아 숨 쉬는 것도 감사하고, 자신의 매장이 있는 것에도 감사하고, 자신의 매장을 찾아주시는 고객님이 있다는 것에도 감사하고, 장사로 통해서 더 큰 꿈을 꿀 수 있는 것에도 감사해야 하고, 장사로 인해서 나의 소중한 가족과 직원들의 생계를 책임질 수 있다는 것에도 감사해한다. 무엇 때문에 감사한 것이 아니라 감사하는 마음을 가지는 순간 모든 것이 감사의 이유가 된다. 또한 장사를 하다 보면 매출이 낮거나 직원이 속을 썩이거나 등등 속상한 일들이 많이 있게 된다. 그런 좋지 못한 일들에도 감사를 외칠 수 있다면 없던 운도 다시 들어와 선순환이 시작될 것이다. 좋은 일들에 감사할 줄 아는 사람은 많지만, 좋지 못한 일들에 감사할 수 있는 사람은 많지 않다. 좋지 않은 일들에 그럼에도 불구하고 감사할 수 있는 것도 자신만의 경쟁력이다. 좋은 일이 있어야 감사하는 것이 아니라, 먼저 감사하면 충분히 감사할 일들이 따라온다. 나도 하루에 수백 번 수천 번 이유 없이 감사를 외친다. 감사는 분명 운을 불러들인다. 자신의 일에 운이 없다고 생각하는 사람들은 이 글을 보면서 한 번쯤 자신을 되돌아보고 점검해보기 바란다. 자신이 요즘 얼마나 많은 감사를 외치며 살아가는지를 말이다. 운칠기삼이 뜻하는 바와 같이 비록 재주가 남들보다 뒤떨어지더라도 운을 잘 경영을 하는 사람이 남보다 더 나은 삶을 살게 된다. 위의 세 가지 법칙만 잘 유념해서 지켜나간다면 자신도 어느새 운이 따르는 사장이 될 수가 있을 것이다.

♣ 부자가 되는 장사 철학

운을 경영하는 3가지
1) 매 순간 정직하려고 노력하자!
2) 불필요한 논쟁을 피해라!
3) 매사에 감사하자!

제4부

직원의 마인드

1

사장을 꿈꿔라!

장사를 배우고 있는 직원들의 마인드의 첫 번째는 사장을 꿈꿔라고 말해주고 싶다. 자신이 현재 장사를 하는 매장에서 일을 하고 있다면 둘 중에 하나의 경우일 것이다. 첫 번째는 미래에 자신의 매장을 창업하기 위해서 일을 배우고 있거나 두 번째는 단순히 돈을 벌기 위해서일 것이다. 가만히 생각해 본다면 창업을 하기 위해서 일을 배우더라도 돈을 벌고 단순히 돈을 벌기 위해서 일을 해도 돈은 번다. 공짜로 일을 시키는 사장은 없기 때문이다. 이래나 저래나 돈을 벌게 된다면 아무 생각 없이 일하는 것이 아닌 자신이 창업 준비생이라고 생각하고 일을 배우는 편이 자신의 미래성장에도 더 큰 도움이 된다. 스스로 사장을 꿈꾸며 일하는 직원들은 책임감부터가 다르다. 예를 들어 더운 여름날 매장에어컨을 전날 끄지 않고 퇴근을 하여 다음날 에어컨이 켜져 있는 것을 발견하면 책임감이 없는 직원이라면 밤새 낭비된 전기요금이 아깝다는 마음이 들지 않겠지만 사장을 꿈꾸는 직원들은 밤새 불필요하게 낭비된 전기요금에 대해 사장만큼이나 속상해한다. 또 자신이 매장에서 힘들게 판매한 물건이 환불 들어온다면 그 환불에 함께 속상해하며 왜 환불을 하시는지 고객님께 그 마음 헤아리기 위한 노력을 한다. 이런 것이 주인의식이고 책임감이라고 생각한다. 직원이 사장을 꿈꿔야 하는 이유 중 다른 하나는 사장의 경험은 사장이 되어야만 할 수 있는 것이 아니다. 마인드가 사장이라고 생각하고 그 책임감으로 일을 한다면 그때부터가 사장경력은 시작된다. 성공하는 직원은 직원일 때나 미래에 사장이 되어서의 마인드나 모습이 크게 바뀌지 않는다. 직원일 때도 사장의 마인드와 책임감 있는 모습이었기에 사장이 되어서도 똑같은 마인드와 책임감으로 일한다. 하지만 장사를 배우는 직원 중 내가 사상이 되면 그때서야 열심히 하면 된다는 식의 생각을 가진 직원도 있다. 이들의 경우 사장이 되면 더욱 나태해지는 타입이다. 사장이 되면 눈치 볼 사람이 더욱 없게 되어 더욱 자기 마음대로 행동하기 때문이다. 이처럼 사장을 꿈꾸는 직원들은 직원일 때부터 자신이 사장이라고 생각하고 사장의 똑같은 마음으로 울고 웃으며 매장을 경영할 수 있어야 한다. 마지막으로 직원이 사장을 꿈꿔야 하는 진정한 이유는 제아무리 일을 잘하는 직원일지라도 자신의 분야에서 성공을 하고 부자가 되기 위해서는 자신의 사업장을 가져야만 된다. 직원의 월급은 아무리 많다고 하더라도 사장보다는 높지 않다. 자신만의 사업장을 가지는 사장이 되어야 자신의 실력과 노력만큼 큰돈을 벌 수가 있다. 대기업이나 중견기업에 일하는 직원이라면 꾸준히 승진을 하고 회사의 임원이 되는 것을 꿈꾸는 것이 옳겠지만 장사를 배우는 직원이라면 반듯이 자신이 사장이 되는 것을 꿈꾸고 지금부터 자신이 사장 연습생이라고 생각하고 사장과 똑같은 마음으로 함께 울고 웃으며 매장을 운영해야 한다.

♣ 부자가 되는 장사 철학

☞ 사장을 꿈꾸는 자만이 사장이 되고, 사장처럼 일하는 직원만이 사장이 되어도 큰돈을 벌 수가 있게 된다.

2

돈을 모아라!

장사를 꿈꾸는 직원들은 경력이 쌓일수록 두 가지가 함께 플러스가 되어야 한다.

첫 번째는 실력이다. 일을 시작한 지 시간이 지날수록 실력도 자동으로 성장하는 것이 아니다. 몇몇 경력자들은 잘못된 착각을 하며 매너리즘에 빠진 자들이 너무나 많다. 자신이 한 분야에서 오랜시간 동안 몸담았다고 해서 자신이 실력도 그만큼 성장했을 거라는 착각을 하는 것이다. 열심히 하는 후배를 보면서 나도 그때 열정 있게 했다는 둥 창의적인 후배를 보면 예전에 내가 다 해봤다는 둥이런 식의 발전도 성장도 없는 시간적 경력만 쌓여있는 자들이 참많다. 그러다 막상 자신이 창업의 기회가 주어지면 경기가 좋지 않다는 둥 이런저런 핑계로 새로운 도전을 회피하며 나약한 존재로 살아간다. 모든 경력자들이 그렇다는 것은 아니다. 그중 몇몇 경력자들은 겸손한 태도로 모든 것에 배우려 하고 때로는 후배들에게도 창의성과 빠른 정보를 배운다. 이와 같은 유형의 경력자들은 자신의 창업기회가 생겨나면 두려움이 아닌 설렘으로 자신의 사업장을 만들어 보란 듯이 성공을 한다.

경력이 쌓일수록 함께 플러스가 되어야 하는 두 번째는 돈이다. 일을 하면서 실력과 돈을 함께 쌓아나가야 창업의 기회가 생겼을 때 그 기회를 잡을 수가 있다. 주변에 경력자들 중 실력을 출중하나 돈을 모으지 못해서 결혼도 미루고 자신의 창업도 미루는 경우가 있다. 나는 이들을 보면 너무나 안타깝다. 좋은 실력으로 회사 내에서 인정과 좋은 성과 대우를 받지만 돈 관리를 제대로 하지 못해서 사적인 자산을 불려 나가지 못하는 경우이다. 우리의 인생성공은 공적성공×사적성공 이라는 것을 명심해야 한다. 공적으로 제아무리 인정받고 높은 대우를 받더라도 사적으로 성장을 하지 못한다면 자신의 인생성공은 늘 제자리걸음을 할 수도 있다. 공적으로 인정받고 실력을 쌓아나가는 것도 중요하지만 그만큼 사적으로도 꾸준한 저축으로 자산을 꾸준히 모아야 한다. 돈을 모으는 것도 저절로 잘할 수 있는 것은 아니다. 돈 관리의 영역도 철저한 경제학이라서 배워야 한다. 성공을 하려면 성공에 대해 알아야 하고 연애를 잘하려면 남자나 여자에 대해 알아야 한다. 돈도 마찬가지이다. 돈을 모으려면 돈에 대해 알아야 한다. 돈에 대해 충분히 이해를 하고 돈을 모을 수 있는 시스템을 갖춘다면 누구나 돈을 잘 모을 수가 있다. 돈을 모으는 것은 재능이 아니라 시스템이라는 것도 가볍게 알고 가는 것이 좋다. 그렇다면 돈에 대해서 잠시 이야기해 주고 싶다.

우리가 돈을 원하는 이유는 돈 자체가 좋은 것이 아니라 돈의 기능을 믿기 때문이다. 돈으로 우리가 원하는 것을 바꿀 수가 있기 때문이다. 시대가 지날수록 돈의 기능은 점점 확대되어 가는 것도 사실이다. 그래서 시간이 지날수록 대부분의 사람들이 돈에 집착하는 것이 이 때문이다. 그렇다면 돈은 어떠한 사람에게 잘 모일까? 분명한 사실은 돈이 잘 붙는 사람이 있고 돈이 잘 붙지 않는 사람이 있다. 이것은 자수성가를 한 사람이라면 모두가 공감할 것이다. 우선 돈이 붙는 유형의 사람들은 돈에 대한 철학이 있다. 즉, 돈의 속성에 대한 진리를 잘 꿰뚫고 있는 것이다. 돈을 다룰 때 어떻게 하면 돈이 새어나가지 않고 잘 들어오는지도 잘 알고 있다. 돈의 속성에 대한 진리는 3가지가 있다.

정직성, 가속성, 생명성 이세가지를 명심한다면 누구나 돈에 대한 올바른 철학을 가질 수가 있다.

첫 번째로 정직한 돈이 오래간다는 것이다. 돈에도 정직한 돈과 정직하지 않은 돈이 있다. 즉, 좋은 돈과 나쁜 돈이 있다. 좋은 돈은 타인에게 속임 없이 스스로 땀 흘려 버는 돈이다. 나쁜 돈은 남을 속여 손쉽게 버는 돈이다. 좋은 돈이 정직한 돈이고 자신에게 한번 들어오면 성질이 단단해서 오랜 시간 동안 머물게 된다. 반대로 나쁜 돈은 불안정하고 휘발성이 강해서 자신에게 들어오면 있는 돈까지 함께 빠져나간다. 아마도 불법사업장을 운영하거나 남을 속여서 손쉽게 버는 장사는 재주에 따라 순간은 돈이 들어오지만 시간이 지날수록 쉽게 빠져나가 빚에 허덕이는 경우를 많이 보게 된다. 즉, 정직한 돈이 이긴다는 것을 명심해야 한다.

두 번째로 돈에는 가속성이 있다. 자동차를 운전해 보면 처음 시동을 걸고 속도가 0~100킬로 까지가 굉음을 울리며 온갖 힘을 쓰지만 시속이 100킬로가 넘는 순간부터는 가속도가 붙어서 액셀을 조금만 밟아도 쉽게 가속이 생겨난다. 이처럼 돈에도 가속도가 붙는다. 은행에 돈을 넣어두면 시간이 지날수록 이자에 이자가 붙는 복리가 있어서 일정시간이 지나면 돈에도 가속도가 붙는 것을 체험할 수가 있다. 종잣돈을 1,000만 원으로 가정한다면 처음 1,000만 원을 모을 때 시간이 가장 오래 걸리고 체감 상 더디게 모이는 기분이 들것이다. 하지만 그다음 2,000만 원이 모일 때는 처음 1,000만 원 모을 때보다 더 빠른 시간에 모이게 되고 그 이후로는 더욱 가속이 붙어서 더 빠르고 쉽게 모이게 된다. 이 가속의 구간을 만나려면 일정한 금액과 일정한 시간이 필요한데 돈을 잘 모으지 못하는 사람들의 대부분이 이 일정한 시간이 지나기 전에 저축을 해약한다거나 일을 그만두어서 수익이 없게 되어 가속의 구간을 만나지 못한 채 다시 처음으로 돌아가는 것이다. 이처럼 돈에는 가속성이 있다는 것을 명심해야 한다.

세 번째로는 돈에는 생명성이 있다는 것이다. 돈에도 분명 생명이 깃든다. 돈을 마치 딱딱한 물체처럼 대하는 사람에게는 돈이 붙지 않는다. 주변 자수성가한 부자 중 돈과 대화를 나누는 사람도 있다. 괴상하게 들리겠지만 돈을 그만큼 생명체로 생각하는 것이다. 중국속담 중 가난한 사람은 돈을 밝히고 부자는 돈을 소중히 여긴 다는 말이 있다. 여자를 밝히는 것과 여자를 소중히 여기는 것은 아마도 다를 것이다. 여자입장에서 자신을 밝히는 것과 소중히 여기는 사람 중 어느 곳에 가고 싶냐고 묻는다면 모든 여자들이 자신을 소중히 여기는 사람에게 간다고 할 것이다. 돈도 마찬가지다 사람과 같은 생명성이 있어서 돈을 밝히는 것이 아니라 돈을 소중히 여기로 다룰 수 있어야 한다. 소중히 다룬다고 해서 타인에게 인색하라는 것은 아니다. 돈을 소중하게 대한다는 것은 필요한 곳에는 기분 좋게 보내주되 불필요한 곳에는 쉽게 보내지 말라는 것이다. 이렇게 세 가지 돈의 속성에 대한 진리를 명심한다면 누구나 돈에 대한 올바른 철학을 가질 수 있고 돈이 잘 붙는 사람이 될 수가 있을 것이다. 마지막으로 돈을 잘 모으기 위해서는 저축하는 방법을 알아야 한다. 저축은 엄청난 인내나 재능으로 하는 것이 아니다. 단지 시스템만 갖추면 된다. 일을 하고 있는 직장인이라면 누구나 월급일은 정해져 있다. 은행에 가서 두 개의 저축통장을 만든다. 하나는 고정적금통장 그리고 하나는 자유적금 통장을 만든다. 고정 적금에는 자신의 월급의 절반을 저축금액으로 정하고 적금일은 자신의 월급수령 다음날 자동이체로 빠지도록 설정해 둔다. 이때에 중요한 것은 적금만기는 1년으로 하는 것이 유리하다. 1년 후 만기가 되면 그 목돈은 예금에 맡겨두고 다시 월급의 절반을 적금 액으로 정하고 똑같이 반복하면 된다. 고정적금의 기능은 목돈마련이고 자유적금의 기능은 자투리 돈을 모으는 것이다. 성과 금이나 변수의 돈이 들어오면 그냥 소비하지 말고 그 자투리 돈을 알차게 모으는 것이다. 자유적금은 정해진 금액이 없어서 1만 원부터 다양하게 상황에 맞게 하루하루 넣을 수가 있다. 한 달을 보내다가 생활비가 조금 남았다 싶으면 자유적금에 넣어두는 것도 좋다. 이렇게 자신의 월급의 절반을 자동이체로 적금을 넣게 되면 월급 수령 후 가장 우선적으로 적금을 넣고 남은 절반으로 생활을 하기 때문에 이것에 적응이 된다면 누구나 손쉽게 적금시스템을 활용한 목돈을 모을 수가 있다. 장사를 배우는 직원이라면 훗날 자신의 매장을 창업하는 날을 손꼽아 기다릴 수도 있다. 그 희망을 보란 듯이 현실로 만들기 위해서는 돈을 모아야 한다. 자신이 현재 땀 흘리며 열심히 일해서 받는 월급은 현재 자기 자신만의 돈이 아니다. 5년 뒤, 10년 뒤, 20년 뒤의 미래의 자신과 사랑하는 가족이 함께 사용해야 할 공동자금이라는 것을 명심해야 한다. 시작이 반이다! 이 글을 보는 독자 여러분 중 저축시스템이 없다면 이번 달부터 당장 시작해 보자!

♣ 부자가 되는 장사 철학

☞ 직원은 돈을 모아야 사장을 꿈꿀 수가 있다.

돈을 잘 모으기 위해서는 돈의 성질을 알아야 한다.

돈의 성질 3가지는

1) 정직성 - 정직한 돈이 단단한 씨앗돈이 된다.

2) 가속성 - 꾸준히 모으면 돈에도 가속이 붙는다.

3) 생명성 - 돈을 생명처럼 소중히 여길 때 돈이 달아나지 않는다.

3

동료, 고객님과의 거리간격을 지켜라!

　일터에서 나의 동료와의 관계는 뗄려야 뗄 수가 없는 너무나 밀접한 관계이다. 어쩌면 가족보다도 더 자주 얼굴을 맞대며 식사를 하고 많은 시간을 함께하는 존재이다. 고객 또한 우리는 매일같이 고객을 가까이에서 대화하고 응대한다. 그만큼 우리는 일을 하다 보면 동료나 고객으로부터 힘을 얻기도 하지만 반대로 상처를 받기도 한다. 한자성어 중 "불가 근 불가 원"이라는 것이 있다. 뜻을 직역해 보면 너무 가깝지도 않고, 너무 멀지도 않은 상태를 말한다. 동료와의 관계도, 직원과의 관계도 너무 가깝지도 않고 너무 멀지도 않아 한다. 인간 관계론에서 "모닥불 이론"이라고 있다. 모닥불에 손을 쬐고 있으면 너무 가깝지도 않고 너무 멀지도 않은 상태가 모닥불의 온기를 적당한 온도로 느끼기에 좋다. 너무 가깝다면 갑자기 뜨거워진 온도에 확 멀어지게 되고 너무 멀다면 온기를 느낄 수가 없게 된다. 즉 인간관계에서 너무 가까워도 어느 순간 갑자기 멀어지게 되고 너무 멀어도 인간의 온기를 느끼지 못한다. 적당한 간격이 좋다. 일터에서도 마찬가지다. 동료들 중 선 없이 너무 가깝게 지내다 보면 어느 순간 서운한 감정이 생겨나고 갑자기 말도 하지 않는 적으로 돌변하는 경우가 생겨난다. 또 너무 먼 사이에는 협력관계가 형성되지 않아 업무효율이 떨어지게 된다.

선 없이 너무 가까우면 작은 것에도 서운함이 생겨나게 되기 때문에 동료와 너무 가깝게 지내는 것도 결과적으로 좋지 않다. 원래 적당한 관계가 서로에게 호감도가 높아지고 배려심도 생겨난다. 가까워지면 이 정도는 이해해 주겠지 라는 마음으로 선을 넘게 되어 상대방에게 무례하게 하거나 상처를 주는 경우가 많게 된다.

고객과의 관계도 마찬가지이다. 특히나 판매나 영업을 하는 직종은 더욱 조심해야 한다. 단골고객과 인간적으로 친해지면 영업은 실패한 날로 봐야 한다. 친한 단골과 일 마치고 차 한 잔 하다 보면 어느 순간 함께 밥이나 술을 먹게 되고 그러다 정기적으로 만나다 보면 고객과의 관계는 사라지고 그냥 친한 형이나 언니 동생으로 바뀐다. 매장에 찾아와도 우리 물건을 사러 오는 것이 아니라 나를 보러 오게 된다. 매장 방문 시 고객의 시선 또한 물건에 가는 것이 아니라 나를 보며 사적인 농담만 주고받는다. 이런 고객은 좀 더 냉정한 눈으로 본다면 매장에 도움이 되지 않는다. 결국 나의 잘못된 판단으로 인간적으로 가까워진 관계 때문에 소중한 고객 한 분을 잃게 되는 것이다. 이처럼 공과 사는 섞여서는 안 된다고 생각한다. 공과 사는 물과 기름과 같아서 섞이게 되면 물도 기름도 가치가 떨어진다. 동료와 고객은 철저한 공적인 관계인데 선을 넘어 사적인 관계로 발전된다면 동료도 고객도 그 가치가 떨어지게 된다. 장사로 성공을 꿈꾸는 사람들은 이점을 명심해야 한다.

동료와 고객과의 거리간격을 잘 유지할 때 장사로 성공할 수가 있다는 것을 가슴깊이 새겨두어야 한다.

♣ 부자가 되는 장사 철학

☞ 동료와의 관계, 고객과의 관계에 "불가 근 불가 원"의 지혜를 따른다면 동료도 고객도 함께 자신의 성공스토리를 써나갈 수가 있다.

4

돈보다 신뢰를 우선 시 해라!

장사를 하는 것은 단순히 돈을 버는 것이 아니라 사람을 모으는 일이다. 돈을 앞세워서는 장사로 큰돈을 벌 수가 없다. 잔돈벌이를 위해서 장사를 시작하는 사람은 없을 것이다. 돈을 앞세우면 잔돈벌이에서 벗어날 수가 없다. 돈은 결국 사람에게서 나온다. 사람을 모으면 결국 돈은 따라서 들어온다. 그렇다면 장사로 성공을 하기 위해서는 사람을 모을 수가 있어야 한다. 사람을 모으기 위해서는 반드시 필요한 것은 신뢰이다. 제품에 신뢰가 가든지 우리의 서비스에 신뢰가 가든지 우리의 마케팅에 신뢰가 가든지 해야 고객님들이 우리 매장으로 모인다. 장사의 성패는 재방문에 있다는 말을 많이 듣게 된다. 재방문 또한 신뢰가 있어야 다시 방문을 하고 돈을 쓰고 싶어진다. 그렇다면 신뢰는 어떻게 만들어지는 알아보자.

신뢰는 우선 거짓이 없어야 한다. 제품에도 거짓이 없어야 하고 우리의 서비스에도 거짓이 없어야 하고, 우리의 마케팅에도 거짓이 없어야 한다. 제품을 설명할 때도 과대홍보를 해서 유혹에 넘어가 제품을 구매해서 사용하다 보면 제품설명이 거짓됨을 알게 된다면 다시는 우리의 제품을 찾지 않을 것이다. 차라리 아무런 홍보 없이 고객의 판단에 맡기는 것이 과대홍보를 하는 것보다는 더 나은 결과를 만들게 된다. 우리의 서비스에도 진심이 없는 친절은 고객으로부터 신뢰를 얻을 수가 없다. 고객님이 매장을 방문하는 이유는 자신의 불편한 부분을 채우기 위해서 방문하는 것이다. 식당을 방문하는 고객은 맛있는 음식으로 자신의 배고픔을 채우기 위함이고 스포츠 매장을 방문해서 신발을 구매하는 고객님은 지금 신고 있는 신발이 발이 불편하거나 닳아서 그 불편함을 해소하기 위해서 우리 매장에 방문을 하는 것이다. 즉, 우리 매장을 방문하는 고객님은 생활에 무언가 불편함을 느끼는 사람들이다. 그 불편함을 진심으로 공감해 주고 불편함을 해소해 줄 수 있는 물건을 진심으로 상담해주어야 한다. 그 진심이 통하면 나의 경험상 고객님은 그날부터 우리 매장의 단골고객님이 되어주신다. 마케팅에도 거짓이 없어야 한다. 길을 가다 광고현수막을 자주 접하게 된다. 분명 80% 할인이라고 표시가 되어있지만 막상 매장에 방문을 해보면 평균 할인율이 20~30%에 그치면 고객은 실망을 한다. 저렴한 가격에 구매할 기대감으로 애써 매장을 힘들게 방문했는데 할인율이 기대에 못 미친다면 고객은 헛걸음 한 기분이 들것이다. 그리고 좀 더 심하게 말하면 고객입점을 유도하기 위한 과대광고가 고객을 농락했다는 마음까지 들 수도 있다. 이처럼 마케팅에도 거짓이 들어간다면 고객으로부터 신뢰를 잃게 될 것이다. 이렇게 거짓이 없는 제품과 거짓이 없는 우리의 서비스와 거짓이 없는 마케팅을 할 때에 고객과의 관계 사이에 신뢰라는 단단한 연결고리가 만들어지게 된다.

두 번째로 고객과의 신뢰를 만들어 가기 위해서는 구두로 주고받은 작은 약속도 마치 계약서라고 생각하고 철저하게 지켜나가야 한다. 큰 약속은 상대가 당연히 지킬 거라는 믿음이 있지만 스쳐 지나가는 작은 약속도 철저히 지킨다면 기대하지 않는 곳에서 더 큰 믿음과 신뢰가 형성된다. 고객과의 작은 약속도 수첩에 메모를 하고 기한 안에 약속을 지킨다면 고객은 깜짝 선물을 받는 기분이 들것이다. 나의 작은 경험담을 말해준다면 고객님이 제품을 구매하고는 사은품 양말을 요구하셨고 그때마침 양말이 모두 소진된 상태라 고객님께 양말 입고되는 대로 연락드리겠다면서 수첩에다가 기록을 해두고 그 이후 몇 달이 지나서 사은품양말이 매장에 입고되어 고객님께 오래 기다리게 해서 죄송하다고 말씀드리고 그때 약속한 양말 도착했다고 전화를 드렸다. 고객님은 까맣게 잊고 있었다며 지나가는 길에 들러 받아가겠다고 하시고 며칠 지나 매장에 방문해서 양말을 받으러 오신 김에 신상제품을 여러 벌 구매해 가셨다. 물론 제품을 더 판매하기 위한 목적으로 전화를 드린 것이 아니라 단지 약속을 지키기 위해서 전화를 드렸지만 이런 나의 작은 약속을 지켜내는 진실된 마음에 감동을 받아서 단순히 사은품 양말을 받으러 오셨다가 제품까지 여러 벌 추가로 구매한 것이다. 이렇게 고객과의 작은 약속일지라도 마치 계약서에 도장을 찍은 것과 같은 마음으로 그 약속을 철저하게 지킨다면 고객과의 신뢰라는 연결고리가 더욱 단단하게 만들어질 것이다.

고객과의 신뢰를 쌓기 위한 세 번째는 사후관리를 철저하게 하는 것이다. a/s의 말을 풀이하면 after-sales service를 말한다. 단순히 직역을 하면 판매 후의 서비스를 말하는 것이다. 앞서 서비스의 어원은 섬기다(servant)와 돕다(assist)의 합성어라고 했다. 즉 서비스는 고객님에게 섬기고 돕는 것이다. 애프터 서비스는 판매 후에도 고객을 섬기고 돕는 것이 이어져야 한다. 매장에서 판매를 하는 과정에서 세일즈 마케팅을 하는 것은 당장 잘 판매를 하는 것에 영향을 주게 되고, 사후관리는 재방문에 가장 큰 영향을 주게 된다. 고객님이 제품을 구매 후에 불편한 사항이나 서비스를 받기 위해서 방문을 하면 어쩌면 판매시점보다 더 질 높은 서비스를 해야 한다. 이유는 재방문에 가장 큰 영향을 주기 때문이다. 물건을 구매하러 온 것이 아니라 되려 도움을 받으러 매장을 방문했지만 물건을 구매할 때보다 더 큰 친절을 받게 된다면 감동받지 않는 고객이 없을 것이다. 이 감동은 반드시 재방문으로 이어지게 된다. 장사의 성패는 재방문에 있다고 말했던 것을 참고하기 바란다.

이렇게 거짓 없이 하는 것, 작은 약속도 잘 지키는 것, 사후관리 철저하게 하는 것을 원칙으로 생각하고 고객관리를 한다면 고객과의 신뢰관계는 더욱 단단하게 연결되어 많은 고객이 우리 매장으로 모이게 될 것이다.

♣ 부자가 되는 장사 철학

☞ **고객과의 신뢰 만드는 3가지 방법**
1) **거짓 없이** 장사를 하는 것
2) 고객과의 **작은 약속**도 계약서라고 생각하고 철저히 지키는 것.
3) 친절하고 질 높은 **사후관리**를 하는 것.

5

멀리 보고 크게 생각해라!

    장사를 배우는 직원의 마인드 중 가장 중요한 것은 매사에 멀리 보고 크게 생각을 해야 한다. 장사를 배우다 보면 여러 작은 현상들로 마음이 속상할 때가 많을 것이다. 클레임 고객에 상처를 받기도 하고 때로는 동료들로부터 따돌림을 받을 때도 있고, 사장님에게 쓴소리를 듣고 자존감이 떨어질 때도 있을 것이다. 장사로 성공을 꿈꾼다면 가장 먼저 세팅이 되어야 하는 마인드십은 단단해지는 것이다. 다이아몬드가 수많은 보석 중 가장 값비싼 이유는 화려한 광채 때문이 아니라 가장 단단한 돌이기 때문이다. 시간이 지나도 변치 않는 것은 가치가 높게 평가된다. 금도 시간이 지나 녹이 쓴다면 지금의 가치를 받지 못할 것이다. 시간이 지나도 변치 않기 위해서는 단단해지는 것이 가장 중요하다. 단단해지기 위해서는 매사에 멀리 보고 크게 생각해야 한다. 동료나 고객이나 사장으로부터의 상처는 지금만 생각하면 화가 나고 억울하고 자존감이 떨어지겠지만 좀 더 멀리 보고 크게 생각한다면 지금의 상처는 결과가 아닌 과정이 된다. 대단한 결과일수록 과정은 화려한 법이다. 바닷속 진주도 조개가 수만 번 이물질을 물 밖으로 밀어내면서 생겨난 고통의 굳은살이 쌓여서 화려한 보석으로 탄생이 되는 것이다. 장사로 성공을 하는 삶도 이와 마찬가지이다. 주변 장사로 성공한 사장들의 공통점은 자신의 성공과정을 들어보면 주변 누구나 눈물을 흘릴만한 아픈 스토리가 있다. 그 고통의 스토리가 쌓여서 단단하고 화려한 보석 같은 성공한 삶을 살고 있는 것이다. 그들에게는 삶의 고난이 없어서 성공한 것이 아니라 수많은 고난에 누구보다 익숙하기 때문에 성공한 것이다. 누구는 작은 고난에도 쓰러지지만 그들은 아무리 큰 파도가 밀려와도 그것을 맞서는 용기와 고통을 받을 준비가 되어있는 것이다. 그들이 고난이 두렵지 않은 이유는 멀리 보고 크게 생각하기 때문이다. 고난 없는 순간의 작은 성공이 아니라 고난을 이겨낸 후의 더 큰 거대한 성공을 꿈꾸기 때문이다. 권투선수가 선수를 꿈꾸고 처음 권투를 배우면 가장 먼저 하는 일이 체력을 기르는 일과 맷집을 키우는 일이다. 그들은 맞고 또 맞는 것이 챔피언이 되기 위한 가장 중요한 훈련이 되는 것이다. 그들이 맞는 것이 두렵지 않은 이유는 그들은 챔피언이라는 멀리 보고 크게 생각하기 때문이다. 장사는 마라톤과 같다. 로또처럼 한방에 이루는 성공영역이 아니다. 긴 시간을 두고 스스로를 브랜딩 해나가는 과정의 연속이다. 장사로 성공해서 건물을 세우는 사장님들은 수많은 시간 동안 그 자리에서 인고의 시간을 버티며 고객만족을 위해서 꾸준하게 브랜딩을 해온 사람들이다. 그들은 분명 지금 당장보다 멀리 그리고 크게 생각을 했기 때문에 가능했을 것이다.

장사를 꿈꾸는 직원들은 지금부터 멀리 그리고 크게 생각하는 것이 성공의 해법이라고 믿고 현재의 인고의 시간을 잘 버텨나가기를 바란다.

♣ 부자가 되는 장사 철학

☞ 멀리 보고 크게 생각해야 스스로를 끊임없이 브랜딩 할 수 있다.

6

오래 참음의 지혜를 길러라!

세상에는 두 가지의 축복열매가 있다고 한다. 하나는 껍질이 얇아서 손쉽게 그 껍질을 제거하고 먹을 수 있는 열매이고, 두 번째는 껍질이 너무나 단단하고 누꺼워 그 껍질을 벗기기 위해서는 수많은 시간과 노력을 해야만 껍질을 벗겨내어 열매를 맛볼 수가 있다. 신이 주신 이 두 가지의 축복 열매의 공통점은 껍질을 벗겨내면 그 속에 달콤한 축복이 들어있다는 것이다. 하지만 우리는 손쉽게 깔수 있는 축복 열매만 원한다. 짧은 시간에 쉽게 노력 없이 까서 맛볼 수 있는 것만 축복이라고 믿는다. 하지만 세상에는 오랜 시간과 노력과 고통이라는 자본을 투자해야만 그 껍질을 꺼내고 맛볼 수 있는 축복이 너무나 많다. 즉, 오래 참음이라는 지혜를 지니면 남들이 포기한 축복의 열매들이 너무나 많다는 것이다. 나는 손쉽게 껍질을 깔 수 있는 축복에는 관심이 없다. 오래 참음으로 인내하고 고통을 감수한 끝에 껍질을 벗겨낸 영광의 축복을 맛보는 것을 좋아한다.

　장사를 배우는 직원들은 참지 못해서 손해를 보는 것이 너무나 많다. 클레임 고객에 참지 못해서 고객님을 잃고 힘들어서 참지 못해 일을 쉬거나 그만두고 성장이 멈춰서 스스로에게 답답함을 느껴 이 길은 내 길이 아니라고 스스로의 미래를 의심하며 일터를 뛰쳐나가고 하는 등등 참지 못해서 결국 자신의 일터를 잃거나 자신의 꿈을 저버리는 경우가 많다. 장사에 있어서 성공은 한 우물을 파는 과정과 같다. 즉, 장사의 성공은 넓이의 싸움이 아니라 깊이의 싸움이다. 누가 더 넓게 파는지가 아니라 누가 더 깊게 파는지에 성공의 열쇠가 숨어 있다. 우물은 수직으로 깊이파야 샘물을 만나게 된다. 수직으로 우물을 파다 보면 처음에는 고운 모래를 만나 손쉽게 팔 수 있겠지만 시간이 지나 자갈돌을 만나고 또 시간이 지나면 돌덩이를 만나고 또 시간이 지나면 도무지 팔 수 없을 것만 같은 암반덩어리를 만나고 그것을 파고 나면 다시 고운 모래를 만나 또 자갈돌을 만나 또 돌덩이와 암석을 만나서 결국 샘물을 만나게 된다. 우물을 파서 드디어 샘물을 만나면 그 물로 평생 동안 자신의 생계를 지켜나갈 수가 있게 된다. 오랜 시간을 지나 우물을 파고 샘물을 만나기 위해 가장 필요한 자질은 오래 참음이다. 장사를 제외한 모든 영역에서도 마찬가지이겠지 자신의 분야에서 진정한 값진 무언가는 오래 참음으로써 얻을 수 있는 것이 대부분이다.

결국 오래 참지 못해서 값진 것을 얻지 못할 것이고 , 오래 참음으로써 진정한 값진 것을 얻게 된다. 오래 참음이란 무작정 긴 시간을 두고 참고만 살라는 뜻이 아니다. 자신이 원하는 목적지에 도달할 때까지 지금의 노력의 페이스를 잃지 말고 포기하지 말고 꾸준히 전진하라는 뜻이다. 지금의 자신이 큰 손해를 보거나 죽을병에 걸려서 멈춰야만 하는 것이 아니라면 지금 자신이 하는 분야에 샘물을 만날 때까지 끝까지 가야 한다. 산을 오를 때 포기만 하지 않는다면 누구나 길을 따라 정상에 도달하게 된다. 최고라서 끝까지 가는 것이 아니다. 끝까지 가니깐 최고가 되어있는 것이다. 끝까지 가는 것에는 오래 참음이 필요하다.

오래 참음을 위한 3가지 노하우를 배운 적이 있다.

첫 번째는 남의 말이나 시선에 너무 의식하지 말아야 한다. 세상은 내가 남들보다 잘하면 주변사람들은 나를 질투하고 내가 남들보다 못하면 나를 무시한다. 즉, 잘해도 못해도 똑같이 따가운 시선을 보낸다. 그 시선이 싫어서 나의 길을 포기하고 다른 길을 간다면 내가 나의 꿈을 포기하는 것과 같다. 남의 말이나 시선에 너무 의식하지 말고 조금 둔감한 채 나의 길을 묵묵히 걸어가야 한다.

두 번째는 체력관리이다. 때때로 체력이 바닥이 나면 열정 또한 떨어진다. 체력은 열정에 큰 영향을 주게 된다. 장사를 하다 보면 아무리 장사가 잘되고 사장에게 인정을 받더라도 체력이 바닥나면 주변 모든 인정이 의미가 없어진다. 체력이 좋아야 열정 또한 탄력을 받게 된다.

세 번째는 감사를 많이 말하는 것이다. 감사의 효능은 누구나 잘 알고 있을 것이다. 나는 분명 감사를 알기 전과 후의 내 삶은 완전히 다른 인생을 살고 있다고 자부한다. 감사는 마음속 부정을 없애고 긍정의 에너지를 만들어주기 때문에 감사를 자주 외치면 최상의 마음컨디션을 유지할 수가 있다. 감사를 외칠 때는 큰소리로 하지 않아도 된다. 나에게만 들릴 정도로 "감사합니다."를 수없이 말을 하면 된다. 감사로 최상의 마음컨디션을 유지한다면 오래 참음이 실현된다.

위의 3가지 루틴으로 당신의 성공 길에 오래 참음을 더해서 꼭 정상에 오르기를 바란다.

♣ 부자가 되는 성공철학

☞ 오래 참음은 자신이 장사로 성공하는데 가장 강력한 무기가 된다.

오래 참음의 실천방법 3가지
1) 주변 경쟁자들의 시선을 의식하지 않기
2) 체력 기르기
3) 매 순간 감사하기

7

'헤세드'의 사랑을 실천하라!

그리스어에 '헤세드'라는 단어가 있다. 나는 헤세드라는 단어가
성공의 핵심이라고 생각한다. 헤세드란 신의 사랑을 뜻한다. 그냥 사
랑과 신의 사랑은 무엇이 다를까? 단순한 사랑은 내가 무엇을 진심으로
좋아하는 마음을 말하고, 신의 사랑은 내가 무엇을 진심으로 좋아하는
것을 끝까지 책임을 지는 것을 말한다. 헤세드를 가장 쉽게 예로 들
수가 있는 것이 부모님의 사랑이다. 얼마 전 종영된 "나쁜 엄마"라
는 드라마가 있다. 남편을 잃은 한 여인이 외딴 시골에서 돼지농장
을 하면서 외아들을 키우는 내용이다. 비록 시골이지만 엄마의 강
단 있는 교육으로 아들을 서울대 법대에 수석으로 입학을 시킨다.
어느새 검사가 된 아들이 대기업 외동딸과 결혼을 앞두고 한동안
찾지 않은 시골의 엄마를 찾아간다. 그리고 부모포기 합의서를 들

고 자신을 애써 키워준 어머니에게 합의서에 사인을 해주셔야 자신이 대기업 회장의 사위가 될 수 있다며 부탁을 한다.

너무나 비굴하고 못난 아들이지만 눈물을 감추며 그 합의서에 도장을 찍어주고 아들이 오기 전 며칠 전부터 애써 차린 밥상을 내밀며 밥은 먹고 가라고 아들에게 애원을 한다. 합의서에 도장을 받은 아들은 그 길로 예비신부와 함께 준비해 둔 형식적인 선물꾸러미를 집안에 던져두고 서울로 향한다. 이 같은 불효를 저지른 아들에게 불행이 찾아온 건지 서울로 향하던 차는 트럭을 받고 전복된다. 그 후 아들은 전신 마비가 된다. 시골 엄마는 전신 마비가 된 아들을 다시 시골로 데려와 함께 산다. 다시 꼬마가 되어버린 바보 아들에게 엄마는 강단 있게 아들을 훈련시킨다. 아들이 누워있는 곳 1미터 떨어진 곳에 밥을 두고 스스로 일어나 먹을 때까지 기다린다. 그다음은 2미터 그다음은 3미터 떨어진 곳에 밥을 두며 아들을 훈련시킨다. 그리고 아들이 조금씩 건강을 회복한다. 이 드라마 속에서 엄마는 대한민국 최고의 검사아들이었지만 한순간 자기 몸 하나 가눌 수 없는 바보아들이 돼버린 아들을 여느 때와 상관없이 사랑을 준다. 잘 나가던 검사아들일 때는 대기업 회장도 아들 삼고 싶은 탐나는 아들이었지만 예기치 못한 교통사고로 순간 바보 아들이 되자 누구도 쳐다보지 않는 세상에 버림받은 바보 아들을 또다시 사랑으로 품는 것은 어머니이다. 이 어머니의 사랑이 바로 헤세드 사랑이다. 우리도 헤세드 사랑이 필요하다. 누군가를 지켜내기 위해서도 헤세드의 사랑이 필요하고 자신의 꿈을 지켜내기 위해서도 헤세드 사랑이 필요하다. 탐나는 무언가에는 사랑을 하고 탐나지 않을 때는 아쉬움 없이 정을 주지 않는다.

우리의 일도 내가 성장을 하고 주변사람들에게 인정을 받을 때는 나의 일을 사랑하고 비전을 느끼지만 나의 성장이 잠시 멈추고 주변사람들에게 인정받지 못할 때는 나의 일에 비전을 느끼지 못하고 스스로의 미래를 의심하고 쉽게 포기한다. 내가 선택한 것은 내가 사랑으로 지켜 내야 한다. 그래서 장사를 배우는 직원들은 헤세드 사랑으로 때로는 힘들고 지치더라도 자신이 택한 장사를 포기해서는 안 된다. 끝까지 사랑해야 한다. 내가 배우고 경험한 장사의 영역은 끝까지 포기하지 않으면 반드시 빛을 보게 된다. 경력을 거꾸로 하면 역경이 된다. 수많은 역경이 찾아와도 헤세드의 사랑으로 끝가지 자신의 꿈을 포지하지 않고 지켜내기를 바란다.

♣ 부자가 되는 장사 철학

☞ 헤세드 사랑: 내가 선택한 것을 사랑하고 끝까지 책임을 지는 것.
내가 선택한 장사의 꿈을 사랑하고 포기하지 않고 끝까지 지켜내야 한다.

8

자신의 분야에 최고가 되어라!

지금 시대에는 무언가를 열심히 하고 성실하게 하는 것은 더 이상 경쟁력이 될 수가 없다. 잘해야 한다. 잘하는 사람들 중에서도 유명해져야 한다. 자신의 분야에서 대충 하는 것도 열심히 하는 것도 잘하는 것도 유명해지는 것도 이 모든 것은 자신의 선택에서부터 길이 열리게 된다. 마음속 나는 남들보다 부족하니깐 그냥 대충 사는 삶을 살자라고 마음먹으면 열심히 하는 단계에 오르지 못한다. 이유는 자신이 대충 사는 열차에 올라타는 것을 선택했기 때문이다. 열심의 열차와 잘함의 열차와 유명함의 열차 또한 마찬가지이다. 신은 우리에게 모든 선택권을 주셨다.

다만 그것에 대한 책임감이 따를 뿐이다. 이와 같이 여러 열차 중 나는 유명함의 열차에 올라타기를 바란다. 이왕이면 유명해지는 것이 좋다. 지금 시대는 그렇다. 지금은 여러 미디어를 통해 스스로를 마케팅하는 시대이다. 어린아이가 유튜브로 자신을 알리고, 할아버지 할머니께서도 틱톡으로 자신을 마케팅하는 시대에 우리는 살고 있다. 즉 셀프 마케팅이 시대적 필수아이템이 되었다. 나는 대충 사는 삶 보다는 열심히 사는 편이 낫고, 열심히 사는 삶보다는 잘하는 삶을 사는 것이 낫고, 잘하는 삶보다는 이왕이면 유명한 삶을 사는 것이 낫다고 생각한다. 물론 사람 성향상 저마다 자신만의 기준과 정답이 있겠지만 적어도 장사로 성공을 하고 싶은 직원들에게는 이왕이면 잘함을 넘어 그 분야에 유명한 사람이 되기를 꿈꾸라고 말해주고 싶다. 유명해져서 주변에 수많은 자신과 같은 꿈을 꾸는 어린 후배들에게 좋은 영향과 도움을 주라고 말하고 싶다. 자신의 분야에 최고가 되는 꿈을 가지는 것과 막연히 열심히 하고 싶고 잘하고 싶은 마음가짐은 그 도착지가 다를 것이다. 장사를 배우는 직원들 모두가 똑같이 성공의 출발선에 놓여 있다. 출발선에서부터 목적지를 분명하게 정해야 중간에 방황하지 않는다. 이왕이면 자신의 분야에서 최고가 되겠다고 선택하기를 바란다. 그리고 그 선택에 부끄럽지 않도록 감동 있는 노력을 만들어간다면 분명히 자신이 정한 목적지에 도착할 수가 있을 것이다.

♣ 부자가 되는 장사 철학

☞ 이왕이면 열심보다 잘하고, 잘함보다 유명해져라!

9

탐나는 사람이 되어라!

　세상에 가치를 더하는 것은 많은 사람들이 탐내하는 것이다. 탐이 나고 여러 사람으로부터 소유욕을 자극시킬 때 그 대상의 가치가 급상승한다. 장사로 매출을 올리고 돈을 버는 일은 자신의 매장과 물건이 세상으로부터 그 가치를 검증받는 것이다.

　세상의 모든 값은 수요와 공급의 원리를 따른다. 물건도 사람도 모든 것이 마찬가지이다. 직원들도 자신의 연봉을 높이기 위해서는 자신의 가치를 입증해야만 한다. 자신이 타인에 비해 희소성이 있고 탐나는 사람이어야 그 가치가 입증된다. 자신이 연봉을 남들보다 더 많이 받고 싶은 사람은 최근 자신이 외부로부터 스카우트 제의를 받은 적이 있는지를 먼저 체크해봐야 한다. 탐나는 물건은 서로가 그것을 가지기 위해 가격경쟁을 하듯이 사람도 탐나는 사람은 누군가가 그를 스카우트하고 싶어 한다.

나 또한 바지 주머니에 항상 나의 명함을 넣고 다닌다. 길을 가다가 과일 파는 청년행상이 판매를 하는 모습을 보고 그 청년이 탐이 나게 장사를 한다면 그에게 나의 명함을 건 낸다. 식당이든 백화점이든 예외가 없다. 나의 눈에 매력적으로 들어오는 사람은 명함을 주며 함께 일해보자고 한다. 이것이 어쩌면 세상의 이치라고 생각한다. 탐나는 사람은 탐을 내는 사람과 파트너를 이룬다. 일도 사랑도 마찬가지이다. 그렇다면 탐나는 사람의 특징은 무엇일까?

첫 번째는 잘 웃는 사람이다. 웃음은 자신이 긍정적인 사람이라는 것을 자장 쉽게 알릴 수 있는 행위이다. 잘 웃는 사람은 주변사람까지 긍정의 에너지를 분산시킨다. 일터에 잘 웃는 사람하나가 매장 전체의 분위기를 밝게 한다.

두 번째는 인사를 적극적으로 하는 사람이다. 인사는 나이 상관없이 먼저 하는 사람이 호감을 얻게 된다. 애매한 상황에 머뭇거리는 것보다 먼저 적극적으로 인사를 하면 나이와 상관없이 호감과 인기를 얻게 된다. 인사를 적극적으로 잘하는 사람은 충분히 탐나는 사람이다.

세 번째는 늘 한결같은 사람이다. 앞뒤가 다르고 고객을 응대할 때와 밖에서 사적인 모습이 정반대인 사람은 신뢰를 얻을 수가 없다. 기분이 좋을 때와 화가 날 때 정반대인 사람은 호감을 얻을 수가 없다. 이 사람 대할 때와 저 사람 대할 때가 확연히 다른 사람은 주변사람들에게 인정받기 힘들다. 완벽히 앞뒤가 같은 사람은 없지만 앞뒤가 같아지기 위해서 늘 노력하는 사람이 있다. 이런 사람은 주변에서 탐낼만한 자격이 충분한 사람이다.

네 번째는 고마움과 미안함을 최대한 빠르게 표현할 수 있는 사람이다. 인간의 기본도리는 고마움과 미안함을 알아야 한다. 누군가에게 도움을 받으면 즉시 고마움을 표현해야 하고 미안한 일이 있으면 최대한 빠르게 진심을 담아서 사과를 해야 한다. 고마움과 미안함에는 분명 유통기한이 있고 골든타임이 있다. 최대한 빠르게 한다면 고마움도 미안함도 상대에게 더 큰 호감을 얻게 된다.

다섯 번째는 손발이 빠른 사람이다. 손발이 빠른 사람은 무슨 일이든 성과를 낼 줄 안다. 작은 일에도 손발이 빠른 사람이 인정받게 된다. 손발이 빠른 사람은 차로 비교를 하자면 고성능의 엔진을 가지고 있는 것과 같다. 언제든 일의 속도를 붙일 수 있는 사람들이다. 오너가 일을 주면 손발이 빠른 사람은 속도 있게 결과물을 오너에게 가져다준다. 오너는 그런 사람을 늘 가까이 두고 싶어 한다. 이처럼 손발이 빠른 사람은 누군가 탐내기 충분한 사람이다.

여섯 번째는 예측가능한 사람이다. 변수가 많고 컨디션이 들쑥날쑥한 사람은 신뢰를 얻기 힘들다. 변수가 적고 늘 예측이 가능한 사람이 누군가에게 신뢰를 얻게 된다. 사적으로 변수를 최대한 적게 만드는 것이 좋다. 작은 약속도 변수로 인해 자주 변경하거나 취소가 된다면 그는 예측가능한 사람이 못된다. 변수관리를 철저하게 해서 상대방에게 늘 예측이 가능한 사람이 되어야 한다.

마지막으로 일곱 번째는 자기 계발을 꾸준히 하는 사람이다. 자기 계발은 스스로를 끊임없이 성장하게 한다. 책을 읽든 운동을 하든 자신의 한계에 늘 호기심을 가지고 도전하는 사람은 끊임없이 성장을 해나간다. 성장이 멈추지 않는 사람은 늘 주변에서 탐을 낸다. 남들보다 더 일찍 출근을 하고 남들보다 좀 더 큰 열정을 가지고 하는 것에 피해의식이나 손해의식 없이 스스로의 성장에 도움이 된다고 믿는 사람들이 이들의 유형에 속한다. 힘들 때는 경험이라고 생각하며 그마저도 배운다고 생각하는 사람들이 이들의 유형이다. 책을 꾸준하게 읽거나 자신의 멘토에게 끊임없이 질문을 구하는 사람들이 이들의 유형이다.

위의 7가지 유형만 따라 한다면 누군가에게 충분히 탐나는 사람으로 거듭 날 수가 있고 자신의 가치 또한 높아짐을 몸소 느끼게 될 것이다.

♣ 부자가 되는 장사 철학

☞ **탐나는 사람이 되는 법**

1) 잘 웃는 사람이 되자!

2) 인사를 먼저 하는 사람이 되자!

3) 늘 한결같은 사람이 되자!

4) 고마움과 미안함을 빠르게 표현할 수 있는 사람이 되자!

5) 손발 빠른 사람이 되자!

6) 예측가능한 사람이 되자!

7) 자기 계발을 꾸준히 하자!

10

피해의식과 손해의식에서 벗어나라!

장사로 성공을 꿈꾸는 직원들이 반듯이 조심해야 할 두 가지 의식이 있다.

피해의식과 손해의식이다. 피해의식은 나의 환경이 남들보다 불리하고 불공평하다는 생각에 사로잡히는 의식을 말한다. 피해의식을 한번 가지게 되면 이것은 암 덩어리와 같아서 건강한 사고와 자신의 열정을 갉아먹는다. 피해의식에 사로잡힌 사람들의 특징은 열심히 해도 소용이 없다는 생각을 가지게 된다. 어차피 자신은 인정받을 수가 없고 남들보다 불리한 환경이라 열심히 할 필요가 없다는 생각을 가진다. 이들은 늘 불만을 품고 주변 동료들에게까지 악영향을 끼친다. 또한 피해의식은 패배주의로 발전되어 스스로를 패배자로 몰아간다. 손해의식은 남들보다 더 이른 시간에 출근을 하

거나 남들보다 좀 더 많은 일을 하면 자신만 손해를 본다는 의식
을 말한다. 즉, 남들보다 조금이라도 일을 더하는 것이 손해라는 의
식이 강하게 잡혀있어서 스스로의 열정을 억누르게 된다. 손해의식
에 사로잡힌 사람들은 항상 월급 받는 만큼이나 그 이하로만 일을
하기 때문에 조직 내에서도 인정을 받기가 어렵다. 결과적으로 인
정받지 못하는 것에 불만을 가지며 투덜거리는 사람으로 변질된다.
즉, 손해의식은 피해의식으로 까지 발전되어 조직 내에서 도태되거
나 썩은 사과로 분류된다. 장사의 영역은 하는 만큼 스스로의 성공
이 더욱 가까워짐을 알아야 한다. 남들보다 더 많은 시간을 일한다
면 그만큼 자신의 경험치가 높아지고 자신의 꿈꾸는 성공 또한 가
까워지는 것이다. 남들만큼만 해서는 남들보다 잘 살 수가 없는 것
이 장사의 영역이다. 더군다나 경험이 없는 직원들은 양으로 경험치
를 높여나가야 한다. 우리가 흔히 자주 내뱉는 말 중에 생명의 언어
가 있고 죽음의 언어가 있다. 생명의 언어는 이왕이면이라는 말로 시
작이 되고 죽음의 언어는 어차피라는 말로 시작된다. 피해의식과 손해
의식에 사로잡힌 사람들은 모든 말이 어차피라는 말로 시작될 것
이다. 어차피 안 될 거야. 어차피 열심히 해도 소용이 없을 거야. 어
차피 나만 손해일 거야..라는 등등의 말은 모두 어차피로 시작된다.
어차피로 시작되는 말은 결국 스스로를 실패의 길로 향하게 한다.
반대로 이왕이면이라는 말로 시작되는 말은 긍정적이고 늘 주변에
탐나는 사람들이 자주 하는 말이다. 이왕이면 열심히 해보자. 이
왕이면 한번 제대로 해보자. 이왕이면 하나 더 하고 가자. 이왕이

면 조금 더 큰 미래를 꿈꾸자. 등등의 말이다. 손해의식과 피해의식에서 벗어나기 위해서는 자신이 입버릇처럼 내뱉는 말이 이왕이면을 자주 사용하는지 어차피라는 말을 자주 하는지를 점검해 보고 생명의 언어이자 성공의 언어인 이왕이면을 시작하는 말을 하는 것이 자신이 꿈꾸는 미래로 가는데 부스터 역할을 제대로 해줄 것이다.

♣ 부자가 되는 장사 철학

☞ 피해의식과 손해의식에서 벗어나라!
장사는 남들보다 더 많이 일 하는 만큼 경험을 얻게 되고, 남들보다 더 연구하는 만큼 성장한다. 피해의식과 손해의식은 남들보다 더 하는 열정을 억누르게 되어 결국 도태되는 삶을 살게 된다.

11

올바른 기준으로 스스로를 바로 세우고, 주변 모든 이들을 돕고 또 도와라!

장사의 영역에는 수많은 유혹거리가 생겨난다. 돈을 만지는 일이다 보니 그 어느 직업보다 더 높은 정직성이 요구되고 고객을 응대하는 일이다 보니 그 어느 직업보다 더 높은 친절함이 요구된다. 사람은 나쁜 것에 빠르게 유혹되고 중독된다. 작은 요령이 편법을 사용하게 되고 그 편법이 불법 자가 된다. 그래서 늘 옳은 기준이 필요하다. 상황적으로 판단이 애매한 경우가 생기면 자신의 멘토나 일을 가르쳐주는 사장에게 물어보고 해야 한다. 사장조차도 올바른 기준이 없다면 그 사업장에서는 더 이상 배울 것이 없다고 봐야 한다. 적어도 본인이 장사를 꿈꾸고 사장을 꿈꾸고 부자를 꿈꾼다면 말이다. 올바른 기준을 잡고 그 기준에 맞춰서 스스로를 바로세워 나가야 장사를 올바르게 배울 수가 있다. 주변에 순간적으로 좋은 성과를 내고 순간적으로 인정받는 직원이 어느 순간 무너지는 것을 많이 봤다. 그런 직원의 성과를 섬세하게 되돌아보면 누군가를 속여 만든 가짜성과인 경우가 많았다. 순간 고객님을 속이고 동료직원을 속이고 사장을 속일 수는 있어도 자기 자신을 속일 수는 없다. 자기 자신을 속이면 마음속 불안함은 지워지지가 않는다. 그 불안함은 결국 좋지 않은 일들로 더 큰 손해를 보게 된다. 이 같은 원리를 모든 일에 적용이 된다. 그래서 장사를 하 든 기업에 다니든 공무원을 하 든 자신을 속이는 행위는 결국 가짜의 인생을 사는 것이고 결국 더 큰 손해를 스스로가 짊어지게 된다. 늘 올바른 기준으로 올바른 루틴을 삼으며 장사를 해야 한다.

주변 직원들이나 후배들이 올바른 기준이 무엇인지를 묻는다면 나는 이렇게 답한다. 남을 속이는 일 없고 나를 속이는 일 없는 것이다. 그리고 누군가가 나의 기준과 루틴을 들여다볼 때 모두가 응원해 줄 수 있는 것이라고 말한다. 하지만 이 세상 완벽한 사람은 없다. 털어서 먼지 나지 않는 사람이 없듯이 완벽히 깨끗한 사람도 없다. 제아무리 올바른 기준으로 곧은길을 가고 있다고 믿지만 자신이 걸어온 길을 되돌아보면 구불구불한 길을 걸었음을 알게 된다. 하지만 올바른 기준으로 꾸준히 걷다 보면 구불구불한 길도 조금씩 곧아짐을 알게 된다. 완벽한 사람은 없지만 완벽해지려고 노력하는 사람은 있다. 완벽히 깨끗한 사람은 없지만 매사에 깨끗하게 행동하려고 애쓰는 사람은 있다. 그것을 목표로 하기를 바란다.

장사로 부를 꿈 꾸는 직원들은 올바른 기준을 가지고 스스로를 바로 세우는 일과 더불어 이타심을 가지는 것이 중요하다.

이타심은 남을 먼저 생각하는 것이다. 장사는 돈이 아닌 사람을 모으는 일이라고 했다. 사람을 모으는 가장 빠른 방법은 이타심을 가지는 것이다. 인간의 가장 기본적인 본능은 이기심이다. 누구나 자신의 이익에 예민해진다. 사람을 만나도 나에게 이익이 있다면 적극적으로 태도가 변한다. 이타심은 이기심을 더욱 끌어들이기 쉬운 기술이 된다. 이타심으로 고객님을 응대한다면 그들은 자신에 이익을 주는 매장과 직원으로 인식이 되면 매장과 직원에 호감지수가 급상승하게 된다. 나는 직원들에게 고객님을 응대할 때 무엇을 판매할 지부터 고민하지 말고 무엇을 줄지를 먼저 고민하라고 한다. 정보가 되었든 좋은 물건이 되었든 사은품이 되었든 이것들이 고객님께 유익한 것이라면 뭐든 주어야 한다. 주는 것이 선행되어야 우리 매장에 대한 호감도가 급상승한다. 어느 곳에나 고객님이 모이는 곳은 고객님에게 유익함을 주는 공간이다. 반대로 어느 곳에나 고객님이 없는 텅 빈 매장은 고객님에게 유익함을 주지 못하는 곳이다. 이는 식당이든 소매점이든 마찬가지이다.

고객님 한분이 우리 매장을 방문해서 필요한 물건을 구매해서 문밖으로 나가실 때는 체감 상 매장에 지불한 돈보다 더 큰 것들을 손에 쥐고 나갈 수가 있어야 한다. 쉽게 말해서 다시 오고 싶은 매장이 되어야 한다. 좋은 서비스에 만족하는 것이 아니라 물건하나만 사 온 것에 미안한 마음이 들 정도로 감동을 줄 수가 있어야 한다. 이타심은 고객님에게 감동을 주는 핵심도구가 된다. 지금부터 우리

매장을 방문하는 고객님에게 무엇을 판매할 지부터 고민하는 것이
아니라 무엇을 줄지 부터 고민해 보자. 우리의 서비스 질이 달라지
고 매출이 달라지고 우리의 장사인생이 달라질 것이다.

♣ 부자가 되는 장사 철학

☞ 장사로 돈을 버는 것은 즉, 사람을 모으는 일이다. 사람을 모으
기 위해서는 올바른 기준으로 스스로를 바르게 세우고, 모든 고객
님들에게 풍부한 이타심을 가져야 한다.

12

이성이 7 감성이 3의 균형을 잘 유지하라!

장사를 하다 보면 감성에 치우쳐있을 때가 많아진다. 인간은 좋은 것을 보아도 감성이 생겨나고, 나쁜 것을 보아도 감성이 차오른다. 장사 또한 사람을 내하는 일이라 다른 일에 비해서 감성이 차오를 때가 많다. 하지만 장사로 성공을 하는 사람은 감성보다 이성을 더욱 지배하는 사람들이다. 우리의 뇌는 두 개가 존재한다. 좌뇌와 우뇌이다. 좌뇌는 이성을 컨트롤하는 기능을 하고 우뇌는 일종의 조이센터라고 해서 감성을 컨트롤 하는 기능을 한다. 쉽게 말해서 이성적인 사람은 좌뇌가 발달되어 있고 비교적 감성적인 사람은 우뇌가 발달이 되어있는 것이다. 간단한 예를 들면 우리가 술을 먹으면 우뇌가 부풀어 감성적인 기능이 활발해진다. 그래서 우리는 술만 먹으면 이성적으로 통제하는 것이 아니라 기분에 따라 자신의 행동에 영향을 주게 된다. 처음 보는 사람과도 술자리에서 오래된 베프가 된다. 스킨십도 과감해진다. 분명 어색한 사람과는 이성적으로 판단한다면 모든 것이 조심스럽고 자신에게 도움이 되는지 안전한 지를 살피게 되지만 감성적인 상황에서는 기분에 따라 베프가 되고 어깨동무를 쉽게 하고 2,3차를 향해 렛츠고를 외친나. 그리고 술을 먹은 다음날이 되면 다시 감성의 우뇌가 진정이 되고 이성의 뇌가 활발해지면서 전날의 행동과 선택에 후회를 하게 된다. 그래서 기분이 좋아서 술을 먹지만 술 때문에 기분 좋지 않은 일들이 발생된다. 술뿐만이 아니라 일터에서도 고객을 응대하다 보면 감성에 치우쳐지는 경우가 많다. 클레임 고객이나 응대하기에 난이도가 높은 고객을 응대하고 나면 감성이 차오를 때가 많다. 장사의 영역은 철저하게 숫자를 다루는 일이다. 숫자의 영역에서는 이성적인 사람이 감성적인 사람을 이긴다. 나는 장사의 영역에서 성공을 하기 위해서는 자신의 이성과 감성의 균형 있는 비율을 가지는 것이 좋다고 믿는다. 이성과 감성의 균형 있는 비율은 이성이 7 감성이 3이라고 생각한다. 물론 정확한 기준대로 장사를 하기란 쉽지가 않겠지만 최소한 이성이 감성을 지배하는 구조로 가야 한다. 주변 좋은 매출을 이어가는 자영업자들이 많다. 그중 모두가 좋은 매출만큼 자신의 자산을 불리는 것은 아니다. 누구는 주변에서 도움 요청을 하는 친한 지인들을 거절을 못해서 돈을 빌려주어 사람과 돈에 끌려 다니는 경우를 보게 된다. 자신의 업에 노하우가 있어서 돈을 잘 벌지만 그 돈을 관리를 못하는 사장들의 유형이다. 이들의 대부분은 이성보다 감성이 앞선 사람들이 많다. 술자리에서 마음이 약해서 돈을 빌려주고 반복되는 부탁에 미루다 마지못해 보증을 서주는 유형이다. 냉정함이 없다면 장사를 하면 안 된다. 이유는 벌어서 엉뚱한데 그 돈이 다 흘러 들어가기 때문이다. 돈을 빌리는 사람치고 사정이 딱하지 않은 사람 없다. 모두가 딱한 사정이고 다급한 사정으로 돈을 빌린다. 하지만 나는 자신이 힘들게 번 귀한 돈을 주변사람들에게 들어가서 좋은 역할을 한다고 생각하지 않는다. 돈을 빌려간 그들에게도 순간 급한 불을 끄는 것 밖에는 안 된다. 얼마 지나지 않아 또다시 발등에 불이 붙어서 또다시 자신에게 돈부탁을 하게 될 것이다. 나의 경우에는 주변에 급전을 사정하는 사람이 있다면 그냥 빌려주는 것이 아니라 일자리를 제공한다. 돈을 주는 것과 돈을 벌 수 있는 기회를 주는 것은 다르다. 남의 사정에 마음이 쉽게 약해지는 사람의 특징은 감성적인 경우가 많다. 참 무서운 사실은 사회의 영역에서는 이성적인 사람이 감성적인 사람을 지배한다는 것이다. 자신이 장사를 꿈꾸는 직원이라면 훗날 자신이 보물섬으로 향하는 거대한 배를 이끄는 선장이 되어야 한다. 고객님과 직원들과 자신의 가족들을 태우고 보물이 가득한 보물섬으로 향하는 선장이 되어야 한다. 그리고 그들을 보물섬에 도착할 때까지 섬기고 그들을 안전하게 리더 해야 한다. 리더는 7대 3의 이성과 감성을 지닌 사람이라는 것을 명심해야 한다. 또한 이성적인 사람은 스스로를 객관화하는 힘이 있지만 감성에 치우친 사람은 스스로의 감정이나 기분에 상황을 해석하고 판단을 한다. 메타인지의 지혜처럼 매장을 운영하다 보면 너무나 많은 일들이 발생된다. 그 일들을 감성적으로 접근하면 그 일을 해결이 되는 것 이 아니라 일을 더욱 키우는 상황이 발생된다. 이성이 지배하는 사람은 발생된 문제를 객관적으로 해석하고 문제해결에 집중해서 빠른 시간 내에 해결을 한다. 그렇다고 모든 것을 이성에 만 치우쳐 살라는 말은 아니다. 스스로가 장사로 성공을 할 때까지는 이성의 엔진을 힘차게 돌려야 한다는 것이다. 성공궤도에 오르기까지는 이성의 엔진을 힘차게 돌리고 성공궤도에 오르면 감성의 엔진을 힘차게 돌려서 주변 사람들을 위한 선한 일들을 더욱 확장해 나가는 것이 자신의 인생을 더욱 알차고 의미 있게 살아가는 방법이라고 생각한다. 장사로 성공을 꿈꾸는 직원들은 기억해야 한다. 이성이 7 감성이 3인 장사를 해야 성공된 장사를 할 수가 있다는 것을 말이다.

♣ 부자가 되는 장사 철학

☞ 장사를 꿈꾸는 직원은 이성이 7 감성이 3인 장사를 해야 한다. 70% 대부분의 일들을 냉정한 눈으로 보고 판단하고 나머지 30%의 일들을 따뜻한 마음으로 판단하고 사람들을 대해야 한다.

13

끊임없이 자기 계발을 해라!

우리는 살면서 성장이라는 말을 너무나 많이 듣고 요구받으며 살아간다. 성장은 무엇이 좋길래 왜 그리 주변에서 요구를 하고 스스로도 성장을 하고 싶어 하는가? 나 또한 삶의 행복한 순간을 순위로 매겨본다면 아마도 Top 5 안에 성장하고 있음을 느낄 때가 꼭 들어갈 것이라고 확신한다. 자신이 성장했다는 기분은 그 어떤 보상보다 기쁨이 있을 것이다. 일이든 취미든 자신이 노력으로 인해 더 나은 성과가 나고 예전보다 더 성장한 자신의 모습을 확인하는 순간의 기쁨은 말로 표현할 수 없을 정도로 기쁠 것이다. 학창 시절 시험을 치르고 난 며칠 뒤가 되면 항상 선생님께서 교실 맨 뒤 벽보지에 시험성적을 붙여두셨다. 아이들이 벌떼처럼 달라붙어서 자신의 이름을 찾는다. 그리고 숫자로 표기된 자신의 등수를 확인

하고는 성적이 오른 친구들은 입이 찢어지듯 기뻐했고 성적이 떨어지면 얼굴을 아래로 떨 구며 자신의 자리에 조용히 가서 우울한 기분을 달랬다. 성적이 오르는 것도 성장인 것이다. 과거보다 더 높은 순위에 올라간 자신의 성적은 공부에 성장을 했다는 것이 입증된 것이다. 어릴 적 키가 조금 더 자라나도 우리는 기뻐했다. 매일 방안의 벽에 붙은 도배지에 자신의 키를 연필로 그어놓고 매일자신이 얼마만큼 자랐는지를 확인했었던 기억이 난다. 특히나 사춘기 시절 겨울방학이 되면 키가 그 어느 때보다 많이 자랐는데 예전의 그어 놓은 선을 넘길 때마다 기쁨이 있었다. 성인 남녀가 다이어트를 목적으로 열심히 운동을 해서 일정기간이 지나 몸무게를 재었을 때 다이어트에 성공하면 그 또한 성장이다. 몸에 근육을 만들기 위해 팔 굽혀 펴기를 하기로 마음먹고는 처음에는 10개도 힘들었지만 매일 꾸준히 하다 보면 20개 30개도 거뜬히 한다. 이 또한 성장인 것이다. 어제보다 나은 모습이 되어있다면 분명 그것은 성장인 것이다.

이렇듯 우리에게는 누구에게나 자신의 성장에 큰 기쁨을 느낀다. 우리가 흔히 좋아하거나 필요한 물건을 구매했을 때 기쁨이 있다. 이 기쁨의 심리 저변에는 지금 가지고 있는 물건보다 더 업그레이드된 새 제품을 가지게 되었기 때문이다. 업그레이드된 새 제품을 사용하는 것 또한 자기 자신이다. 자신이 업그레이드된 제품을 사용하는 모습자체가 예전에 비하면 성장인 것이다. 자신이 외적인 모습이든 내적인 모습이든 어제보다 나은 모습이라면 성장했다고 말할 수가 있는 것이다. 이쯤이면 성장이 자기 스스로에게 얼마나 큰 기쁨을 주는지를 알게 되었을 것이다. 그렇다면 성장은 무엇으로 만들어지는 것일까? 나는 대부분의 성장은 자기 계발로 만들어진다고 말한다.

누구에게나 내 안에 잠든 거인이 있다. 이것을 흔히 잠재능력이라고도 하고 숨은 나의 능력이라고 말한다. 성장은 자신의 숨은 능력을 찾고 개발한다면 성장 폭이 그 어느 때 보다 클 수가 있다. 퀀텀 점프를 할 수 있는 방법이 자기 계발인 것이다. 자기 계발을 하는 방법은 여러 가지가 있다. 독서를 통해 지혜와 영감을 얻는 것도 대표적인 자기 계발이다. 운동을 통해서 과거보다 더 나은 체력과 몸을 만드는 것도 자기 계발이다. 무언가를 배우며 지식을 늘려 나가는 것도 자기 계발이다. 자기 계발을 통해 자신의 삶을 퀀텀 점프를 하는 사람들의 특징 중 하나는 스스로의 한계에 대해 호기심을 가진다는 것이다. 자기 계발에 관심이 없는 사람들의 공통점은 반대로 스스로의 한계에 관심이 없다는 것이다. 내가 어디까지 할 수 있는지? 그것이 궁금한 사람들은 자기 계발로 끊임없이 스스로를 파고든다. 되는대로 생각하는 것이 아니라 생각하는 대로 된다는 것을 믿고 살아간다.

장사의 영역 또한 지극히 창의적인 영역이다. 고객님께 새로움을 드리지 못하면 그 매장은 얼마 지나지 않아 고객님의 발길이 끊기고 매장 문에 임대라고 써 붙여야 한다. 즉, 장사로 성공을 하기 위해서는 새로운 것을 끊임없이 창조해내야 한다. 새로운 고객을 창출하고 새로운 제품이 매장에 진열이 되고 새로운 서비스로 새로운 감동을 주고 새로운 마케팅으로 끊임없이 고객을 유치할 수가 있어야 한다. 이 모든 창의적인 일의 시작 또한 호기심에서부터 시작이 되어야 한다. 우리 매장의 한계는 어디까지일까? 그것이 궁금해서라도 그 한계를 이겨내기 위해 우리는 끊임없이 자기 계발을 하고 매장 계발을 해야 한다. 장사로 성공을 꿈꾸는 직원들은 오늘 하루 내가 얼마나 많은 노동을 했는지가 아니라, 오늘 하루 내가 얼마나 많은 배움이 있었는지를 생각해야 성장할 수가 있다.

자기 계발을 통해서 성장만 얻어낼 수 있는 것이 아니다. 성숙도 얻어 낼 수가 있다. 자신의 분야에서 최고가 되고 성공을 하기 위해서는 성장만큼이나 성숙도 중요한 덕목이다. 성장은 눈에 보이는 발전된 결과물이라면 성숙은 자신의 인생 그릇을 넓혀나가는 것이다. 누군가 화를 참지 못하고 기분에 따라 행동을 해서 일을 그르치게 된다면 우리는 그를 보고 성숙하지 못하다고 말한다. 누군가 과거에 비해 덕을 쌓고 남을 배려하는 마음이 커졌다면 우리는 그를 성숙해졌다고 말한다. 성숙은 사람을 키우는 그릇을 넓혀나가는 것을 말한다. 옳고 그름을 판단할 줄 알고 이기심보다 이타심을 가지고 아파도 인내할 수 있는 삶의 태도를 말한다. 대나무의 지혜를 보면 강한 태풍이 불어 주변 거대한 고목들이 쓰러져도 대나무만큼은 기둥이 쉽게 부러지거나 쓰러지지 않는다. 대나무에게는 마디가 있기 때문이다. 대나무는 중간중간 마디를 만들고 줄기가 하늘을 향해 뻗어나간다. 이렇게 중간중간에 마디가 있기에 줄기가 드높게 뻗어나가고 아픈 고난의 시기가 와도 잘 견뎌낼 수가 있는 것이다. 대나무의 기둥이 자라나는 것이 성장이라면 마디는 성숙을 말한다. 성장만 있는 성공은 그리 오래가지 못한다. 성장의 중간중간에는 스스로를 되돌아보는 반성과 깨우침 있는 각성을 해야만 우리들의 삶의 마디가 생겨난다.

　고난과 시련 또한 마찬가지이다. 우리의 인생도 흔들리는 추와 같이 잘 풀렸다가 안 풀렸다가를 좌우로 일정하게 반복한다. 장사로 성공한 사람들은 고난이 없어서 성공한 것이 아니다. 고난을 익숙한 사람만이 성공을 할 수가 있다. 적어도 장사의 영역만큼은 그렇다고 확신한다. 고난하나를 이겨내면 우리 삶의 단단한 마디 하나가 만들어진다. 성장으로 자신의 키를 더 높이고 성숙으로 자신의 그릇을 넓혀 나간다면 이 세상 최고의 창과 방패를 가지는 것이된다. 어떠한 삶의 풍파가 와도 성장과 성숙 이 두 가지를 가진 자에게는 두렵지가 않을 것이다.

♣ 부자가 되는 장사 철학
☞ 자기 계발로 인한 자기 성장은 성공을 더욱 빠르게 하고, 고난에 의해 생겨난 성숙은 성공을 더욱 단단하게 한다.

14

장사꾼의 진정한 성공은
행복한 장사를 하는 것이다

　나는 주변 친구들이나 지인들로부터 성공했다는 말을 자주 듣게 된다. 그들이 나를 볼 때 충분히 그렇게 보일 수도 있다. 왜냐하면 시골 가난 촌놈이 그것도 공부도 못하는 성공과는 너무나 거리가 먼 내가 장사로 100억이 넘는 자산가가 되었으니 충분히 그럴 만도 하다. 하지만 나는 성공이라는 말에 아직은 너무나 낯설고 어색하기만 하다. 겸손이 아니라 나는 아직 성공 중이지 성공한 것이 아니기 때문이다. 성공했다는 말은 결과를 말하는 동시에 끝을 말하기도 한다. 하지만 성장은 과정이고, 아직 미래 비전이 아직 많이 남아있다는 것을 말한다. 장사로 성공을 꿈꾸는 사람들에게 성공을 너무 조급히 쫓지 말라고 이야기하고 싶다. 누군가는 장사로 10억을 모으면 다 때려치우고 베짱이로 살고 싶다고 한다. 막상 10억을 모을 때쯤 이면 수도권 집한 채도 사기가 힘들다. 장사로 성공을 꿈꾸는 사람은 그 성공의 기준이 돈이 아니라 충분히 행복한 장사를 하는 것이 성공의 기준이 되어야 한다. 배짱이가 되기 위한 수단과 도구로 장사를 택한다면 그들의 눈에는 모든 것이 돈으로만 보일 것이다. 고객님도 돈으로 보일 것이고 함께 일하는 직원들도 나의 돈을 벌어주는 기계로 보일 것이다. 평생 행복한 장사를 하는 것을 기준으로 성공하겠다는 마음을 먹어야 한다. 그래야 장사로 지치는 일이 없게 된다. 물질적인 성공만 쫓는 것이 아니라 과정의 성장과 행복을 추구하며 일해야 돈도 뒤 딸아 오는 것이다. 돈은 그림자와 같아서 앞세울 수도 없고 잡을 수도 없다. 내가 올바른 방법으로 기분 좋게 나의 길을 걸어갈 때 그림자도 묵묵히 나를 따라오는 것이다. 이때에 그림자가 바로 돈과 같은 것이다. 성공은 성장이 쌓여서 만들어진다. 성장 없는 성공은 존재하지 않는다. 성장을 무시한 채 성공만을 바란다면 과정 없이 결과를 바라는 것 과 같다. 내가 계속해서 장사는 행복한 여정을 그려야 하고 그것을 목표로 두어야 한다고 말한 것도 이 때문이다. 행복한 여정이 바로 성장이 되는 과정이다. 그리고 이 성장이 멋진 성공을 만들어낸다.

주변 성공의 모습처럼 비칠 수 있는 사람들에게 함부로 성공했다는 말은 실례라고 생각한다. 그들이 죽는 순간까지 성공했다는 말은 맞지 않는 말이다. 그들은 계속해서 무언가를 도전하고 성장을 목표로 살아가기 때문이다. 내가 말하는 성장은 딱딱한 성과물을 말하는 것이 아니다. 어제보다 나은 것이 무엇이라도 있다면 성장하고 있는 것이다. 그리고 그 여정이 행복하다면 그 또한 엄청난 성장을 하고 있는 것이다. 그 과정들이 쌓여서 언젠가 단단한 성공이 될 것이다.

♣ 부자가 되는 장사 철학
☞ 장사꾼의 진정한 성공은 행복한 장사를 하는 것이다.
행복한 장사를 해야만 성장과 성공을 만들어 갈 수가 있다. 자신의 매장을 행복공장으로 만들어 보자!

15

인풋 아웃풋 모두를 갖춰라!

    모든 일이 그렇듯 배움이 성장의 씨앗이 된다. 누군가에 배우는 일은 흔한 일이겠지만 누군가를 가르치는 것에는 익숙하지가 않을 것이다. 자신의 분야에 있어서 스승이나 선배님에게 배우는 것을 인풋이라고 한다면 후배나 부하직원들에게 가르쳐주는 것은 아웃풋이 된다. 모든 관계에 가장 건강한 관계는 순환이 잘되는 관계이다. 주거니 받거니가 잘되어야 대한민국에서는 그 관계가 오래간다. 배움에도 주거니 받거니가 있어야 한다. 받기만 하면 순환이 되지 않는다. 누군가에게 배움을 받았다면 또 다른 누군가에게 가르쳐 주어야 순환이 잘된다. 배우는 것은 예습이라면 가르쳐주는 것은 복습이 된다. 배움에 목이 말라있는 열정 있는 자라면 분명 그의 멘토가 있을 것이다. 하지만 멘티는 없을 것이다. 이때 멘토는 스승을 말하고 멘티는 제자를 말한다. 스승이 있는 사람보다 제자가 있는 사람이 성장이 더 빠르다는 사실을 대부분의 사람들은 모르고 있을 것이다. 인간은 배울 때보다 가르쳐줄 때 자신의 머리와 가슴에 더 각인되어 오랜 시간 동안 기억으로 남는다. 누군가에게 질문을 하고 배우는 것에는 어릴 적 학생시절부터 익숙한 일들이지만 누군가에게 가르치는 일은 선생님이나 하는 일이라고 생각하고 다들 어색해한다. 나도 장사를 많은 제자들에게 정기적으로 소통하며 가르친다. 그중에는 초년생도 있고 리더도 있고 사장들도 있다. 어쩌면 가르치면서 더 많은 영감을 얻게 되고 초심을 찾고 열정을 찾게 된다. 나는 직원시절 나의 부하 직원이 단 한 명 있을 때부터 교육에 힘써왔다. 내가 알고 있는 지식 한해서 좀 더 섬세하고 효율적으로 일하는 법을 알려주었고 고객 응대 시 판매 동선과 판매 매뉴얼을 정해주고 반복해서 훈련시켰다. 때때로 나보다 더 능숙하게 하는 모습을 보며 질투는커녕 너무나 기특하고 대견한 마음이 들었다. 단순히 선후배의 관계를 넘어 스승과 제자관계가 형성이 된 것이다. 나는 제자에게 가르쳐주면서 배우고 제자는 나에게 교육을 받으며 배우게 된 것이다. 이렇게 누군가를 가르치는 것에 보람을 느끼며 지금까지 끊임없이 누군가에게 장사를 가르쳐주고 있다. 25년 동안 누군가를 가르쳐준 경험 덕분에 나의 머리와 마음에는 분명한 장사 철학이 심어져 있고 그 장사 철학으로 장사를 하고 제자들의 성공을 돕고 책을 쓰고 건강한 삶을 살아간다.

장사는 변화된 소비 트렌드에 맞추어 고객보다 한 발 앞서서 준비하고 고객을 맞이하고 있어야 한다. 늦어서도 안 되고 몰라서도 안 된다. 교육이 답이다. 교육은 자기보다 실력자에게 자존심 모두 내려놓고 용기 내어 배워야 하고 후배나 제자들에게 자신이 알고 있는 무언가를 끊임없이 아웃풋을 해야 한다. 배움과 가르침은 곧 자신의 성장에 가장 영양가 있는 인풋과 아웃풋임을 잊지 말아야 한다.

♣ 부자가 되는 장사 철학

☞ 누군가에게 스승이 되어주어라! 삶은 배우는 것만큼이나 가르치는 것에 큰 지혜를 얻게 된다. 인풋과 아웃풋이 함께할 때 폭발 성장을 하게 된다.

16

하루의 끝과 시작을
규칙적인 패턴을 유지해라!

    조직에서 일을 잘하고 인정을 받기 위해서는 꾸준함을 보여주어야 한다.

    꾸준한 사람은 늘 예측가능한 사람이라 조직에서 중요한 임무를 맡길 때 1순위가 된다. 이 글을 읽은 조직의 오너가 있다면 공감할 것이다. 일을 제아무리 잘하더라도 컨디션이 들쑥날쑥하고 사적인 일의 변수가 많다면 신뢰가 가지 않을 것이다. 오히려 일의 능률이 중간정도 하더라도 늘 꾸준한 컨디션으로 삶의 예측이 가능한 사람에게 더욱 큰 신뢰가 갈 것이다. 신뢰는 상대방에게 성과로 엄지 척만 받으면 생기는 것이 아니다. 상대방의 마음을 불안하게 해서는 안 된다. 신뢰의 뜻풀이는 믿고 굳게 의지한다는 말이다. 뜻말 대로 누군가를 믿고 굳게 의지를 하려면 상대방에게 불안감을 느껴서는 안 된다. 늘 예측이 가능해야 그 사람을 믿고 의지할 수가 있게 된다. 예측이 가능한 사람이 되려면 가장 기본이 되는 것이 규칙적인 생활패턴을 가지는 것이다. 지금 현재 장사로 성공 꿈꾸는 직원들이라면 꼭 알아야 할 점이 있다. 장사로 성공을 하는 과정에서 누군가의 도움 없이 성공을 하는 사람은 거의 없다고 봐도 과언이 아니다. 아무것도 없는 시절 그들에게는 일을 섬세하게 가르쳐주는 스승이 있었고 그가 창업을 할 때에 도움을 주는 삶의 귀인이 분명히 있었을 것이다. 즉, 혼자의 힘으로만 성공을 한 사람은 내 주변에는 없다. 나 또한 나의 스승님이 계셨기에 장사를 올바르게 배울 수가 있었고 창업을 할 때에도 그분의 도움의 손길로 나의 장사를 시작할 수가 있었다. 나의 삶의 은인과도 같은 귀인이 있었던 것이다. 지금도 나의 스승님께 그때의 고마움을 표현하면 늘 같은 말씀을 하신다. "너는 내가 아니라도 누구라도 너를 도왔을 끼야..! 정겨운 사투리로 그렇게 말씀하신다. 돈에 눈이 먼 사장들에게는 일 잘하는 직원만 보이고, 미래를 볼 줄 아는 사장에게는 신뢰 있는 직원이 눈에 들어오고 그를 키워준다. 신뢰 있는 사람이 되려면 예측 가능한 사람이 되어야 한다. 신뢰 있는 사람이 된다면 자신의 성공을 돕는 귀인이 분명히 나타나게 된다. 신뢰 있게 행동하는 사람에게는 신이 그를 가만히 내버려두지 않는다. 사람을 붙이든 행운을 잔뜩 불어넣어 주든 그를 세상의 한가운데로 초대한다. 신뢰가 있는 사람들은 어떠한 사람일까? 하루의 끝과 시작을 규칙적인 패턴을 가진 자라고 나는 자신 있게 말한다.

하루의 시작과 끝의 패턴이 일정하다면 중간 과정 또한 일정할 수밖에 없다. 주변 신뢰가 가는 사람들 또한 가장 큰 공통점은 하루의 시작과 끝이 늘 일정하다는 것이다. 스스로가 만든 루틴이 있고 그 루틴을 엄숙히 지켜낸다. 좀 더 쉽게 말하면 잠자는 시간과 아침에 일어나는 시간이 늘 일정한 사람을 말한다. 물론 기계처럼 정해진 시간에 자고 일어나는 것을 말하는 것이 아니라. 적어도 자신만의 데드라인이 있고 그것을 엄숙히 지키는 것이다. 세계최고의 명문대학인 하버드 대학교의 졸업식 날 초청받은 성공의 레전드 중 한 사람이 나와 연설을 했다. 그는 첫마디가 이랬다. "세계최고의 학교를 졸업을 했지만 사회에 나가서 그 성공을 이어가려면 일정한 시간에 잠을 자고 일정한 시간에 일어나 이부자리를 개는 일부터 게을리 하지 말아야 한다. 모든 삶의 대작은 예측가능한 시간과 올바른 루틴 속에서 일어난다."고 말했다. 즉, 사소한 자신만의 생활규칙을 잘 지켜야만 삶의 대업을 달성할 수가 있다는 것이다. 하루의 끝이 들쑥날쑥하면 아침 또한 들쑥날쑥 해진다. 자신의 하루 끝을 되새겨볼 필요가 있다. 어떠한 마음으로 일정한 시간에 잠이 드는 것을 중요하게 생각하는지를 되돌아보아야 한다. 하루의 끝이 좋아야 하루의 시작이 좋고, 하루의 끝이 일정해야 하루의 시작 또한 일정하게 된다. 그 일정함이 주변사람들에게 예측가능 함으로 비친다. 어쩌면 당신의 성공을 가장 직접적으로 도와줄지 모르는 삶의 귀인에게 믿고 굳게 의지 하는 신뢰라는 보석의 마음을 얻게 될지도 모른다.

♣ 부자가 되는 장사 철학

☞ 장사로 부자를 꿈꾸는 직원들이라면 자신의 사장에게도 고객님에게도 함께 일하는 직원 동료들에게도 예측가능한 사람이 되어야 한다. 예측 가능함은 평소 변수가 적고 꾸준한 사람을 말한다. 신뢰는 바로 이들에게 생겨난다.

17

반복의 힘을 믿어라!

《나를 바꾸는 챌린지 100》책에서 보면 반복이 모든 것을 변화시킨다고 되어있다. 우리의 삶은 관성에 이끌려 살아간다. 늘 과거의 패턴대로 삶을 살아가게 된다. 인간이라면 이것에 예외는 없다. 우리가 하루 중 무의식적으로 하는 행동 중 90%는 어제와 똑같이 했던 행동들일 것이다. 관성에 의해 습관 된 행동을 같은 시 공간 속에서 무의식적으로 행하는 것이다. 우리의 삶이 크게 변하지 않는 것 또한 이 때문이다. 이중 아주 극소수의 인간이 자신의 삶을 바꾸기 위해서 관성의 궤도에서 벗어나 새로운 자신을 만든다. 자신이 바뀌어야만 주변 환경 또한 바뀔 수가 있기 때문이다. 나를 바꾸는 것이 가장 어렵고도 힘든 일이다. 관성에 배어 오랜 습관의 노예가 되어 늘 같은 패턴으로 살아온 자신을 바꾸기란 정말이지 힘든 일이다. 하지만 반복은 그것을 극복하게 한다. 반복이 새로운 관성을 만들기 때문이다. 예를 들어 새로운 행동습관을 만들기 위해서는 3주라는 시간과 같은 행동의 반복이 필요하다. 같은 행동을 3주 동안 반복을 하면 그 행동은 무의식에 자리 잡아 의식적인 노력을 하지 않더라도 새로운 관성에 의해 행동을 반복하게 된다. 나를 바꾸기 위해서는 새로운 관성이 필요하고 새로운 관성을 만들기 위해서는 새로운 행동을 반복해야 한다.

우리의 머릿속에는 망상 활성계(RAS)라는 것이 있다. 우리가 반복되는 생각이나 행동을 하게 되면 망상 활성계에 인지가 되고 그것을 더욱 반복적으로 우리의 신체에 명령을 내리게 된다. 즉. 우리가 원하는 생각과 원하는 행동을 일정시간 동안 반복을 한다면 우리는 우리가 원하는 모습으로 바뀔 수가 있다는 것이다. 만일 지금 당신이 원하는 인생을 살고 있지 않다면 그것은 당신이 원하는 인생을 분명하게 정하지 않았기 때문이고 만일 정했다면 그것을 반복해서 생각하고 행동하지 않았기 때문이다. 자신이 원하는 모습이 있다면 잠시 스쳐 지나가는 봄바람처럼 생각하는 것이 아니라 의식적으로 끊임없이 반복하고 생각하고 행동해야 한다. 일정시간 동안을 반복하다 보면 우리의 생각과 몸에 새로운 관성이 생겨나 그것을 의식하지 않아도 자신이 원하는 삶의 패턴으로 살아가게 된다. 나는 반복이 얼마나 무서운 힘을 발휘하는지를 잘 안다. 주변 장사로 자수성가를 한 사람들의 99.9999%는 자신의 분야에 반복한 사람이다. 일을 잘 한 사람이 성공하는 것이 아니라 자신의 분야에 반복을 잘하는 자가 성공하는 것이다. 나는 반복은 신의 제외한 모든 세상에서 가장 위대한 힘을 가진 것이라고 생각한다. 나는 '챌린지 100'이라는 반복 프로그램을 통해서 아들에게 하루 편지 1통씩 해서 100일 후 아들에게 편지 100통을 선물로 주었고 하루 5페이지씩 글쓰기를 반복하여 책을 두 권째 출간했다. 이것이 모두 반복의 힘이 없었다면 불가능한 일이었다. 장사를 꿈꾸는 직원들에게 반복의 힘을 믿고 반복을 하는 힘을 기른다면 그들이 꿈꾸는 무엇이라도 못 이룰 것은 없다고 말해주고 싶다. 반복의 힘을 믿어라. 오직 반복만이 당신이 원하는 자신으로 변화시킬 수가 있다. 그리고 변화된 당신의 삶을 누릴 수가 있게 된다. 결국 반복을 잘하는 자가 이긴다.

♣ 부자가 되는 장사 철학

☞ 반복을 잘하는 자가 결국 승리한다.

18

성공은 넓이의 싸움이 아니라
깊이의 싸움이다!

　노후에 남들보다 좀 더 여유를 가진 중산층 이상의 분류들을 살펴본다면 그들의 90% 이상이 자신의 분야의 전문가의 삶을 살았거나 현재도 전문가의 삶을 사는 사람들이다. 즉, 자신의 분야에 전문가가 된다면 남들보다 좀 더 여유롭고 영향력 있는 사람으로 살게 된다. 전문가란 무엇을 말하는 것일까? 10여 년 전까지만 해도 이 시대의 전문가는 의사, 변호사. 검사, 판사 등등의 끝말에 "사"가 들어가는 직종을 말했다. 하지만 지금은 시대가 바뀌었고 직종에 대한 해석도 달라지고 있다. 지금 시대의 전문가란 자신의 업종에 10년 이상 종사를 했고 월 수익이 1,000만 원이 넘고 자신의 직종에서 리드권을 가지고 있는 사람들을 말한다. 이 또한 정답은 없겠지만 현재를 평가하는 전문평론가들의 발언들이다. 나는 이 말에 전적으로 공감한다. 자신의 분야에 아무리 오랜 시간 동안 일을 했다고 해서 누구나 전문가로 불려지는 것은 아니다. 또한 돈만 많이 번다고 해서 그 분야에 전문가라고 할 수도 없다. 자신의 일에 몰입한 일정기간과 높은 자기 가치와 규칙을 만들 수 있는 영향력이 있다면 그 분야에 전문가로 불려져도 충분하다고 생각한다.

장사의 영역에서 전문가가 되기 위해서는 넓이의 싸움이 아니라 깊이의 싸움에 능한 자가 되어야 한다. 쉽게 말해 장사의 성공은 우물을 파는 것과 같다. 이것을 "우물 론"이라고 정하자. 우물을 파서 샘물이 나오면 성공인 것이다. 시간이 얼마가 걸렸든 한 우물을 파서 샘물을 만나면 그 우물로 평생을 먹고살 수 있기 때문이다. 우물을 파서 샘물을 만나는 것은 깊이를 파는 것이 중요하지 넓게 파는 것이 중요한 것이 아니다. 처음에는 가벼운 도구로 흙을 파고 그 이후 자갈이나 잔돌을 만나게 되고 그 이후 단단한 암석을 만나고 그 이후 다시 고운 모래를 만나고 그 이후 다시 자갈이나 잔돌을 만나고 그 이후 다시 단단한 암석을 만나게 된다. 이런 정을 반복적으로 해야만 깊이를 진척 있게 팔 수가 있고 그 언젠가 샘물을 만나게 된다. 성공을 만나기까지 수많은 불편함과 어려움과 아픔과 그에 따른 기쁨이 동반된다. 이 모든 것을 거쳐야만 성공이라는 샘물을 만날 수가 있는 것이다. 장사로 성공을 꿈꾸는 자라면 장사의 성공은 넓이싸움이 아니라 깊이 싸움이라는 것을 알아야 한다. 장사는 많은 사람을 알고 지내야 한다는 잘못된 인식으로 사적인 관계를 넓혀나가는 사장과 직원들이 있다. 자신의 매장의 방문 고객 중 지인이 10%가 넘어간다면 그 매장은 성공이 아니라 망하고 있는 것이다. 지인들에게 의존되는 판매장 사는 비전이 없다고 봐야 한다. 식당이든 소매점이든 모든 영역에 해당이 된다. 자신의 매장을 홍보하기 위해서 사적모임에 부지런히 참여하며 인맥을 만들어가는 것은 자신의 시간을 비효율적으로 쓰는 것이다. 나는 첫 매장을 오픈하고 정기적으로 만나던 모임을 일정기간 동안 모임멤버들에게 나의 사정을 이야기하고 참석하지 않았다. 오로지 우리 매장 앞을 지나가는 고객들이 우리 매장의 최고의 비전 고객이고 우리 매장을 처음 방문하는 고객을 위해 나의 시간을 온전히 사용했다. 최고의 고객은 지인이 아니라 오늘 처음 방문하신 고객님이라는 것을 명심해야 한다. 지인들이 방문하면 사은품이라도 더 챙겨 줘야 하고 매장 모든 직원들이 불필요한 에너지가 소모된다. 지인들은 하나같이 장사를 하는 나를 도와주고 왔다고 의시 댄다. 하지만 처음 오시는 고객에게 사은품 하나를 서비스로 드리면 그들은 여러 번 감사의 표현을 하고 단골 됨을 약속한다. 지인들은 1년에 한두 번 오지만 처음 오신 고객들은 한 달에 여러 번도 오신다. 지인들은 자신이 도움을 주고 간다고 생각하지만 처음 오시는 고객은 덕분에 좋은 제품을 사게 되어 감사하다며 오히려 인사를 하며 나간다. 지인들에게 할인을 해주면 당연한 것이 되지만 처음 오시는 고객은 할인 없이도 우리의 친절한 응대에 감사를 표현한다. 잘되는 매장은 처음 오시는 고객들로 붐비는 곳이다. 그중 재방문을 하게 되면 단골고객님이 되는 것이다. 이처럼 사적인 모임을 나가서 인맥을 쌓고 관계에 있어서 넓게 만든다고 장사가 잘되는 것은 아니다.

오히려 매장 한 곳에 처음 오시는 고객님들이 재방문을 할 수 있도록 그들의 만족과 감동을 위해서 한자리에서 힘써야 한다. 메뉴 또한 마찬가지이다. 메뉴가 많다고 장사가 잘되는 것은 아니다. 메뉴 한두 가지를 하더라도 전문성이 있어야 장사가 잘된다. 이 또한 깊이의 싸움인 것이다. 음식점도 옷매장도 종류가 많다고 장사가 잘되는 것이 아니다. 하이라이트 되는 음식이나 스타 제품이 분명해야 장사가 잘된다. 이처럼 장사의 영역은 넓이의 싸움이 아니라 깊이의 싸움이라는 것을 명심해야 한다. 자신이 현재 불필요하게 넓이에만 신경을 쓰고 있다면 깊이 있는 장사를 할 수 있도록 사고를 전환해야 한다.

♣ 부자가 되는 장사 철학
☞ 성공은 넓이의 싸움이 아니라 깊이의 싸움이다. 한 곳을 집중해서 깊이 있게 파야 샘물을 만날 수가 있다.

19

자신만의 비전보드를 만들어라!

2004년 내 나이 24살이 되는 해 6월에 군대전역을 했다. 강원도 산골에서 2년 2개월의 군 생활을 마치고 전역 증을 받고 새벽안개를 맞으며 위병소문을 나서는 그 기분이 아직도 나의 머리와 가슴에는 생생하게 남아있다. 텅 빈 바지 주머니 속에서 주먹을 움켜쥐며 위병소 길 밖을 나섰다. 정말이지 집에 돌아갈 차비 외에는 아무것도 가진 것이 없었다. 유일하게 가진 것이라며 부자가 되겠다는 꿈과 목표 하나뿐이었다. 그 이후 나는 이지성 작가의 꿈꾸는 다락방이라는 책을 통해서 비전보드를 알게 되었다. 'r=vd'라는 신선한 공식을 알게 되었다. 선명한 꿈은 곧 현실이 된다는 말이다. 자신이 원하는 것을 머릿속에만 담아두는 것이 아니라 최대한 현실에 가까운 사진으로 뽑고 이루는 기한까지 정해서 벽에 붙여두고 매일같이 보고 상상을 한다면 그것이 현실로 이루어지는 것을 말한다. 나는 이것을 실제로 경험한 사람 중 한 사람이다. 정말이지 된다. 이 글을 보는 꿈 꾸는 자들은 모두 이것을 해보기를 적극 추천한다. 비전보드를 만든다고 모든 사람이 성공을 할 수 있는 것은 아니지만, 성공한 대부분의 사람에게는 자신만의 비전보드가 있다. 우리 뇌에는 망상활성계라는 것이 있다. 흔히 ras라고 부른다. 우리가 자주 선명하게 상상하는 것이 있다면 그것은 우리 뇌의 망상 활성계에 저장이 된다. 망상 활성계에 저장이 되면 그것을 이루기 위한 여러 방법론을 스스로 끊임없이 만들어낸다. 이것은 우리가 내비게이션에 목적지를 입력하면 자동으로 경로 분석을 하는 것과 같은 방식이다. 우리 뇌는 엄청난 능력을 지니고 있다. 인류역사상 가장 많은 업적을 남긴 사람 중 한 사람인 아인슈타인조차도 자신의 뇌를 단 10%밖에 활용하지 못했다고 한다. 어쩌면 남들보다 좀 더 똑똑하고 좀 더 성공을 한다는 것은 특별한 재능을 타고났는가의 여부가 아니라 자신의 뇌를 얼마나 더 적극적으로 활용하느냐의 차이라고 생각한다. 앞서 말한 망상 활성계 이것 하나만 인지를 하고 활용할 수 있다면 그 누구보다 자신의 뇌를 잘 활용해서 자신이 진정 원하는 목표를 이룰 수가 있다고 절대적으로 확신하다. 자신의 비전보드를 만드는 것 또한 우리 뇌의 망상 활성계를 적극적으로 활용하는 것이다. 요즘 흔히 볼 수 있는 광고 중 알고리즘 광고 또한 비슷한 원리이다. 조금이라도 호기심이 가는 광고를 클릭하여 보게 되면 그 광고가 계속해서 나의 시선에 노출이 되는 것이다. 계속적으로 나의 시선에 들어와 호기심이 호감으로 바뀌고 결국 구매까지 이어지게 하는 것이 바로 알고리즘 광고시스템이다. 우리가 꿈이나 목표를 시각화를 통해서 망상 활성계에 인식이 되면 그 꿈과 목표는 우리 눈에 더 자주 비치게 되고 그것을 생각하게 한다. 예를 들어 페라리 자동차를 너무나 갖고 싶어 비전보드에 붙여두고 시각화를 통해 망상 활성계에 인식이 되면 그 시점부터 이상하게도 미디어나 길가에 페라리가 더 자주 보이게 되는 것이다. 이런 것은 누구나 한 번쯤 경험을 했을 것이다. 이렇게 더 자주 눈에 보이고 생각하게 되는 것은 현실이 되는 것 또한 경험을 해보았을 것이다. 우리가 생각하는 목표의 크기나 난이도에 따라 시간의 차이는 있겠지만 이 망상 활성계를 활용을 한다면 당신의 꿈과 목표를 현실로 이루어내는데 그리 어려운 일은 아닐 것이다.

내가 처음 1호점 매장을 오픈했을 당시 아내와 내가 모은 돈 모두를 투자했기에 우리가 살 곳은 원룸 단칸방에 살 수밖에 없었다. 그 원룸에 이사 가서 처음 한 것이 우리의 비전보드를 만드는 것이었다. 비전보드의 한중간에는 자연이 어우러진 펜트하우스 사진을 붙여두고 결혼식과 태어날 아이들과 새로 추가 오픈할 매장들을 가상 사진을 뽑아서 붙여 두었다. 일을 마치고 집으로 돌아와 현관문을 열면 바로 침대가 보이는 작은 원룸단칸방이었지만 가장 먼저 벽 중앙에 눈에 들어오는 비전보드가 있었기에 우리의 마음만큼은 가난하지가 않았다. 20년 가까이 지난 지금 그때 만든 비전보드 속에 붙여진 사진 중 70%가 현실이 되었다. 그리고 그때 만든 20년

전의 비전보드 또한 지금 넓은 안방의 벽 한중간에 붙여져 있으며 그 비전보드를 아침마다 보며 시각화한다.

　장사로 성공을 꿈꾸는 자들 중 대부분이 예비 자수성가자 들일 것이다. 말 그대로 주변이 도움 없이 스스로의 힘으로 성공을 꿈꾸는 자들일 것이다. 자신의 꿈만큼 힘이 되는 존재는 없을 것이다. 자신의 꿈을 사진으로 뽑아서 하드보지에 붙여서 자신이 가장 자주 볼 수 있는 곳에 붙여두고 매일 시각화해보기를 바란다. 시각화란 붙여진 사진을 보고 마치 이루어진 것처럼 상상을 하며 감사함을 느끼는 훈련을 말한다. 상상대로 삶은 이루어진다. 만일 누군가 엄청난 노력을 하면서 열심히 삶을 쫓아가지만 자신의 꿈을 이루지 못했다면 둘 중 하나라고 본다. 하나는 자신의 꿈을 단 몇 초 만에 설명할 수 있을 만큼 분명하게 정하지 못했거나. 또 하나는 그것을 상상하는 시각화 노력을 하지 않았다는 것이다. 마음속에 꿈 하나를 정해두면 그것으로 끝나는 것이 아니다. 끊임없이 그 꿈을 되뇌고 갈고닦고 그 꿈을 지켜내야 한다. 그래야 나의 소중한 꿈이라고 말할 수가 있고, 그 꿈을 보란 듯 현실로 이루어 낼 수가 있을 것이다.

♣ 부자가 되는 장사 철학

☞ 장사를 꿈꾸는 직원들은 자신의 비전보드를 만들고 끊임없이 되뇌고 상상해 보라! 그 언젠가 비전보드에 붙여진 것 중 많은 것을 이루어낸 자신을 보며 놀라는 날이 반듯이 오게 될 것이다.

20

고객님으로부터 인생을 배워라!

    장사업에 종사를 하면 가장 좋은 것은 다른 직업에 비해 하루 중 가상 많은 사람들과 소통을 할 수 있다는 것이다. 물론 사람을 상대하는 일에 감정소모가 될 때도 많지만 반대로 좋은 고객님과 소통을 하며 인생을 배울 때가 참 많다. 고객님들 중 나도 나이가 들면 저런 모습으로 살고 싶다는 생각이 들게 될 정도로 닮고 싶은 고객님들이 있다. 사람에게는 인향이라는 것이 있다. 인향이란 사람에게 느껴지는 인품이나 성품이 하나의 향처럼 주변에 울려 퍼지는 기운을 말한다. 장사를 통해서 여러 고객님과 소통을 하면서 인향을 많이 느끼게 된다. 좋은 인향을 가진 고객님을 통해서 그 인향을 닮기 위해 노력하고 인향이 좋지 못한 고객님들을 보게 되면 닮지 않으려고 노력했다. 내가 부자를 꿈꾸면서 부자에 관한 정말 많은 책을 읽은 것 같다. 남들은 집의 작은 방하나가 옷행거로 가득 차 있지만 우리 집 작은 방하나는 책으로 가득 차 있다. 가득 차 있는 책의 대부분은 부자에 관한 자기 계발서이다. 수많은 책을 읽었지만 지금 나의 지혜를 얻는 과정을 되돌아보면 책도 꽤나 많은 영향을 미쳤겠지만 고객으로부터 얻은 지혜가 더욱 큰 것 같다. 책은 머리로 인지를 하고 마음으로 당겨와 그것을 나의 삶의 철학과 지혜로 자리 잡을 때까지는 시간이 많이 걸리지만 사람에게 배우고 닮는 과정은 너무나 빠르게 흡수가 된다. 참 운이 좋았던 것이 내가 처음 창업을 한 곳이 대구 안에서도 수성구라는 부자동네여서 그런지 자수성가하신 분들이나 교양과 지혜가 넘치는 고객님들이 많아서 그들과 소통을 하며 배울 수 있는 시간들이 많았다. 내가 만난 부자들의 공통점 중 첫 번째는 자기 관리가 철저하다는 것이다. 매장을 방문할 때마다 늘 한결같은 모습이었다. 화려하게 사치스러운 모습은 아니지만 항상 정결하고 깔끔한 모습으로 방문하셨다. 자신의 아이들에게 대하는 것 또한 최소한의 존중과 예의가 있었다. 부모자식 간에도 최소한의 존중과 예의가 있어야 아이들의 자존감이 보존되고 사회 밖으로 나가서도 그들의 재능을 자신감 있게 발휘한다는 것이 그들의 생각이었다. 때때로 부모랍시고 아이들에게 비속어를 쓰며 무시를 하는 부모님들도 있었다. 내가 한자리에서 20년 가까이 장사를 하다 보니 초등학생이었던 어린 고객님들이 시간이 지나 대학교에 진학을 하고 취업을 하는 과정까지 모두를 지켜보게 되었다. 인향이 좋은 부모 밑에서 자란 아이들은 비교적 좋은 대학 좋은 취업을 하고 자신감 있는 삶을 살아간다.

인향이 좋지 못한 부모 밑에서 자란 아이들은 비교적 불안정한 현실 속에서 방황을 하며 살아간다. 부모의 인향을 보고 그들의 미래를 단정 짓기에는 조심스럽겠지만 비교적 부모의 영향을 꽤나 많이 자식이 받게 되는 것은 사실이다. 또한 자수성가를 한 고객님들 중 인향까지도 좋은 고객들에게는 자신의 삶의 노하우를 숨기려 하지 않는다. 배우고 싶은 사람이 있다면 자신의 삶의 노하우를 함께 공유하고 주변사람들의 성장에 도움이 된다면 적극적으로 돕는다. 그리고 그들에게는 남에게 피해를 주는 행위를 절대로 하지 않는다. 자신의 말투와 행동이 누군가에게 피해를 주는지를 늘 점검하며 살아간다. 그리고 타인에게는 관대하고 자기 스스로에게는 엄격한 선이라는 것이 있었다. 그리고 시간을 사용하는 것에 있어서 낭비하지 않았다. 돈보다 시간을 더욱 중요시하고 관리하는 것이 그들의 가장 큰 성공 노하우였다. 이렇게 고객님들과 소통을 하면서 물건도 팔고 그들의 이야기를 들어주면서 좋은 정보도 얻게 되고 삶의 노하우나 지혜까지 나누게 되었다. 장사를 하면서 단순히 우리 물건하나 파는 것에 온갖 신경이 곤두서있으면 고객님이 마치 돈으로만 보이고 고객님께 배울 것 또한 없게 된다. 하지만 고객님께 배운다고 생각하고 소통을 시작하면 고객님과의 질 높은 소통의 과정에서 물건도 팔고 좋은 정보도 얻게 된다. 장사로 성공을 꿈꾸는 직원들은 물건을 파는 노하우보다 우선적으로 배워야 할 것은 고객님들로부터 삶을 배운다는 마음가짐으로 고객과 소통을 하는 기술부터 배워야 한다. 그 소통의 기술에 능숙해진다면 고객을 응대하는 일과 매장을 운영하는 일에 더 큰 재미와 성장이 함께 하게 될 것이다. 사장도 직원도 고객도 서로에게 단순한 경제 파트너의 관계를 넘어 현시대를 함께 살아가는 인생의 파트너라는 것을 알아야 한다. 그리고 그 파트너를 통해 서로가 서로에게 배우고 도움을 주며 살아가는 존재라는 것을 알아야 한다.

♣ 부자가 되는 장사 철학

☞ 고객님에게 인생을 배운다고 생각하고 질 높은 소통을 해보라. 판매를 넘어 인생을 배우고 자신의 성공에 관한 알찬 정보를 얻게 된다.

21

어버이날과 스승의 날을
그냥 지나치지 마라!

　　장사는 실력과 운의 합작 영역이다. 그만큼 실력뿐만 아니라 운 또한 중요하다. 장사의 운은 자신의 마음가짐이나 행동가지에 따라 운이 따르기도 하고 멀리 달아나기도 한다. 장사는 고객을 모으고 돈을 버는 일이기에 인간이 할 수 있는 온갖 정성을 다해야 사람이 모이고 돈이 따라온다. 운은 부모님과 스승과의 관계 속에서 많은 양이 움직인다고 믿는다. 부모님은 우리의 생명의 근원이자 복의 근원이다. 부모님에게 불효를 하고 성공하는 사람은 단 한 명도 보지 못했다. 만일 순간적으로 운이 그 불효자에게 실수로 들어가 잠시나마 부의 삶을 만끽하고 있더라도 그 운은 금세 자신의 실수를 알아차리고 다른 곳으로 달아나버린다. 우스갯소리 같지만 이것은 삶의 진리이다. 부모님에게 지극정성을 해야만 운이 붙고 성공을 할 수 있다는 말은 아니다. 최소한 부모님께 최소한의 은혜에 대한 도리를 다해야 한다는 것이다. 우리가 잘났던 못났던 이 세상 모든 부모님께서는 자신의 자식이 최고의 자식이다. 아무리 큰 실망을 시켜 드려도 부모님께서는 끊임없는 헤세드 사랑을 책임지신다. 어릴 적 가을 운동회를 하는 날이면 전날부터 밤과 땅콩을 익히고 고구마와 간식거리를 챙겨 들고 당일 아침 새벽부터 우리 아이가 잘 보일 만한 좋은 자리를 확보하기 위해 운동장 주변 돗자리를 깔고 자리를 잡으신다.

줄을 지어 달리기를 할 때면 우리 아이가 잘하든 못하든 상관없이 이 세상에서 가장 귀하고 예쁘고 사랑스러운 아이인 것이다. 점심시간이 되면 간식하나라도 더 입에 넣어 주려고 애를 쓰시는 부모님을 생각하면 감사를 넘어 마음이 잔잔히 저려온다. 내가 학교에서 좋지 않은 사고를 칠 때마다 교무실에 불려가는 어머니의 모습을 생각하면 아직도 등짝이 오싹거릴 정도로 부끄러움이 밀려온다. 이런 자식을 단 한 번도 부끄럽게 생각하지 않고 응원해 주시고 기도해 주신다. 인간이 태어나 혼자의 힘으로 살아가기에는 너무나 험난한 세상이기에 부모라는 보호자를 붙여주셨다. 부모님은 신이 보내주신 천사와 같다. 이런 부모님과의 관계는 우리가 애써 잘 지켜 나가야 한다. 부모님께 특별히 잘해야 운이 들어온다는 말이 아니다. 적어도 지금껏 이유 없이 사랑으로 키워주신 것에 대한 최소한의 보답을 하라는 것이다. 삶을 살면서 받은 것을 잊으면 안 된다. 받은 것이 있다면 반드시 이자를 붙여서 돌려주는 것이 자신의 운을 잃지 않는 방법이다.

부모로부터 받은 것은 너무나 많기에 아무리 많은 것을 돌려주어도 다 갚을 수는 없겠지만 의식적으로라도 그 고마움을 표현하고 갚아 드리려는 노력을 해야 한다.

스승과의 관계도 부모님과 비슷한 관계라고 생각한다. 성공한 대부분의 삶의 위너들에게는 자신만의 스승이 있다. 자신의 분야에 작은 것부터 하나하나 가르쳐주며 자신을 성장시켜 주신 삶의 큰 은인이다. 태어나 성인이 되기까지는 부모님께서 자신을 돌봐주고 키워주셨다면 성인이 되어 사회에 나가서부터는 스승님이 자신을 돌봐주고 키워주신 것이다. 하지만 어떠한 직업군이든 스승님 없이 살아가는 사람들도 참 많다. 나는 이들을 사회적 고아라고 생각한다. 자신에게 삶의 지혜와 노하우를 가르쳐줄 스승이 없이 자신만 믿고 살아가는 사람들은 스승의 도움을 받아 성장하며 살아가는 사람들에 비해서 불리한 인생을 사는 것과 같다. 그렇다면 스승은 어떻게 찾고 어떻게 만들 수 있는지가 궁금할 것이다. 나는 인생을 20살 이전과 20살의 이후로 나누어진다고 믿는다. 20살 전까지는 부모의 영향을 받고 20살 이후에는 스승의 영향을 받는다. 20살 전까지는 부모님이 시키는 대로 삶을 수동적으로 살았다면 20살 이후에는 스승의 코치를 받으며 자신의 힘으로 삶을 능동적으로 살게 된다. 우리의 사회적 나이는 태어나서부터 매겨지는 것이 아니라 사회의 나이가 시작되는 시점인 20살부터 1살이 된다고 믿는다. 나는 태어난 나이로는 44살이지만 사회나이는 25살인 것이다. 태어난 나이로는 중년이 가까워지지만 사회나이는 아직 안주보다는 도전이 어울리는 젊은 나이인 것이다. 20살 이전까지의 삶은 부모의 영향에 한정된 삶을 살게 되지만 20살 이후의 삶은 온전히 나의 의지와 선택에 영향을 받는 무한한 가능성의 삶을 살게 된다. 20살 이후의 삶에는 그 누구의 잘잘못도 아닌 온전히 나의 잘잘못에 의한 삶이 만들어지게 된다. 그래서 너무나 불안정하고 위험한 삶이기도 한다. 자칫하면 되돌릴 수 없는 실패한 인생이 될 수도 있다. 그래서 20대 이후에 가장 먼저 해야 할 일은 스승을 찾는 것이다. 스승을 찾는 것은 보물섬으로 가는 나침반과 지도를 갖는 것과 같다. 어부가 해질 무렵 더 용감하게 바다의 한중간으로 전진할 수 있는 용기는 다시 돌아갈 곳을 알려주는 등대가 있기 때문이다. 스승도 등대와 같이 내 삶의 방향과 기준을 알려준다. 스승을 찾는 것은 생각처럼 쉽지가 않다. 올바른 스승을 찾기 위해서는 자신의 분야에 배울 점이 있는 사람을 찾는 것이다. 세상에 자신을 노동의 가치로만 판단하는 돈 주고 일 시키는 사장은 많다. 하지만 자신에게 노동자가 아닌 제자로 생각하고 작은 일부터 하나하나 가르쳐주며 성장을 도와주는 선배나 사장은 많지 않다. 이런 선배나 사장을 만나는 것이 스승을 만나는 것이다. 또한 모든 것에서 배우려는 마음가짐만 단단하게 가진다면 세상 모든 것이 자신의 성장을 도와줄 스승이 된다. 이렇게 자신의 분야에 특정 전문가를 믿고 따르고 의지하며 스승으로 삼고 살아가는 방법과 더불어 세상모든 것에서 배우려는 단단한 마음가짐으로 자신이 접하고 경험하는 모든 대상이 스승이다라고 생각하고 살아가는 자세가 중요하다. 때로는 나를 괴롭히는 스트레스도 스승이 될 수가 있고 때로는 우리 매장을 손가락질하시는 클레임 고객님도 내 삶의 스승이 될 수가 있다. 무슨 일이 닥치든 불행으로만 받아들이지 말고 이번일로 무엇을 배울지 찾아본다면 무엇이라도 배울 수가 있게 된다. 마지막으로 부모님과 스승님이 당신의 삶 전체에 긍정적인 영향을 주고 당신을 성장시켜 주고 성공을 시켜준다고 믿는다면 적어도 그 고마움을 그냥 지나쳐서는 안 된다. 어버이날이나 스승의 날이 되면 반듯이 그 마음을 편지한 통에 담아 표현할 수가 있어야 한다. 그래야 당신의 운과 복도 함께 성장하게 되어 당신 곁을 단단히 지켜주게 될 것이다.

♣ 부자가 되는 장사 철학

☞ 장사는 실력과 운의 합작영역이다. 장사로 부자가 되기 위해서는 실력만큼이나 운도 너무나 중요하다. 운은 감사를 되갚는데 서부터 시작된다. 인생에 가장 감사한 존재는 부모님이다. 나를 낳아주신 부모님과 사회의 부모인 스승님에게 감사를 표현하는 것에 게을리 해서는 안 된다. 정성을 다하는 마음으로 두 관계를 잘 지켜나갈 때 나의 운 그릇에 운이 가득 담기게 된다.

22

결혼을 늦추지 마라!

　지금 우리는 2030세대들이 7포세대가 되어버린 시대에 함께 살고 있다.

　7포 세대란 연애, 결혼, 출산, 내 집 마련, 인간관계, 꿈, 희망의 7가지를 포기한 세대들을 말한다. 이들이 포기한 7가지는 어쩌면 삶의 핵심요소이고, 또한 행복의 핵심요소인데 이 소중한 7가지를 포기한 체 삶을 허무하게 살아간다. 그들보다 조금 더 어른으로써 미안하고 부끄럽다. 그리고 속상하고 마음이 아프다. 장사로 성공을 꿈꾸는 젊은 2030세대들만큼은 이것을 단 하나도 포기하지 않았으면 한다. 나 또한 24살 군 전역을 하고 그 당시 7가지 중 5가지가 없었다. 연애를 하는 상대도 없었고 결혼과 출산은 당연하고 내 집은커녕 주머니에 돈만원도 없었고 인간관계는 늘 힘들었다, 가진 것이라고는 꿈과 희망뿐이었다. 적어도 2030세대들에게는 젊음이라는 것이 있고 평균수명을 기준으로 죽는 날까지 4050세대들보다는 더 많은 삶의 기회가 남아있다. 꿈과 희망을 가지는 것은 자격이 있어야만 가지는 것이 아니라 온전한 자신의 선택인 것이다. 나는 결혼 전 1년을 지금의 아내와 함께 동거부터 시작을 했다, 물론 결혼을 전제로 양가 집안의 허락을 맡은 후에 동거를 하였다, 나의 매장 첫 1호점을 아내와 함께 창업을 하고 그동안 모아둔 모든 돈을 창업비용에 투자를 하다 보니 함께 살 집이 없었다. 그 당시 살고 있던 각자의 본가에서 창업한 매장으로 서로 각자가 출퇴근하기에는 너무나 먼 거리와 시간이 낭비되는 것 같아서 매장 주변 대학가 원룸을 잡고 함께 동거를 시작했다. 당시 아내는 부모님께서 모든 것을 캐어 해주는 너무나 편한 삶을 살다가 집안일이며 매장 일이며 1년 365일 중 하루도 쉬는 날 없이 지내다 보니 때때로 나에게 애써 티 내지 않고 이불을 덮어쓰고는 흐느껴 울곤 했다. 하지만 매장에서 하루에 수십 번 파이팅을 외치며 서로 어깨를 주물려주면서 사랑을 넘어 의리감으로 하루하루를 지내는 것에 지금에 되돌아보면 참 행복하고 고마운 시간이었던 것 같다. 동거를 한지 딱 1년 후 예비 장모님께 동거를 시작하기 전에 약속드린 대로 우리는 매장 주변 아파트 전세를 계약을 하고 당당히 결혼식을 올렸다. 그때의 함께 고생한 시절 때문에 지금의 우리가 있고, 지금은 그때의 원룸거리를 포르셰를 타고 드라이브를 간다. 그리고 그때의 초심을 마음속에 담아서 온다. 내가 만일 그때 아내와 결혼을 늦추고 연애만 지속했다면 아마도 지금의 우리는 없었을 것이라는 확신을 한다. 지금의 2030세대들은 무언가를 갖추어야 결혼의 자격이 생겨난다고 생각한다. 나는 2030세대들이 그런 생각을 들을 때마다 잘못된 진리와 세상의 법칙을 믿고 사는 그들이 안타깝기만 하다. 마치 주변에 사이비 종교를 믿으며 자신이 믿고 있는 진짜의 신이고 진리 속에 올바른 삶을 살고 있다는 확신을 가진 모습을 보면 참 안타깝다는 생각이 드는 것과 비슷한 기분인 것 같다. 결혼은 집이 있어야 하고 연봉이 일정 수준을 넘겨야 하는 그런 자격증 갖은것이 아니다. 결혼이라는 것은 오히려 혼자의 힘으로 삶을 살아가는 것이 너무나 힘이 드는 세상이기에 함께 서로에게 의지하라고 만들어진 신이 주신 최고의 선물인 것이다. 집도 혼자의 힘으로는 살 수 없으니 함께 힘을 모아서 집을 마련하라는 것이고 연봉 또한 함께 벌거나 한쪽이 더 벌 수 있도록 내조든 외조이든 가장 가까운 삶 속에서 서로에 도움을 주고 의지하라고 결혼을 하는 것이다. 혼자서 무언가를 갖춰야만 할 수 있는 특별 자격증 같은 결혼식은 인간이 만든 잘못된 형식이다. 그들은 조건을 보고 결혼을 한 것이라 그 조건에 미치지 못하면 서로가 만족을 못하고 다투고 불행한 삶을 살거나 헤어지는 결과를 만들게 된다.

결혼을 사랑하는 사람이 있다면 함께 만들어갈 미래를 함께 구상하고 함께 힘을 보태어 이루어 가는 삶의 시작을 말한다. 지금도 나의 아내는 나에게 말한다. 만일 우리가 사업이 부도가 나서 다시 길거리 난전에 나가는 상황이 오더라도 나는 당신과 함께 트럭 몰고 길거리에서 과일장사를 할 자신이 있다. 라고 말한다. 물론 세상에 나의 아내와 같은 사람은 몇 안 된다는 것을 잘 안다. 하지만 적어도 결혼을 앞두고 자신의 배우자를 선택하는 순간에 자신의 배우자가 무엇을 가졌는가를 본다면 삶의 태도를 가장 먼저 볼 수 있어야 한다. 삶의 태도는 돈도 찍어내고 행복도 찍어내고 신뢰도 찍어내는 공장과 같다. 삶의 태도가 좋은 사람이라면 주머니 사정은 보지 않아도 된다. 언젠가 그가 가진 삶의 태도가 주머니를 가득 채워 줄 것이니깐 말이다. 결혼은 좋은 것이다. 결혼은 인간이 누릴 수 있는 가장 값진 특권인 것이다. 결혼은 혼자서 세상과 맞서 싸우는 것이 아니라 사랑하는 사람과 함께 싸울 수 있는 최고의 삶의 합작품을 만들 수 있는 기회를 얻는 것이다. 결혼은 아름다운 것이다. 결혼을 통해 나의 세대가 다음세대로 이어지고 나와 눈코입이 닮은 예쁜 아이와 행복한 가정을 이룰 수 있는 기회의 관문이다. 결혼은 늦추면 늦출수록 자신에게는 손해다. 결혼을 하고 아이가 생겨나 책임질 식구가 늘어난다면 신은 그들은 가난하게 내버려 두지 않는다. 더 많은 기회와 복을 주신다. 식구 하나가 늘어나면 그만한 복을 추가로 지급하신다. 이것은 정말이지 경험한 사람만 아는 신비로운 법칙이다. 장사로 성공을 꿈꾸는 2030세대들에게 결혼이란 절대적으로 믿을 수 있는 삶의 파트너가 생겨나는 것이다. 장사를 하다 보면 사람으로부터 배신을 참 많이 당한다. 정말이지 절대적으로 믿을 수 있는 사람하나 없다고 한탄할 때가 참 많다. 전쟁 같은 하루를 치열하게 보내고 지친 몸과 마음으로 집으로 돌아와 아내를 보면 그래도 늘 한 결 같이 나와 함께 삶을 살아가는 나의 절대적인 파트너가 있다는 것에 위로가 될 때가 참 많다. 결혼은 늦추면 늦출수록 손해다. 지금 사랑하는 사람이 있다면 무언가를 든든히 갖추고 난 뒤 프러포즈하지 말고 프러포즈부터 하고 결혼을 시작하면서 하나씩 갖추면 된다. 무언가 든든히 갖춰야 프러포즈를 받아주는 연인이라면 그 연인은 신이 주신 인연이 아니라고 생각해야 한다. 신이 마련한 당신의 절대적인 삶의 파트너는 분명히 존재한다. 어쩌면 그 연인이 바로 지금 당신과 함께 한 공간에 있을 줄도 모른다.

♣ 부자가 되는 장사 철학

☞ 장사로 부자를 꿈꾸는 2030세대들은 결혼을 늦추면 늦출수록 자기 손해이다. 절대적인 내편이 함께 한다면 험난한 장사의 세계에 못 이룰 것이 없다. 지금 미래를 함께할 연인이 있다면 최대한 빠른 시일 내에 프러포즈를 하기를 바란다.

23

당신의 성공을 가장 빠르게 만들어 주는 탁월한 기술은 '지속가능함'이다!

이 책은 장사로 성공을 하기 위한 마인드 셋과 행동수완을 알려주는데 목적이 있다. 아마도 이 책에서 가장 많이 어필이 되는 단어 중 하나가 지속가능함이라는 말일 것이다. 모든 성공이 그렇듯 반복의 끝에 성공이 얻어걸리는 것이다. 주변 사람들 중 성공을 한 사람들이 마치 성공을 처음부터 철저하게 계획하고 섬세하게 행동규칙을 정하고 변수나 기복 하나 없이 그 성공을 이루어낸 것 같지만 절대로 그렇지 않다. 철저한 준비된 성공은 없다. 누구에게나 미래는 예측할 수 없는 영역이다. 즉, 제아무리 삶의 태도가 좋고 똑똑하고 인맥이 좋다 하더라도 미래의 영역은 자신의 뜻대로 척척 진행되지 않는다. 성공한 사람들의 대부분의 자신의 성공에 운이 좋았다고 말하는 것이 이 때문이다. 물론 자신의 노력이 큰 힘을 발휘한 것은 사실이겠지만 자신이 정한 삶의 루틴을 꾸준히 반복하며 지속가능한 사람으로 살았기 때문에 그 성공이 어쩌다가 얻어걸려 만나게 된 것이다. 즉 이렇게 되어야지라고 생각하고 지금의 성공을 이루어낸 사람은 드물다. 하다 보니 이루어지고 지속적으로 노력하며 자신의 길을 걷다 보니 작은 기회를 만나게 되고 늘 준비한 실력으로 그 기회를 확장시킬 수 있게 되고 또 그렇게 자신의 길을 묵묵히 노력하며 걷다 보니 조금 더 큰 기회를 만나게 되고 또 준비한 자신의 실력을 발휘하며 그 기회를 더욱 커지게 만들고 또 반복적으로 가다 보니 계속해서 더 큰 기회를 만나게 되는 것이다.

무엇이든 지속가능하면 그 영역에는 반드시 가속이 붙게 된다. 이것은 분명한 삶의 진리이자 법칙이다. 성공을 경험한 사람이라면 이 법칙을 부정할 수 있는 사람은 단 한 사람도 없을 것이다. 지속가능하면 그 영역에는 언젠가 가속이 붙는다. 하지만 너무나 안타까운 것은 반복된 삶이 지루해서 반복된 노력이 힘이 들어서 그 반복을 포기한다. 즉, 자신의 지속가능함을 포기하는 것이다. 이들은 가속을 맛보지 못한 채 무언가를 처음부터 또다시 시작한다. 나의 고집스러운 생각 중 하나는 어떤 길이든 되돌아가는 것보다는 가던 길을 계속 가는 것이 유리하다는 생각이다. 물론 지금 엄청난 손해를 보거나 주변 모든 사람들이 위험에 빠지거나 법적으로 언젠가 문제가 생겨날 일이라면 당장 그만두는 것이 맞다. 하지만 그것이 아니라며 되돌아가는 것보다는 가던 길을 계속 가는 것이 훨씬 더 유리하다. 지속가능함 속에서 가속이 붙기 시작하면 그 힘은 과거보다 10배 20배 빠른 속도로 자신의 실력과 연봉을 높여주기 때문이다. 적어도 장사의 영역은 가속의 힘을 더욱 세게 받는다. 돈도 가속이 붙으면 과거의 속도에 비해 10배 20배가 빠르게 모인다. 성공의 모든 영역에 지속 가능함의 법칙을 믿어라. 그리고 가던 길을 계속 가라! 멈추지 말고 계속 반복해라! 때로는 조금 느려도 된다, 하지만 포기는 절대로 하지 마라! 그리고 그곳의 가속을 만끽해라!

♣ 부자가 되는 장사 철학

☞ 모든 성공은 지속가능함 속에서 얻어걸리는 것이다. 지속가능하면 그 영역에는 언젠가 가속이 붙는다. 장사의 영역은 가속의 힘을 더욱 강하게 받는다. 때로는 느려도 좋다. 장사로 성공하기 위해서는 포기하지 말고 가던 길을 계속 가라. 그리고 가속의 힘을 만끽해라!

24

원하는 것은 분명하고 구체적으로 말하라!

인간은 유일하게 표현의 동물이다. 인간이 표현을 제대로 할 수 없다면 신이 주신 최고의 재능을 사용치 않는 것이다. 표현할 수 있어야 인간답게 삶을 살아가는 것이다. 우리는 삶을 살면서 자신의 진심을 너무나 많이 숨기며 살아간다. 자신의 감정을 솔직하게 표현하는 것이 어쩌면 자신이 가지고 있는 목표나 문제점을 가장 빠르게 해결할 수 있는 방법이 되기도 한다. 내가 간절히 원하는 것이 있으면 세상에 알리고, 주변에 알리고, 스스로 수없이 되뇌고 알려야 한다. 알려지면 세상이 나를 돕고 주변이 나를 돕고 스스로가 나를 돕는다. 꿍하게 마음속에만 가지고 있는 것이라면 그것은 현실이 될 수가 없다. 좋아하는 마음도 속상했던 마음도 내가 간절히 좋아하는 마음도 지금 표현해야 한다. 어쩌면 표현을 하지 않으면 상대가 나의 마음을 알 리 없고 도움을 줄 수가 없다. 표현을 잘하는 것도 성공의 핵심 기술이 된다. 감사라는 뜻은 느낄 '감(感)'에 사례할 '사(謝)'가 합쳐진 뜻이다. 즉, 누군가에 고마움을 느꼈다면 그 고마움을 느끼는 것에 그치면 그것은 감사가 아니라 감에서 끝이 나는 것이다. 감사가 완성되려면 사례를 해야만 감사가 완성되는 것이다. 고마움을 느꼈다면 표현까지 해야 감사가 완성된다는 것이다. 이처럼 우리가 느끼는 감정을 표현을 해야 완성되는 것들이 세상 속에는 너무나 많다. 원하는 것도 마찬가지이다. 알라딘의 요술램프처럼 무엇이든 들어주는 알라딘에게 자신이 원하는 것을 구체적으로 표현하지 않고 찡얼거리기만 한다면 제아무리 요술램프를 가진 알라딘일지라도 무언가를 줄 수가 없을 것이다. 무엇을 원하는지 분명하게 말해야 한다. 당신이 무엇이든 소원을 들어주는 신이라고 가정한다면 두 아이가 당신에게 무언가를 달라고 애원한다고 가정을 해보자. 한 아이는 울면서 '주세요'만 외치고 있고, 다른 한 아이는 '츄파춥스 딸기맛 사탕 하나만 주세요'라고 애원을 한다면 당신은 누구에게 소원을 들어줄 수가 있겠는가? 당연히 자신이 원하는 무언가를 구체적으로 말하는 아이에게 그 소원을 들어줄 것이다. 주변 자수성가를 한 사장님들을 보면 공통점이 자신이 원하는 것을 늘 공유한다는 것이다. 본사 미팅을 가던 주변지인과 친목 모임에 가던 상대에게 미움을 사지 않는 한에서 자신의 근황을 전하면서 자연스레 자신의 목표나 원하는 것을 구체적으로 말한다. 그것을 듣게 된 주변 사람들은 자연스레 자신이 도울 수 있는 아이디어가 생각나면 그에게 연락을 하고 도움을 주게 된다. 그리고 직접적으로 도움을 주지 않더라도 그를 생각하며 응원하고 함께 소원하게 된다. 자신이 간절히 원하는 목표일수록 주변사람들에게 공유를 하는 것은 그 목표가 이루는데 엄청난 도구가 되어주기도 한다. 목표를 혼자만 느끼고 생각하는 것에만 그치지 말고 표현해야 그 목표가 훨씬 더 빠르게 이루어진다. 이것은 목표뿐만이 아니다 기분이 상했거나 힘든 문제가 있다면 이 또한 솔직하게 공유하는 것도 좋다. 물론 만날 때마다 푸념하는 것은 좋지 않지만 가끔씩 자신의 솔직한 감정을 표현하는 것이 자신에게도 상대와의 건강한 관계를 위해서라도 도움이 된다.

장사로 성공을 꿈꾸는 직원들도 매장의 리더들에게나 사장에게 자신의 꿈이나 목표를 분명하게 전달하는 것은 여러 큰 효과가 있다. 우선 자신의 꿈이나 목표를 공유하면 그 계획이 자신만이 아닌 모두의 계획이 되어준다. 그리고 공유한 후에 자신에게 책임감이라는 것이 더욱 강하게 자리 잡게 되어 자신의 열정이나 노력을 게을리하지 않게 된다. 그리고 주변의 응원이 더 큰 힘이 되어 꿈을 이루는 과정에서 번 아웃에서 벗어나게 된다. 나 또한 직원시절부터 나의 장사 스승님이신 사장님에게 새해가 되면 편지 한 통을 써서 전해드렸다. 아부성의 내용이 아니라 편지를 통해서 나의 계획을 전달하고 사장님의 목표에 도움이 되는 제자가 되겠다는 다짐을 적은 내용이었다. 그 편지의 효과는 생각 이상이었다. 늘 창업이라는 나의 꿈을 전달하였고 매장 1호점 또한 나에게 가장 빠르게 기회가 온 것도 사장님께서 나의 목표를 함께 인지하고 그것을 응원해 주셨기 때문에 나를 가장 먼저 추천해 주신 것이다. 장사를 하면서 고객님을 응대할 때도 나는 저희 제품을 사용해 보시고 만족하시면 주변 소개 많이 부탁드려요 라는 말을 빠짐없이 한다. 그중 나의 인사말처럼 건 낸 부탁에 책임감을 가지고 주변 지인들을 소환해서 매출을 만들어 주는 경우가 참 많았다. 이렇듯 표현을 잘해야 자신의 목표가 빠르게 이루어진다. 지금부터 표현하는 힘을 길러보자. 그것이 이끄는 마법의 효능을 맛보게 될 것이다.

♣ 부자가 되는 장사 철학

☞ 자신이 간절히 원하는 것은 주변 많은 사람들에게 공유하고 표현해야 한다. 자신의 목표가 듣는 이들에게 기분 나쁜 소식이 아니라면 당신의 목표를 함께 인지하고 이룰 수 있게 도움을 줄 것이다.

25

어설프게 착하게만 살지 마라!
강한 기운으로 보란 듯이 성공해라! 그리고
주변에 선한 영향을 줄 수 있는 사람이 되어라!

요즘은 성격유형을 MBTI로 분석하고 그에 맞게 상대를 평가하는 것이 유행이다. 이처럼 사람의 성격이나 성향을 분석하는 여러 기준이 있다. 나는 강약선악의 4가지 분류 중 인간의 성향을 볼 수 있다고 믿는다. 이 테스트는 아주 간단하다. 먼저 강과 약 중 한 가지를 자신의 유형에 맞게 골라 보는 것이다. 그다음은 선과 악 중에 자신의 성향과 가까운 곳을 골라보는 것이다. 누구는 강과 선의 성향이 있을 것이고, 누구는 약과 선의 성향이 있을 것이고, 또 누구는 강과 악의 성향이 있을 것이고, 또 누구는 약과 악의 성향이 있을 것이다. 이 네가지 분류로 미래의 운을 예측하는 재미있는 상상을 해볼 수가 있다. "돈보다 운을 경영하라!"라는 책에는 강약선악의 유형으로 미래의 운명과 운을 알 수 있다고 말한다. 우선 강한 기운을 가진 자가 악의 성향을 가지면 그 강한 기운이 나쁜 쪽으로 강하게 흘러 들어가 나쁜 기운이 강해진다고 한다. 에너지는 강하고 넘치지만 늘 좋지 않은 일들에 휘말리는 경우가 이 같은 경우라고 말한다. 다음 약한 기운을 가지고 있고 나쁜 성향을 가지고 있다면 이는 약한 에너지로 나쁜 쪽으로 인생의 방향이 흘러간다고 한다. 세 번째는 강한 기운을 가지고 있고 선한 성향을 가지고 있다면 이는 가장 잘될 운명을 말한다. 늘 강한 에너지로 선한 방향으로 거세게 움직여 주변사람까지도 좋은 기운을 얻게 된다고 한다. 마지막 네 번째는 약한 기운을 가지고 있지만 선한 성향을 가진 분류의 사람들은 좋은 방향으로 움직이지만 그 힘이 약해 목표를 이루거나 성과를 내는 것에 약한 분류이다. 주변에 참 착한 사람인데 일이 잘 풀리지 않는 경우가 이런 경우라고 말한다. 물론 정확한 과학적 이론을 바탕으로 이야기를 하는 것은 아니지만 나의 삶을 되돌아볼 때 공감되는 부분이 많다고 느꼈다.

어른들은 착하게 사는 것이 최우선이라고 말하지만 세상은 그들에게 운을 더해주지는 않는다. 착하게 사는 것이 인생을 살면서 너무나 중요한 도리이겠지만 그보다 앞선 것은 강한 기운이 있어야 된다는 것이다. 강약의 기운은 속도이고 선악의 마음은 방향을 말한다. 아무리 방향이 좋다 하더라도 속도를 제대로 낼 수 없다면 자신이 원하는 곳까지 도달하지 못한다. 강한 기운을 가지는 것이 최우선이 되어야 한다. 자신의 분야에 정상을 맛본 사람들의 공통점에는 강한 기운이 있다는 것이다. 정상에 가려면 방향도 중요하지만 끝까지 갈 수 있는 강한 체력이 기본바탕이 되어야 한다. 일을 하다 보면 번 아웃이 올 때도 있고 열정이 사라져 모든 것이 버거울 때가 있다. 이런 상황을 가만히 되짚어 본다면 그 원인은 체력이 고갈되어서 일 때가 많다. 자신의 꿈을 지키고 보란 듯이 이루기 위해서는 강한 기운을 가지는 것이 중요하다. 강한 기운을 가지기 위한 나만의 방법을 공유하고 싶다.

강한 기운을 가지는 방법 5가지

1. 많이 웃는다.
2. 감사를 최대한 많이 외친다.
3. 나의 꿈을 자주 되뇐다.
4. 꾸준한 운동으로 좋은 체력을 유지한다.
5. 강한 기운을 가진 사람들과 자주 어울리고 소통한다.

강한 기운을 가지는 방법 중 첫 번째로 많이 웃는 것이다. 웃으면 긍정에너지가 생겨나고 면역체계가 강화되고 몸과 마음이 건강해진다.

두 번째는 감사를 많이 외치면 우리 몸속에 부정의 생각이 사라지고 삶의 만족도가 높아져서 미래에 대한 긍정의 시그널을 불러오게 한다.

세 번째는 나의 꿈을 자주 되뇌면 내가 현재 열심히 사는 이유를 알게 되고 꿈을 이루었을 때 기분을 느끼게 되어 새로운 열정동력이 생겨난다.

네 번째는 꾸준한 운동을 하면 신체적인 저항력이 생겨나 체력이 좋아지고 몸이 힘들다는 기분에서 벗어남을 느끼게 된다. 분명 몸과 정신은 서로가 상호영향을 받게 된다. 좋은 체력은 건강한 정신을 만들어준다.

다섯 번째는 강한 기운을 가진 사람들과 자주 어울리고 소통을 하게 되면 자신에게 그 강한 기운이 옮겨져 그들과 닮아가게 된다. 사람은 사람의 영향을 가장 빠르게 흡수하고 닮아가게 된다. 행복을 원하면 행복한 사람과 자주 어울리고, 성공을 원하면 성공한 사람과 자주 어울리고 , 강한 기운을 가지고 싶다면 강한 기운을 가진 사람들과 자주 어울리면 된다.

자신이 성공을 꿈꾸고 있다면 이와 같은 방법을 통해서 최우선으로 강한 기운을 만들어가기를 바란다. 강한 기운은 타고나는 것이 아니다. 환경의 영향과 자신의 노력으로 발전되는 것이다. 그리고 선한 마음을 가지는 것은 인간으로서 가장 중요한 도리이다. 이기심을 버리고 이타심을 가지는 것이 중요하다. 누군가에게 받으면 그때 마지못해 주는 것이 아니라, 매 순간 먼저 주는 것을 습관화 해보라. 먼저 주면 그 이상으로 받게 되는 것이 이 세상의 이치이다. 사랑도 받을 때 느끼는 기쁜 감정은 사랑이 아니라 정욕이다. 줄 때 느끼는 기쁜 감정이 진정한 사랑이다. 누군가를 진심으로 사랑하게 되면 받는 것보다 주는 것에 집중을 하게 된다. 주변사람들에게 이타심을 가지고 진정한 사랑을 실천할 수 있을 때 선한 마음이 단단하게 자리 잡게 된다. 장사로 성공을 꿈꾼다면 어설프게 착하게만 살지 마라! 강한 기운으로 보란 듯이 성공해라! 그리고 주변에 선한 영향을 줄 수 있는 사람이 되어라! 그래야 그 성공이 오래간다.

♣ 부자가 되는 장사 철학

☞ 어설프게 착하게만 살지 마라! 강한 기운을 바탕으로 보란 듯이 성공해라! 그리고 주변에 선한 영향력을 나누어 줘라!
지금부터 당신의 기운은 강과 선이 합해지기를 바란다!

제5부

장사를 하면서
상황에 따른 현명한 대처법

1

클레임 고객 대처법

장사를 하다 보면 클레임 고객을 피할 수가 없다. 아무리 좋은 제품으로 친절한 고객응대를 하더라도 고객님의 기준에는 불만이 생겨날 수밖에 없다. 고객 불만의 경우 크게 두 가지로 나뉜다. 단순한 컴플레인(complain) 즉, 불평을 가지고 항의를 하는 고객을 말한다. 이는 제품이나 우리의 친절이나 판매과정에서 불만을 토로하는 것이다. 이는 고객의 감정을 솔직하게 토로하는 것이라 가벼운 대처로 충분히 고객의 마음을 돌릴 수가 있다. 컴플레인의 경우 대처 방법으로는 우선 고객님이 만족하지 못한 부분을 인정하기 ⇨ 그렇게 할 수밖에 없었던 이유를 진중하게 설명하기 ⇨ 작은 선물 챙겨주며 다음부터는 똑같은 이유로 불만을 가지지 않게 업그레이드하겠다는 약속하기! 이 같은 순서대로 한다면 왠 만한 컴플레인 고객에게 다시 신뢰를 회복하고 등을 돌리는 상황에서 벗어나게 된다. 두 번째의 경우에는 클레임 고객님의 경우이다. 클레임(claim)의 경우 컴플레인 보다 수준이 높은 불평불만의 단계를 말한다. 단순한 불평불만을 넘어 우리 매장과 제품을 비난하는 정도로 부정적인 감정이 발전된 상태를 말한다. 또한 제품에 신뢰를 잃었거나 직원의 판매과정에 있어서 신뢰를 잃게 되어 우리 매장으로부터 등을 돌리기 직전상태를 말한다. 클레임 고객의 경우 단순한 선물로 진정되지 않는다. 대부분의 클레임 고객의 경우 감정이 고조가 되어 매장방문을 하기 때문에 일종의 전투대세를 단단히 갖춘 채 직원들과 부딪히게 된다. 이때는 고객님의 고조된 감정을 누그러지게 하는 것이 최우선이다. 고객 감정에 대한 공감이 가장 우선되어야 한다. 저라도 그랬겠습니다. 저라도 힘들었을 것 같습니다. 저라도 고객님과 똑같은 심정이었을 것 같습니다. 이렇게 고객의 감정을 공감하는 것이 우선되어야 한다. 대부분의 고객님들은 자신의 감정을 공감 받게 된다면 감정이 누그러진다. 공감으로 고객님의 감정이 누그러지면 그다음은 해결방법을 분명하게 제시해야 한다. 클레임 고객님의 대부분의 경우에는 목적이 분명하게 있다. 환불 또는 새 제품 교환이라는 분명한 목적을 가지고 있다. 매장 입장에서는 새 제품 교환이 손해를 덜하기 때문에 고객님께 새 제품 교환을 목표로 분명한 방법제시를 해드려야 한다. 본사에 심의 과정을 걸쳐서 교환과정까지 상세히 설명해 드리고 본사랑 싸워서라도 최대한 고객님의 속상한 감정을 대변해서 해결하는 것에 최선을 다하겠다고 약속드려야 한다. 단 이때 중요한 것은 확답은 섣불리 드리면 안 된다. 본사의 교환판정이 나기도 전에 새 제품으로 교환해 드리겠다고 확답을 드린다면 혹시나 본사에서 객관적으로 판단했을 때 교환판정이 나지 않을 경우 그 어떠한 대처도 소용없는 것이 된다. 그래서 미리 확답을 드리지 말고 고객님의 속상한 마음을 대변해서 최대한 본사와 심도 있게 심의 과정을 걸쳐보겠다는 노력의 약속을 드리는 것이 옳다. 그리고 마지막으로 고객님께 작은 선물이라도 드리면서 서운한 마음을 달래는 것이 좋다. 매장에서 한 고객님의 가치는 수 천만 원이라고 생각을 해야 한다. 사소한 컴플레인이 클레임으로 발전되어 고객님을 잃게 된다면 이것은 단순히 제품을 환불해 주는 선에서 손해가 발생되는 것이 아니라 수 천만 원의 미래 가치를 잃게 되는 것과 같다. 장사는 현재의 가치보다 미래가치를 볼 수 있어야 큰돈을 벌 수가 있게 된다. 컴플레인 고객의 경우에는 매장의 가장 큰 리더가 상대하는 것이 옳다. 사장이 매장에 거주하는 시스템이면 사장이 응대를 하고 사장이 없는 시스템이라면 직원 중 팀장이나 지점장이 고객을 응대하는 것이 옳다. 몇몇 사장이나 지점장의 경우 난이도가 높은 까다로운 클레임 고객응대에 있어서 부하직원을 시키는 경우가 많다. 이것은 미래가치가 수 천 만원을 잃게 될 수도 있는 너무나 중요한 상황을 부하 직원에게 떠맡기는 것과 같다. 부하직원이 응대를 할 경우 대부분이 직원이 하는 멘트가 이렇다. "제가 말단 직원이라 힘이 없어요... 제가 아직 권한이 없어서요..." 이런 식으로 나약한 변명을 늘어놓게 된다면 고객님의 감정은 더욱 거세지거나 허탈감과 실망감을 가지게 된다. 클레임 고객 또한 누구나 응대하기가 어렵고 불편한 것은 사실이다. 직원 모두가 어려워하고 불편해하는 것을 가장 큰 리더가 응대하고 현명하게 잘 대처를 한다면 그 모습 자체가 모든 멤버들에게 모범이 되고 그 리더를 진심으로 존경하고 따를 것이다. 이같이 컴플레인 고객과 클레임 고객의 대처방법을 필자가 제시한 방법대로 실천해 본다면 분명히 미래가치가 수천만 원인 고객 한 분을 잃게 되는 일은 없게 될 것이다. 오히려 대처하는 과정에서 감동을 받고 단골 고객이 되는 상황으로 발전될 수도 있다. 지금부터는 클레임 고객을 어렵게만 생각하지 말고 올바른 방법으로 꼭 대처해 보기를 바란다.

♣ 부자가 되는 장사 철학

☞ 컴플레인(complain) 고객님과 클레임(claim) 고객님은 가급적 매장의 가장 큰 리더가 직접 상대하고 보상방안을 제시를 해주는 것이 좋다.

2

매출의 성수기와 비수기 대처법

장사를 하면 매출과 사람의 문제 중 꼭 한 가지의 문제를 안고 산다. 매출이 좋을 때는 직원이나 고객의 문제가 발생되고, 직원과 고객의 문제가 없을 때는 매출부진의 문제가 발생된다. 이래나 저래나 문제하나는 안고 사는 것이 장사하는 사람들의 업보이다. 하지만 차라리 이왕에 문제가 발생된다면 매출보다는 사람의 문제가 다행인 일이다. 직원들이나 고객님의 문제의 경우에는 그 문제를 현재의 시스템을 수정하면서 보완하면 해결이 되지만 매출이 부진하면 매장의 존폐가 흔들리기 때문에 가장 큰 문제라고 인지를 해야 한다. 매출이 부진하면 직원도 내보내야 하는 상황이 생겨나고 매장의 존폐도 고민이 되고 소중한 나의 가정에도 안정감을 잃게 된다. 장사를 하는 사장들이라면 누구나 가장 큰 고민과 숙제가 매출일 것이다. 장사의 매출은 크게 두 시기에 영향을 받게 된다. 성수기와 비수기이다. 성수기에는 우리 제품이 많은 고객님에게 필요한 시기라 수요가 늘어날 때이고 비수기 때에는 우리의 제품이 고객님에게 필요성이 떨어지는 시기라 수요가 줄게 된다. 모든 장사에는 그에 맞는 전략이 필요하다. 성수기와 비수기에 맞는 똑똑한 전략을 세우는 것이 가장 중요하다.

성수기의 전략

1. 탄탄한 물건공수
2. 안정감 있는 직원세팅과 판매교육
3. 고객회원 확보
4. 섬세한 재고관리와 자금 확보
5. 직원들의 분명한 성과급 시스템

성수기에는 많은 고객입점이 예고된 상황이다. 이때는 물이 차오를 때 노를 힘껏 저어야 한다. 즉, 들어올 때 매출을 바짝 올려야 한다.

그러기 위해서는 첫 번째는 물건이 떨어지지 않도록 충분한 물건을 확보하는 것이 중요하다. 적어도 **빠른 품절**이 되어 판매로스가 나는 것을 최소화해야 한다.

두 번째는 안정감 있는 직원 세팅과 판매교육이다. 고객순환을 **빠**르게 시켜야 돈이 빨리 돈다. 즉, 물건을 빠르게 판매할 수 있는 시스템을 갖추어야 한다. 훈련된 탄탄한 직원을 잘 세팅해 두어야 한다. 판매의 어벤저스를 만들어 세팅해야 한다.

세 번째는 고객회원 확보이다. 이는 고객님이 많이 들어올 때 비수기를 대비해서 최대한 많은 고객정보를 확보해야 한다. 이는 비수기가 접어들었을 때는 마케팅이 가장 핵심전략이 되기 때문에 이때에 알차게 사용된다.

네 번째는 섬세한 재고관리와 자금 확보이다. 성수기 때는 많은 고객이 방문해서 빠른 템포로 매장이 운영되기 때문에 재고로스가 나지 않게 잘 관리를 해야 한다. 재고로스 관리는 밑 빠진 독을 점검하는 것과 같다. 늘 재고가 분실되지 않게 철저한 시스템을 갖추어야 한다. 옷가게의 경우 판매되는 옷을 마지막으로 한 번 더 꼼꼼히 검수 후 계산하고 고객님께 물건을 전달해야 한다. 계산이 덜되거나 더 되는 경우가 발생되면 재고오류가 발생되기 때문이다. 그리고 성수기 때 비교적 많은 자금이 들어온다. 이때 돈 관리를 정말 잘해야 한다. 사장은 돈이 조금 벌린다고 씀씀이가 갑자기 증폭되면 안 된다. 진정한 부의 증식은 소득이 늘어도 소비를 늘리지 않는 데 있다. 매출이 좋은 만큼 많은 세금과 미래지출도 함께 늘어날 것이기 때문에 미리 자금 준비를 해야 한다. 늘 순수익의 절반은 미래지출이라고 생각하고 별도로 비축하는 습관을 가져야 한다.

마지막으로 성수기에는 직원들의 사기와 열정온도가 더 큰 매출을 만들기 때문에 충분한 동기부여가 준비되어있어야 한다. 매출에 따른 성과급을 분명하게 정하고 그 약속을 철저하게 지켜야 한다. 일부

사장들은 많이 팔면 월급 많이 올려주고 보너스도 줄게. 라는 식의 애매모호한 약속으로는 직원들의 사기와 열정온도를 끌어올릴 수가 없다. 분명한 숫자로 제시해 주고 시스템으로 정해야 한다. 가장 좋은 회사는 모든 보상과 복지가 분명하게 정해지고 그 약속을 철저하게 지키는 회사이고 가장 나쁜 회사는 애매모호한 약속을 하고 지속적으로 희망고문을 하는 회사이다.

비수기의 전략

1. 마케팅 최대화
2. 직원들의 판매 및 매장 운영교육
3. 섬세한 고객관리
4. 시스템 개선 및 개발
5. 팀 문화 실천

비수기 때는 방문고객이 성수기에 비하면 비교적 적은 시기를 말한다. 비수기 때의 가장 핵심 전략은 고객유치이다. 즉, 고객을 매장으로 끌어들이는 노력을 적극적으로 해야 한다. 비수기의 전략 중 첫 번째는 마켓팅을 최대화하는 것이다. 성수기 때는 최대한 많은 자금을 비축하고 비수기 때는 모아둔 자금을 올바르게 제대로 투자할 수가 있어야 한다. 대부분의 사장들은 성수기 때 자금을 펑펑 쓰고 비수기 때 매장의 조명등 켜두는 것까지 아까워한다. 이렇게 해서는 돈을 제대로 벌 수가 없다. 돈이 잘 벌릴수록 비축을 잘해야 하고 돈이 덜 벌릴수록 제대로 투자를 할 수 있어야 한다. 소비와 투자는 다르다. 소비는 타서 눈앞에서 사라지는 것이지만, 투자는 내가 던져낸 돈이 다시 돌아오는 것이다. 비수기 때에는 고객을 유치하는 마케팅 비용을 아껴서는 안 된다. 더욱 과감하게 마케팅을 해서 새로운 고객을 끊임없이 유치해야 한다. 고객이 들어와야 팔든 말든 할 것이 아닌가? 우선 고객유치로 고객이 들어오게 만드는 일에 적극적으로 해야 한다.

두 번째는 직원들의 판매 및 매장 운영교육을 시키는 것이다. 매장이 조용할 때 직원들의 사기가 저하되고 퇴사율도 높다. 이는 그들의 정신이 매장에서 벗어나게 되는 경우가 많다. 조용한 비수기일수록 매장운영에 더욱 집중하고 연구할 수 있도록 분위기를 만들어야 한다. 여러 매장을 방문해 보면 리더가 시키는 것에만 몸으로 일하는 노동의 현장이 있고 멤버 모두가 일터를 배움의 현장으로 생각하고 각자의 위치에서 연구하고 토론하고 공부하는 학습문화가 자리 잡힌 전문가의 현장이 있다. 배우고 연구하고 학습을 함께하는 교육문화를 할 수 있는 기회의 시간이 바로 비수기의 기간이다. 어떤 사장들은 비수기 때 매장의 직원들에게 눈치주기가 싫다는 핑계로 해외여행을 다니는 경우가 많다. 이는 매장과 직원의 가치를 떨어뜨리는 것이 된다. 조용한 비수기일수록 직원들과 더욱 가까운 거리에서 소통을 하고 함께 연구하고 전문가의 면모를 만들어 가야 한다. 그래야 비수기의 손해를 최소화하고 성수기의 이익을 최대화할 수 있다.

세 번째는 섬세한 고객관리를 해야 한다. 비수기 때는 비교적 시간이 많이 생긴다. 조용한 시간을 활용해 성수기 때 확보한 고객정보를 가지고 고객님께 안부문자나 제품정보문자를 보내는 전략을 세워야 한다. 이때 가장 중요한 것은 단순 광고성 문자를 단체로 보내는 형식으로 보내면 효과가 없다. 한분 한분에게 편지의 글을 쓰듯이 고객이름을 붙여가며 그들의 취향에 맞는 제품을 제안하는 문자를 보내야 한다. 때로는 VIP 고객의 경우 생일에 맞추어 할인 쿠폰을 보내주고 평소의 감사 표시를 전하는 것도 좋다. 이는 공감능력이 뛰어난 직원을 지정하고 전문적으로 할 수 있도록 시스템을 만들어 주어야 한다.

네 번째는 시스템을 개선하고 개발해야 한다. 시기에 따라 현재의 매장 시스템이 현실에 맞지 않는 경우가 발생한다. 좀 더 신선한 시스템으로 개선하고 개발해야 한다. 새로운 시스템을 정 할 때는 반듯이 직원들과 회의를 거쳐서 정하는 것이 좋다. 이유는 직원들의 아이디어를 모으면 더욱 창의적인 시스템을 만들 수가 있고 그들의 의견이 반영된다면 직원들의 책임감까지도 끌어 올릴 수가 있게 된다.

마지막으로 팀 문화를 실천하는 것이다. 조직의 소속감을 느낄 수 있게 모두가 함께할 수 있는 정해진 팀 문화를 실행하는 것이다. 직원 모두가 함께 워크샵 행사를 가진다거나 함께 영화를 본다거나 함께 봉사활동을 한다거나 등등 다 함께 추억을 만들 수 있는 행사를 제공하는 것이다. 이것의 효과는 조직의 단합을 만들고 소속감을 느끼게 해서 회사에 대한 애증과 애사심을 끌어올리는 데 효과가 있다.

위의 방법으로 성수기와 비수기를 나누고 똑똑한 전략으로 승부를 건다면 분명 당신의 매장은 나날이 눈부신 성상을 하고 당신의 사업이 나날이 확장될 것이다.

♣ 부자가 되는 장사 철학

☞ 자신이 사업에 성수기와 비수기로 나누어서 그에 맞게 시스템을 갖추어야 한다.

3

직원들의 열정과 사기가
떨어졌을 때의 대처법

매장을 창업하고 운영하다 보면 직원들의 열정과 사기가 올라갔다 내려갔다 한다. 어쩌면 인간으로서 열정의 기복은 당연한 현상일 것이다. 우리의 몸도 컨디션이 늘 같지 않듯이 마음의 열정이나 사기는 더더욱 상황에 따라 변화기 마련이다. 때때로 나에게 조언을 듣는 사장들은 일을 잘하던 직원이 갑자기 열정이 식거나 일을 그만두게 되어 속상하다는 하소연을 하기도 한다. 인간이라면 누구에게나 자기만의 바이오리듬이 있다. 직원이 열정이 떨어지고 사기가 저하되는 시점이 되면 그를 보는 사장들이 해당 직원에게 불편한 자극을 주게 된다. 그것을 마치 큰 문제로 삼고 그들에게 초심을 잃었다는 둥 열정이 식었다는 둥 일의 능률이 떨어졌다는 둥 일에 집중을 못 하고 있다는 둥 이런저런 말들로 그들에게 자극을 주고 상처를 준다. 이 중 몇몇 직원들은 억지로라도 열정을 되찾으려고 노력해서 극복되기도 하지만 그중 몇몇 직원들은 사장의 자극과 푸시에 견디지 못하고 일을 그만두기까지 한다. 누구나 늘 24시간 웃으며 한결같이 삶을 살기란 쉽지 않다. 인간이란 감정의 동물이라 기분과 감정에 따라 태도나 열정 온도가 들쑥날쑥할 수도 있다. 물론 자주 그런 현상이 생겨난다면 자신의 의지 탓을 할 수도 있겠지만 한 번씩 기복이 있는 현상들은 인간으로서 너무나 당연한 현상들이다. 이럴 때는 불편한 자극이나 동기부여보다 그들의 감정을 이해하고 공감해 주는 것이 좋다. 사장과 직원은 어쩌면 각자의 목적을 실현하기 위해서 같은 시간과 공간 속에서 협력하는 경제 파트너이기도 하지만 좀 더 넓은 테두리에서 본다면 우리가 모두 동시대에 함께 삶을 살아가는 삶의 파트너다. 삶의 파트너에게 늘 한결같이 좋은 감정을 가지고 살아가기만을 강조해서도 기대해서도 안 된다. 온전히 그들이 처한 상황과 그들이 느끼는 감정에 공감하고 이해할 수 있어야 한다. 우리가 더불어 사는 목적은 서로에게 상처를 주면서까지 자신의 이익을 챙기기 위함이 아니라 서로에게 도움을 주고 서로의 빈곳을 채워주라는 값진 신의 뜻이 들어있다고 믿는다. 직원의 사기 저하나 열정 온도가 떨어져 삶이 지루하고 힘이 드는 감정도 사장을 그들의 감정을 이해하고 공감을 해주는 것이 최우선이 되어야 한다. 그리고 빈 곳을 채워주기 위한 노력을 함께 해나간다면 직원은 금 새 자신의 좋은 컨디션을 회복하고 매장에 충성을 다하게 될 것이다. 사람을 기르는 일은 농부의 마음가짐으로 해야 한다.

즉, 때에 맞는 노력과 정성을 다하고 더불어 기다릴 줄 알아야 한다. 직원에게 동기부여가 되는 조언 한마디 건넸다고 해서 직원이 즉시 발전된 모습으로 바뀌는 것을 기대하면 안 된다. 정성을 다하되 기다릴 줄 알아야 한다. 변화가 되는 때는 내가 정하는 것이 아니라 각자 저마다 자신만의 때가 있는 것이다. 그때가 되면 변화나 성장은 할 수밖에 없다. 이것은 내가 정말 많은 경험으로 얻게 된 관계 진리이고 성장 진리이다. 이처럼 직원이 갑자기 사기가 떨어지고 열정 온도가 떨어졌을 때는 가장 먼저 그들의 감정을 공감하고 이해해주는 것이 첫 번째라면 그다음은 현실적인 구조적 변화가 필요하다. 구조적 변화는 현재 매장의 시스템이나 문화를 섬세하게 점검하고 어떠한 부분이 직원들의 사기와 열정을 떨어뜨리는지를 파악한 후 개선해야 한다.

시스템 점검사항

1. 직원들의 출퇴근 구조가 현재에 합당하고 만족하고 있는지?
2. 직원들의 휴게시간과 시스템이 제대로 실현되고 있는지?
3. 직원들의 복지에 있어서 역효과가 나고 있는 것은 있는지?
4. 직원들의 복지에 있어서 개선하거나 추가되어야 할 것은 없는지?
5. 직원들의 행복지수를 올릴 수 있는 요소가 잘 실현되고 있는지?

직원들의 사기나 열정이 떨어진다면 사적인 원인이 아니라면 공적인 일터에서 문제점을 찾아야 한다. 특히나 개개인이 아닌 매장 전체가 그렇다면 공적인 원인을 찾는 것이 옳다. 공적인 원인을 찾는다면 매장 내의 시스템을 점검할 필요가 있다.

첫 번째가 직원들의 출퇴근 구조이다. 시대에 맞지 않게 과거의 하던 방식대로만 고집하고 있는 것은 아닌지 살펴봐야 한다. 주변 동일 업종의 출퇴근 구조를 분석하고 그에 맞게 변경하는 것도 좋은 방법이다.

두 번째가 휴게시간에 대한 시스템이 잘 실현되고 있는지 살펴봐야 한다.

직원들이 쉬는 타임에 제대로 휴식을 못 한다면 피로가 누적되고 예민해지며 결국 업무 불만으로 이어진다. 이것은 고스란히 고객에게 전달된다. 서비스 질은 떨어지고 고객 불만족으로 이어지게 되어 결국 매출도 함께 떨어지게 된다.

세 번째는 직원들의 복지에 역효과가 있는지를 살펴보아야 한다.

직원들에게 기쁨을 줄 수 있는 복지가 잘못 남용되면 매장의 효율이 떨어지고 되레 업무 불만족까지 이어지게 된다. 사장들은 이점을 유념해야 한다. 예를 들어 직원들의 복지를 늘려주는 목적으로 휴무나 휴게시간을 지나치게 늘려버린다면 직원들은 휴식과 휴무에만 욕구를 채우려고 한다. 일하면서 휴무 날의 스케줄을 생각하느라 업무에 집중도가 떨어지기도 하고 너무 잦은 휴게시간은 직원들을 더욱 피곤하고 나태하게 만든다. 복지가 지나치면 그 복지로 인해서 직원들이 게을러지거나 나태해지는 경우가 이 같은 경우이다. 복지는 쉼에서만 충족이 되는 것이 아니다. 진정한 복지는 그들의 성취와 행복지수를 높여주고 끊임없이 그들이 성장할 수 있도록 돕는 것이다. 그리고 작업환경 중 위험한 요소나 불편한 요소를 섬세히 살피고 제거하는 것 또한 좋은 복지라고 생각한다. 이와 같은 복지의 역효과가 나타나고 있다면 복지시스템 또한 개선해야 한다.

네 번째는 직원들에 진정으로 도움이 되는 복지를 개선하거나 추가할 필요가 있다. 나는 삶의 질은 자신의 라이프스타일에서부터 온다고 믿는다. 직원들의 삶의 질을 살펴보려면 그들의 라이프스타일을 살펴봐야 한다. 그들의 라이프스타일에 도움이 될 만한 복지를 추가한다면 그 복지는 그들의 삶의 질을 높여주는 복지가 되어주게 된다. 이것은 자신의 매장과 직업에 대한 더 큰 자부심을 심어주게 된다.

다섯 번째는 매장 안에서 직원들의 행복지수를 높여주는 요소가 잘 실현되고 있는지 살펴봐야한다. 매장 안에서의 직원들의 행복지수는 매장문화에 영향을 많이 받게 된다. 그 매장 문화는 직원들의 관계에 직접적인 영향을 받게 된다. 특정 누군가로 인해서 괴롭힘을 당하고 있는 직원은 없는지? 나쁜 문화를 퍼트리는 썩은 사과 같은 직원은 없는지? 서로의 존중문화가 잘 실행되고 있는지? 최근 클레임 고객으로 인해서 상처를 받은 직원은 없는지를 살펴보고 대처해야 한다. 특히 같은 동료로 인해 상처를 받고 힘들어하는 직원의 경우가 많이 생겨난다. 특정누군가 선배랍시고 팀장이랍시고 지점 장이랍시고 선을 넘어 혼을 내거나 존중문화를 깨뜨리는 직원이 있 다면 그 당사자가 팀장이든 지점장이든 상관없이 면담을 통해서 개 선해야 한다. 개선이 안 된다면 과감하게 멤비 교체를 해야 한다. 사장은 사과 상자를 관리하는 리더인 것이다. 사과 상자 속의 수많 은 사과 중 하나라도 썩은 사과가 있다면 그 하나의 썩은 사과 때 문에 사과상자 전체가 함께 썩게 된다. 썩은 사과가 발견되면 썩은 부위를 도려내고 그래도 긍정적인 변화가 없다면 과감하게 그 썩은 사과를 상자 밖으로 빼내어야 한다. 이렇게 5가지를 점검하고 개선 한다면 매장의 직원들의 사기와 열정온도를 다시 회복하고 성장해 나갈 수가 있을 것이다.

♣ 부자가 되는 장사 철학

☞ **직원들의 사기가 떨어졌을 때의 대처법**
1) 직원들의 바이오리듬을 공감해라.
2) 시스템을 점검하고 개선해라.
3) 주기적인 관심과 관리에 힘써라.

4

자신의 브랜드에 비전이 없을 때 대처법

    장사를 하면서 매출에 영향을 주는 3가지는 브랜드, 상권, 맨 파워이다.

    상권도 좋고 맨 파워도 좋은데 매출이 계속해서 빠지고 있다면 브랜드를 점검해봐야 한다. 점검방법은 전년 동월과 비교분석을 하는 것이 좋다. 매년마다 커다란 사회적 이슈가 없다면 비슷하게 나오는 것이 정상이지만 계속해서 빠진다면 자신이 운영하고 있는 브랜드의 호감도가 고객님으로부터 떨어지고 있다는 것이다. 이것은 회복에 대한 가능성을 함께 살펴봐야 한다. 본사의 재정이 힘들어 상품개발을 할 수 없는 상황이거나 브랜드의 존폐에 흔들리고 있거나 하는 경우에는 과감하게 다른 브랜드로 바꾸는 것이 현명하다. 물론 브랜드를 자주 바꾸는 것은 좋지 않다. 그에 따른 기회비용이 많이 들기 때문이다. 하지만 순간의 매출 등락이 아니라 장기화가 될 것이 예상될 경우에는 과감하게 좀 더 비전 있는 브랜드로 갈아타는 것이 현명한 선택이 된다. 만일 지금 현재 매출이 빠지는 현상이 단순히 단기적인 현상이거나 사회적 이슈로 인해시 주변 동일 업종모두가 매출이 빠지는 현상이라면 매장의 맨 파워를 더욱 단단하게 만들어 가면서 매출 회복에 노력을 다하는 것이 좋다. 또한 참신한 마케팅 전략을 짜고 적극적인 매장홍보로 새로운 고객을 유치하는 노력도 필요하다. 비전이라는 뜻은 가능성을 뜻하기도 하지만 단순직역을 하면 전망을 말한다. 전망은 앞이 보인다는 뜻이다. 비전이 있고 없고는 앞이 보이는지 보이지 않는지를 말한다. 자신이 현재 모든 에너지를 쏟고 있는 브랜드가 도무지 앞이 보이지 않는다면 과감한 교체계획을 세워야 한다. 자신의 매장하나에 자신의 미래와 직원의 미래가 달려있기 때문에 신중하되 올바른 판단이 필요하다. 새로운 브랜드를 교체할 시에는 자신이 있는 매장 환경과 비슷한 상권을 비교분석하고 그곳에 매출이 좋은 매장을 찾아내고 그들을 후보군에 두는 것이 좋다. 그리고 후보군에 있는 브랜드본사와 컨텍을 하고 그들의 조건을 분석하고 최종 결정을 내리는 것이 좋다. 본사와의 미팅에서는 숫자로 표현되는 조건들에 충분히 유동성이 있다는 것을 믿고 접근해야 한다. 본사담당이 말하는 대로만 믿고 희망을 가지고 오픈을 했지만 막상 오픈 후 매출이 기대에 못 미치는 경우도 많다. 그렇기 때문에 단순 본사의 영업적 해석만으로 판단하는 것이 아니라 객관적인 상권분석과 데이터를 근간으로 해석하고 판단해야 한다. 브랜드를 결정하게 되었다면 자신에게 유리한 협상을 하기 위해 자신의 매장 운영철학과 시스템을 적극적으로 홍보해야 한다. 그리고 되도록 자신에게 유리한 조건으로 계약체결을 하는 것이 좋다. 한번 체결된 본사계약은 쉽게 변동되지 않기 때문에 처음 계약을 할 때 최대한 유리한 조건으로 계약을 성사시키는 것이 좋다. 이렇게 자신이 하고 있는 브랜드의 비전이 없을 때는 단기적인 현상인 것인지 아니면 장기적인 현상인 것인지를 섬세하게 분석 후에 결정을 내리고 브랜드 교체를 결정하였다면 최대한 자신에 유리한 계약을 체결할 수 있도록 협상에 힘을 써야 한다.

♣ 부자가 되는 장사 철학

☞ 자신의 매장에 비전이 없다고 판단될 경우 신중하고 섬세한 분석을 걸친 후 브랜드 교체를 결정해야 한다. 결정이 되면 자신에게 최대한 유리한 계약이 될 수 있도록 협상에 힘써야 한다.

5

주변 상인들과의 관계 대처법

내가 처음 매장 1호점을 열었을 때이다. 동성로라는 시내중심에서 빠른 템포의 장사를 하다가 지역 로드샵으로 나와 장사를 하니 모든 템포가 느리고 한적한 상권의 분위기였다. 자연스레 옆집 사장과도 인사를 하며 매장 밖에서 이야기할 일들이 많이 생겨났다. 어떤 때는 1인이 장사하는 사장들은 급한 볼일이 있으면 나에게 매장을 맡겨두고 볼일을 보러 가기도 했다. 내가 매장 1호점을 창업한 지 1달이 지나서 나의 스승님이신 사장님께서 격려차 우리 매장을 방문하셨다. 매장 앞 길가에서 바로 옆 매장 사장들과 팔짱을 끼고 이야기를 나누는 나의 모습을 보고는 단단히 혼을 내셨다. 아무리 동네장사이고 조용한 시간이라도 매장 밖에서 한가로이 옆 매장 사장들과 이야기를 나누는 것은 길을 지나가는 고객님들께 우리 매장에 손님이 없다는 것을 홍보하는 것과 같다고 하셨다. 가만히 생각해 보니 아차 싶었다. 바쁜 시내중심에서 장사를 할 때는 매번 바쁜 템포로 부지런히 움직이며 일을 하다 보니 옆 매장 사장님이나 직원들과 이야기 나눌 시간조차 없이 지내다가 조용한 지역 상권에 나와서 비교적 한가한 템포에 적응되다 보니 예전에 하지 않던 좋지 못한 모습들이 생겨나기 시작한 것이다. 사장님은 그 말에 덧붙여서 "주변 사장들과는 인사를 하는 정도가 최선인기라. 불가근불가원의 법칙을 잘 지켜야 사장인 니도 돈을 벌고 직원들도 나중에 니 처럼 창업할 수 있는 실력을 갖추는 기라." 라고 말씀하셨다. 불가근불가원이란 가깝지도 멀지도 않는 거리를 말한다. 주변 사장들과 인사하는 사이 그 이상으로 가까워진다면 서로에게 자신의 매장을 함부로 맡기는 상황이 연출되고 그로인해 온전히 자신의 매장에 집중을 할 수가 없게 되고 자신의 매장에 방문하는 고객님에게 질 높은 서비스를 할 수가 없게 된다. 한 개의 매장을 운영하더라도 주인이 혼자서 지키는 매장은 실패한 매장과 같다. 혼자서 매장을 지키는 매장은 마치 감옥에 갇힌 사람과 같다. 이곳에는 시스템도 없고 규칙도 없다. 그러니 고객님도 그런 매장에는 신선함을 느끼지 못한다. 한 개의 매장이라도 여러 직원이 분주하게 일하는 곳이 되어야 한다. 이런 분주한 곳이 되려면 우선 좋은 매출이 나올 수 있는 시스템과 규칙이 있어야 한다. 그래야 동네에서 장사를 하더라도 동네 매출의 한계를 넘어설 수가 있게 된다. 나의 스승님이 다녀간 후에는 15년이 지난 지금까지 매장 밖에서 팔짱을 낀 채로 주변 사장들과 한가롭게 이야기를 나눈 적이 단 한 번도 없었다. 또한 주변 사장이 자신의 매장을 잠시만 봐달라고 해도 냉정하게 거절을 했다. 그리고 적당한 거리간격을 유지한 채 우리 매장과 우리 직원과 우리 고객님들께만 온전히 집중을 했다. 매출은 오를 수밖에 없었고 2호점 3호점을 창업할 수 있는 직원들과 시스템을 갖출 수가 있었다. 만일 나의 스승님이 그날 우리 매장을 방문하지 않았더라면, 그때 충고를 듣지 못했다면 어쩌면 지금 나는 혼자서 쓸쓸한 매장을 지키고 있을지도 모른다. 장사로 성공을 꿈꾸는 사장들은 명심해야 한다. 불가근불가원!

♣ 부자가 되는 장사 철학

☞ **"불가근불가원"** 원칙을 잘 지켜야 장사로 성공을 할 수가 있다. 이것은 고객, 직원, 주변 사장들과의 모든 관계에 적용되는 관계진리이다.

6

사업 확장 시 대처법

　하나의 매장을 하고 성장이 지속되어 돈이 모이게 되면 누구나 사업을 확장하고 싶어 한다. 있는 사업장의 규모를 넓히거나 추가 매장오픈을 고려한다. 사업을 확장할 때는 타이밍이 있다. 그 타이밍을 잘못 읽어내면 확장이 오히려 역효과를 만들게 된다. 장사를 하다 보면 직원들 중 인재가 넘쳐날 때가 있고 둔재가 넘쳐날 때가 있다. 이 모든 것이 리더의 교육 역량이겠지만 그때그때 인재와 둔재의 비율은 다르게 분포된다. 인재가 많을 때는 장사를 공격적으로 하는 것이 옳다. 하지만 인재가 적을 때는 장사를 방어적으로 하는 것이 옳다. 사업 확장의 타이밍을 올바르게 읽으려면 인재의 분포를 봐야 한다. 대부분의 사장들은 사업아이템이 좋다고 해서 무리하게 확장을 하는 경우가 많다. 사업아이템이 좋아서 막상 추가로 오픈을 하고 확장을 했지만 매출효율을 만들어줄 직원들이 게으르거나 정직하지 못하다면 좋은 매출을 만들 수 없게 되어 오픈한 지 얼마 되지 않아 폐업을 선언하는 사장들을 종종 보게 된다. 사업을 확장할 때는 자신이 데리고 있는 직원들의 역량을 살펴보는 것이 가장 중요하다. 즉, 전쟁터에 나가는데 장수들의 컨디션과 충직도를 살펴보는 것이 가장 중요하다는 것이다. 그리고 그들의 컨디션과 충직도를 보고 공격적으로 전쟁을 치를 건지 방어적으로 전쟁을 치를 건지를 판단하는 것이 옳다.

사업을 확장하는 타이밍

1. 직원들의 역량이 크고 충직도가 높을 때
2. 무리한 대출을 받지 않아도 되는 충분한 여유자금이 있을 때
3. 운영 중인 브랜드 가치가 높고 지속가능성이 있을 때
4. 자신의 상권의 활성도에 지속가능성이 있을 때
5. 추가 매장을 오픈할 시 사장이 매장에 없어도 시스템으로 통제운영이 가능할 때

위의 5가지가 충족이 된다면 과감하게 사업 확장이나 추가 오픈을 해도 좋다고 확신한다. 대부분 사장들이 자신의 사업이 단순히 지금 반짝 잘된다고 해서 영원히 잘 될 거라는 착각 속에 좋지 못한 타이밍에 사업을 확장하고 추가 오픈을 해서 낭패를 보게 된다. 지금 아무리 매출이 좋고 돈에 여유가 생긴다고 하더라도 위의

5가지를 모두 충족하지 못하는 상황이라면 사업 확장이나 추가 오픈을 잠시 미루는 것도 좋다.

♣ 부자가 되는 장사 철학

☞ **사업을 확장할 때에 반드시 충족되어야 하는 5가지**

1. 직원들의 역량이 크고 충직도가 높을 때
2. 무리한 대출을 받지 않아도 되는 충분한 여유자금이 있을 때
3. 운영 중인 브랜드 가치가 높고 지속가능성이 있을 때
4. 자신의 상권의 활성도에 지속가능성이 있을 때
5. 추가 매장을 오픈할 시 사장이 매장에 없어도 시스템으로 통제 운영이 가능할 때

7

건물주와의 관계 대처법

매장을 얻고 창업을 하게 되면 가장 중요한 관계 중 하나가 건물주인과의 관계이다. 임대인(주인)과 임차인(세입자) 간의 분쟁은 끊임없이 이어지고 있다. 매장계약을 하고 인테리어에 몇 억을 들여서 매장을 오픈하였으나 건물주와의 관계로 인해서 명도 소송에 휘말려 결국 권리금을 하나도 받지 못한 채 쫓겨나는 경우도 있다. 매장을 최초에 건물주와 계약서를 작성할 때에 되도록 임차인에 유리하거나 권리를 보호할 수 있는 조건을 넣는 것도 좋다. 예를 들어 계약하면 계약 시작일로부터 바로 장사를 해서 수익이 발생되는 것이 아니므로 계약서를 쓰기 전에 인테리어 공사기간 동안 프리렌털을 요구해서 허락받는 것도 좋다. 그리고 자신이 하고자 하는 아이템이 장기간 확신이 드는 장사라면 계약기간을 너무 짧게 하는 것보다 3년이나 5년 정도로 길게 하고 대신 월세조건을 할인받는 조건을 제시하는 것도 좋은 전략이다. 또한 특약에 계약기간 동안 월세를 인상하지 않겠다는 조항을 넣어달라고 요청하는 것도 좋다. 때때로 건물주의 성향에 따라 월세를 인상요구하거나 관리비 명분으로 추가 임대료를 요구하는 경우도 있다. 법적으로 는 계약서상에 월세인상을 하지 않겠다는 내용을 넣지 않았다면 매년 5% 안에서 월세인상을 할 수 있게 된다. 월세가 비싼 경우에는 5%로도 너무나 큰 지출이 되기 때문에 계약기간에 월세를 인상하지 않겠다는 조항을 넣어서 계약서를 작성한다면 계약기간 동안만큼은 마음 편하게 장사를 할 수가 있게 된다. 또한 건물주가 계약기간이 끝나서 매장을 빼달라고 한다면 10년이 초과하지 않는 한해서는 임차인이 재계약 요구를 할 수가 있다. 이럴 때는 당황하지 말고 건물주에게 상가 임대차 보호법의 근거를 제시하고 재계약을 요구할 수가 있다. 여기까지는 건물주에게 세입자가 요구할 수 있는 권리를 설명했고 지금부터는 건물주와의 좋은 관계를 위한 노하우를 알려주고 싶다. 장사를 하면 어찌 보면 가장 껄끄러운 관계가 건물주와 세입자의 관계가 될 수 도 있다. 매번 법적 테두리 안에서 서로의 주장을 하며 권리행사를 하려고 하기보다 좋은 관계를 유지하고 서로에게 유익한 관계로 지내는 것 또한 비즈니스의 지혜이고 좋은 전략이다. 건물주와 좋은 관계를 유지하기 위해서는 첫 번째로 월세를 미루어 납부하면 안 된다. 월세는 건물주와의 신뢰관계를 이어주는 가장 핵심 연결고리와 같다. 아무리 장사가 안 되어 월세부담이 있다고 하더라도 월세를 미루어 내서는 안 된다. 월세를 내지 않으면 보증금에서 제하면 되겠지 라는 생각은 너무나 안일하고 어리석은 생각이다. 보증금은 장사를 마치고 폐업을 하는 그날까지 보존을 해야 하는 최소한의 생명 자본이라고 생각을 해야 한다. 월세를 내지 않아 보증금에서 제하는 것을 요구하더라도 건물주가 그것을 받아들이지 않으면 임대료 체납에 대한 이자를 청구할 수도 있다. 시간이 흐를수록 법적으로 가더라도 상당히 불리한 입장에 처하게 된다. 또한 월세를 3개월 이상 미납이 될 경우 건물주는 세입자에게 계약해지를 요구할 수 있게 된다. 이때는 매장의 권리금도 받지 못한 채 매장을 비워줘야 할 수도 있으며 비싼 인테리어비용까지 손실이 나게 되고 또한 원상복구까지도 해주어야 보증금을 반환받게 된다. 이처럼 월세를 체납하게 된다면 세입자에게는 이래저래 손해가 크고 말이 아니다. 반대로 월세를 하루도 미루지 않고 납부를 한다면 건물주와의 신뢰관계가 형성이 되어 나중에 작은 부탁을 하더라도 지금의 신뢰가 좋은 명분이 되어 그 부탁을 들어줄 가능성이 높아진다. 예를 들어 인테리어를 새롭게 하게 되어 매장 리뉴얼을 할 시에 공사기간 중 일부를 프리렌털 요청을 한다든지 세입자의 특별한 사정이나 요구사항이 있을 시 건물주가 허락해 줄 가능성이 높아진다. 이처럼 건물주와 좋은 신뢰관계의 첫 번째 단추는 일정에 맞게 월세 납부를 하는 것이라는 것을 명심해야 한다.

건물주와의 좋은 관계를 위한 두 번째는 자주 연락하지 않는 것이다. 장사에 경험이 많은 사장들은 내 말에 공감이 갈 것이다. 건물주와 세입자의 관계는 무소식이 희소식인 것이다. 건물주에게 연락을 하지 않는다는 것은 건물 수선 관련이나 여러 요구전화를 하지 않는 것이다. 장사를 하다 보면 건물주와 통화를 할 일은 몇 가지를 제외하고는 거의 없다고 봐야 한다. 그 몇 가지의 경우는 월세가 미납되어 건물주에게 연락이 온다거나 건물의 하자나 누수가 있을 경우 세입자가 건물주에게 전화를 해서 고쳐달라고 하는 경우이다. 되도록 연락을 하지 않는다는 것은 서로에게 불필요한 요구를 하지 않는 것과 같다. 건물주와 세입자가 자주 연락할수록 좋은 관계는 아니라는 것이다. 만일 건물의 구조적으로 위험한 상황이나 누수가 심해서 장사를 하는데 손실이 발생될 경우에는 당연히 정당하게 수리를 요구해야 한다. 하지만 큰 이슈 거리가 아닌 이상 건물의 하자가 조금 있더라도 직접 수리할 수 있는 부분이라면 건물의 구조가 변경되거나 큰 공사가 아니고서는 세입자가 고쳐 쓰는 것이 좋은 관계를 위해서는 좋다. 작은 불편함 하나하나 건물주에게 전화해서 수리요구를 한다면 건물주는 그것에 머리가 아파서 건물을 팔거나 계약기간이 지나면 세입자 교체를 목적으로 무리한 월세인상을 요구할 수도 있다. 무소식이 희소식이다! 라는 것을 명심하고 건물주와의 연락을 최소화하는 것이 좋다.

건물주와 좋은 관계를 위한 마지막 세 번째는 건물주의 인품을 자주 칭찬하는 것이다. 심리적으로 라벨 법칙이라는 것이 있다. 상대에게 자신이 원하는 라벨을 붙여주면 상대는 라벨에 맞게 행동과 태도를 보인다는 것이다. 예를 들어 건물주와 마주하게 된다면 장사가 어려운 것을 함께 공감해 주시고 여러모로 도와주시려고 애쓰시는 것에 감사드린다고 말한다면 이 말은 곧 장사가 어려우니 월세 올리지 말고 지금처럼 잘 봐달라는 라벨을 붙이게 된다. 그럼 건물주가 쉽게 월세를 올리거나 갑질을 하는 것에 작은 예방이 된다.

장사의 가장 소중한 가치는 지속가능함이다. 장사를 잘해서 좋은 매출을 만들어 나가는 것도 너무나 중요한 일이겠지만 그 장사를 지속가능하게 하는 것 또한 함께 중요한 일이다. 건물주는 자신이 운영하는 매장의 연속성에 대한 거부권을 행사할 수 있는 권한자이기 때문에 평소 좋은 관계를 유지한다면 그 지속가능함을 지켜나갈 수가 있다. 사람도 장사도 브랜드도 특별한 하자가 없는 한 자주 바뀌는 것은 좋지 않다. 한자리에서 꾸준하게 좋은 장사를 해야 매출도 자산도 함께 가속도가 붙게 된다. 위의 방법으로 건물주와 좋은 관계를 잘 유지하는데 도움이 되었으면 한다.

♣ 부자가 되는 장사 철학
☞ 건물주와의 관계는 무소식이 희소식이다!

8

각종 사고에 대한 예방 대처법

장사를 하다 보면 여러 변수와 사건사고가 발생된다. 어쩌면 사장이라는 자리가 돈을 버는 자리가 아니라 문제를 해결하는 자리라고 하는 것이 현실성 있는 말이라고 생각한다. 여러 직원이 함께 일을 하고 수많은 고객님들이 방문을 하다 보면 늘 작은 문제와 사건사고가 끊이지 않고 일어나게 된다. 하지만 예방을 한다면 사건사고를 절반이상으로 줄여 나갈 수가 있을 것이다. 지금부터 여러 경우의 사고에 대한 예방법을 알아보자.

직원이 지각을 하게 되어 매장 오픈이 자주 늦어질 경우

☞ 지각을 하지 않을 경우 보상 시스템을 만들고 지각을 할

경우 페널티의 시스템을 만들어보자. 인간은 손해 보는 것을 싫어하는 동물이다. 지각으로 인해 자신에게 불편한 손실이 생겨난다면 그 손해가 싫어서라도 출근 규칙을 따르게 된다. 인간을 변화시키는 가장 근본적인 방법은 인간이 변화할 수밖에 없는 시스템을 만들고 실천하는 것이다.

직원끼리 매일같이 술을 마시고 어울려서 다음날 매장에 지장이 생기는 경우

☞ 공과 사는 물과 기름과 같아서 섞이게 되면 물도 기름도 모두 사용할 수 없게 된다. 즉, 일터와 사적인 만남의 경계선은 분명해야 한다. 평소 직원과 직원사이의 "불가근불가원" 원칙을 분명하게 정하고 직원사이 너무 가깝게 지내거나 의지하며 지내는 것을 경계하고 이에 대한 건강한 교육을 자주 해야 한다. 일터에서 만난 직원이 갑자기 정이 들어 연애로 발전되어 함께 그만두거나, 갑자기 헤어질 경우 둘 중 누군가 그만두게 된다면 그 손실은 고스란히 매장에서 받게 된다. 이 또한 직원사이의 관계거리에 대한 교육이 부족해서 생겨난다. 일터에서 알게 되어 함께 술을 먹고 놀다 보니 언니동생이 되어버린 관계도 좋지 않다. 너무 가까워지다 보니 매장 내에 서열군기가 없어지고 친한 동생한테만 잘해주고 나머지 직원들은 소외가 될 수도 있다. 또한 서로 너무 친하게 지내거나 의

지하는 사이가 된 후 가끔씩 감정이 상해서 사이가 서먹해진 다면 공적으로 매장 내에 좋은 성과를 낼 수가 없게 된다. 이 모든 것이 공과사의 관계거리에 실패한 경우이다. 그래서 이것 에 대한 예방은 단하나이다. 평소 공과사의 관계발전을 막기 위한 "불가근불가원" 거리원칙을 자주 교육하는 것이다.

화재로 인한 갑작스러운 손실 예방법

☞ 특히 의류매장의 경우에는 불을 다루는 것은 비치하면 안 된다. 예를 들어 불을 사용하는 가열 도구는 사용하지 않아 야 한다. 음식을 데우는 전자레인지 정도를 제외하고는 화재 를 일으킬 수 있는 것은 사용하지 않는 것이 좋다. 그리고 오 래된 건물의 경우 전기 전문가를 불러서 합선에 대한 위험요 소를 미리 점검하고 수리하는 것이 좋다. 마지막으로 화재 보 험 가입은 필수로 해야 한다. 안일하게 생각하고 보험 비용이 아까워 들지 않는다면 만일에 일어날 수 있는 단 한 번의 화 재로 자신의 모든 재산을 잃을 수 있다.

매장 내 이유 없이 소란을 피우거나 수치심이 들게 하는 고객 대처법

☞ 고객님 중 매장 내에서 명분 없이 소리를 지르거나 술을

마시고 행패를 부리는 고객님들은 매장 내 지점장이 타일러 보내려는 노력을 해보고 그래도 그치지 않는다면 단호하게 112에 신고를 하는 것 이 좋다. 또한 직원들에게 매번 수치심이 드는 농담을 자주 하거나 행위를 하는 고객님은 우리 매장의 아무리 큰 매출을 만들어주는 고객님일지라도 단호하게 112에 신고를 하는 것이 좋다. 매장의 사장은 다른 고객님이나 나의 직원들에게 피해를 주면서까지 모든 고객에게 친절을 베풀고 돈을 벌려고 해서는 안 된다. 장사는 엄연한 서로 간의 교재인 것이다. 서로가 합이 잘 맞아야 서로의 관계가 오래가는 것이다. 우리는 좋은 물건으로 친절하게 고객응대를 하면 되고 고객님 또한 인간으로서의 최소한의 성품을 지킨 채 물건을 구매하는 것이다. 서로가 합을 이루지 못하는 관계까지 억지로 유지해 나갈 필요는 없다. 고객님이 우리 물건을 선택할 권리가 있는 것과 같이 우리 또한 고객님을 선택할 권리가 있다는 것을 때때로 직원들에게 보여줄 수가 있어야 한다.

직원과의 분쟁이 일어나는 것에 대한 예방하는 법

☞ 직원과의 분쟁에 휘말리는 자영업자가 점점 늘어나고 있다. 출퇴근시간과 휴게시간이 근로계약서에 명확히 기입이 되지 않으면 서로의 주장에 따라 분쟁이 발생되기도 한다. 가장

중요한 것은 근로계약서의 기입내용이 사실에 맞게 정확히 기입되는 것이다. 그리고 그 계약서의 내용을 잘 지켜나가는 것이다. 사장과 직원과의 관계는 계약상의 관계인 것이다. 계약서를 최초 출근 일에 작성하고 근로기준법에 맞는 계약서를 작성하고 그것을 잘 지켜나가는 것이 분쟁에 대한 가장 좋은 예방법이다. 또한 평소 딱딱한 고용주와 근로자의 관계가 아니라 스승과 제자로써 직원한명 한 명의 성장과 성공을 돕는데 애쓰고 함께 노력해야 한다. 사장과 직원과의 관계는 단순히 매장의 매출을 함께 만드는 경제적 파트너를 넘어서 삶을 함께 살아가는 인생의 파트너인 것이다. 직원들을 제자라고 생각하고 그들의 인생목표를 섬세히 살피고 그것을 이룰 수 있도록 이끌어주고 도와줄 수 있어야 한다. 이렇게 분명한 계약서 작성과 올바른 실행과 인생파트너로서의 좋은 관계를 만들어 간다면 직원들과의 분쟁을 최소화할 수가 있을 것이다.

♣ 부자가 되는 장사 철학

☞ 사장은 상황에 따라 민첩하고 빠른 대응으로 직원과 고객님에게 편안함과 안정감을 제공해 줄 수 있어야 한다.

9

건강을 지키는 방법

누구나 20대의 야망은 크다. 성인이 시작되는 20살부터 미래에 대한 꿈과 희망을 품기 시작한다. 20살 이전에는 학교와 부모님이 정해주신 바운더리 안에서 스스로 만족하고 순응하는 힘을 길렀다면 20살부터는 미래에 대한 선택의 힘을 기르는 시기가 시작된다. 대학교진학부터 자신의 적성에 맞는 진로 선택까지 모든 것을 스스로 선택하게 된다. 여러 아르바이트를 경험하며 자신의 적성에 잘 맞는 것을 찾게 된다. 그리고 이거다 싶은 것이 있으면 그것을 깊이 파고들어 그 영역에 전문가로 성장하고 자신의 커리어를 끊임없이 쌓아나간다. 이것이 전형적인 대한민국의 성공 길을 걷는 자들의 공통점일 것이다. 성공한 대부분의 사람들의 공통점 하나를 뽑자면 그들은 한길을 깊이 판 사람들이다. 자신의 영역에 전문가로

적지 않은 영향력을 가지고 살아간다. 세상에는 두 가지 분류의 사람이 있다. 규칙을 만드는 분류와 규칙을 따르는 분류이다. 적어도 자신의 영역에서 전문가가 되면 규칙을 만드는 기득권자로 삶을 살게 된다. 규칙을 따르는 사람들의 입장에서 본다면 억울한 면이 많겠지만 세상은 기득권자들에 의해 규칙이 만들어지고 그들의 영향력 속에서 대부분의 사람들이 그 규칙을 따르며 살아간다. 누구나 자신의 영역에서 전문가가 되고 싶어 한다. 하지만 그중 소수의 사람들만이 전문가의 자리를 차지하고 자신의 영향력을 가지고 행사를 하게 된다. 전문가가 된 자들은 그 분야를 오랜 시간 동안 일정한 노력으로 깊이 있게 파고든 사람들이 대부분이다. 그들은 능력이 뛰어나서 기득권자가 된 것이 아니라 남들보다 꾸준한 자신만의 패턴을 지키고 산 것이다. 좀 더 쉽게 말하면 그들은 남들보다 반복에 능숙한 사람들이다. 여러 재능이 많아 다방면에 능한 자들은 결국 잡사가 될 뿐 한 분야의 전문가로 살지는 못한다. 성공은 가로의 영역이 아니라 세로의 영역에 있다. 최대한으로 여러 분야를 경험하는 것도 좋겠지만 자신이 진정 성공을 꿈꾼다면 한분에를 깊이 있게 파고드는 근성이 있어야 한다. 모든 분야의 전문가들의 한 가지 공통점을 뽑는다면 꾸준함이다. 제아무리 똑똑하고 타고난 재능이 넘친다고 하더라도 꾸준한 사람을 이기지는 못한다. 정상에서 만나는 사람들은 모두가 꾸준함을 갖춘 사람들이다. 부모님으로부터 기반을 물려받아 사업을 하는 재벌 2,3세가 아닌 스스로의 힘으로 성공을 이루는 자수성가만을 본다면 모두가 그렇다. 나의 주변을 봐도 부모가 돈이 많고 물려받을 기업이 있다면 굳이 장사를 택하지 않았을 것이다. 나처럼 돈 없고 백 없는 사람이 인생을 역전을 꿈꾸고 자신의 세대에 지긋지긋한 가난을 끊겠다는 각오를 한 사람들이 장사를 한다. 장사만이 자신의 노력만큼 성상할 수 있고 열정을 다 한만큼 돈을 벌 수 있는 기회를 갖게 되기 때문이다. 수익의 상한선이 없는 유일한 직업이기 때문이다. 가난한 사람이 부자가 되기 위한 가장 빠른 지름길 또한 장사가 유일한 길이기 때문이다. 지금까지 성공에 관해서 긴 이야기를 한 것은 꾸준함을 강조하기 위해서이고 꾸준한 사람으로 살아가기 위해서는 건강이 가장 중요하다는 것과 연결 짓고 싶어서이다. 대부분의 사람들이 자신의 꾸준한 패턴이 무너지는 경우는 건강의 벽에 부딪치는 경우가 많다. 작게는 체력적으로 지치거나 잦은 병으로 일의 끊김이 생기거나 질병으로 일을 놓아야 하는 상황이 생겨나 꾸준함을 이어가지 못하게 된다. 체력이 떨어지면 열정도 함께 떨어진다. 반대로 우리의 열정이 떨어지면 체력 또한 함께 저하된다. 우리의 몸과 정신은 늘 상호보완적으로 서로에게 직접적인 영향을 주게 된다. 건강에 변수가 없는 사람이 오래간다. 완벽하게 건강을 지켜야만 성공한다는 뜻이 아니다. 평소 건강관리를 좀 더 철저하게 해야 체력도 열정도 지켜나갈 수 있다는 말이다. 성공도 건강도 자기 관리능력이 뛰어난 사람이 그것을 지켜낸다. 그렇다고 몸에 좋은 것들로만 무리하게 챙겨 먹을 필요는 없다. 우선 몸에 나쁜 것들을 조금씩 줄여나가거나 제거해야 한다. 술이나 담배나 늦은 시간 무리한 야식으로 욕구를 채우는 습관은 평소 자신의 체력이 들쑥날쑥 하게 만들고 건강을 해치는 주범이 된다. 건강검진은 최소 2년에 한 번을 받고 몸에 큰 병이 없는지 점검하는 것도 좋다. 평소 좋은 생각과 좋은 태도를 가지는 것 또한 건강을 지키는데 도움이 된다. 인간은 누구나 관성에 지배받기 때문에 매일 똑같은 패턴을 가지고 습관적으로 행동하는 것이 있다. 그 반복되는 행동을 적어보고 건강에 도움되지 않는 것은 의식적으로 그 행동을 제거하는데 노력을 해야 한다. 자수성가를 꿈꾸는 사람에게는 아마도 가장 큰 재산은 자신의 몸일 것이다. 나 또한 나의 몸뚱이 빼고는 아무것도 가진 것이 없었다. 나의 몸뚱이를 건강하게 스스로가 잘 관리하고 통제 가능할 때 힘난한 성공의 길을 가는데 지치지 않고 끝까지 갈 수가 있는 것이다. 몸은 스스로가 지켜야 한다. 누군가에게 휘둘리는 삶이 아닌 모든 것을 스스로가 선택하고 규칙을 만들고 자신의 분야에 영향력을 가지는 전문가의 삶을 살기 위해서는 자신의 가장 큰 재산인 건강한 몸뚱이를 잘 관리하는 것이 최우선이 되어야 한다는 것을 명심해야 한다. 장사로 성공을 하는 것은 장거리 마라톤 경기와 같다. 꾸준한 자신만의 패턴과 리듬감을 가지고 끝까지 가는 체력이 있어야 결승전에 도달할 수가 있다.

♣ 부자가 되는 장사 철학

☞ 나의 분야에서 전문가로 살기 위해서는 꾸준함을 갖추어야 한다. 꾸준함은 건강한 몸과 마음에서부터 나온다. 스스로의 몸과 마음을 잘 관리해서 자신의 꿈꾸는 부자와 성공의 두 마리 토끼를 모두 잡아 보자!

마지막으로 장사로 성공을 꿈꾸는 성공대학 장사학과에 진학한 모든 예비 자수성가들에게 이 책을 바치며, 이 책으로 인해서 독자 한분 한분의 성공 길에 지혜와 운이 더해지기를 간절히 바란다.

저자 우상권